Dietmar Schlecht-Nimrich

1919

als alles möglich schien

Dietmar Schlecht-Nimrich

1919

als alles möglich schien

Hoffnungen, Träume, Ideen

Kämpfe, Niederlagen

Menschen

Bibliografische Information der Deutschen Nationalbibliothek: Die Deutsche Nationalbibliothek verzeichnet diese Publikation in der Deutschen Nationalbibliografie; detaillierte bibliografische Daten sind im Internet über dnb.dnb.de abrufbar.

Herstellung und Verlag:
BoD – Books on Demand, Norderstedt

ISBN: 9783748173151

Inhaltsverzeichnis

Prolog

Als Ende Juli 2018 in einem ARD-Brennpunkt zum Thema „Hitze" eine Ärztin Älteren und Schwangeren rät, erst ab 17 Uhr ins Freie zu gehen und die Mittagshitze zu meiden, reagiert der bekannteste deutschsprachige Meteorologe Jörg Kachelmann per Twitter: „Strunzdumme Är[z]tin via @DasErste Höchsttemperatur ist 17-18 Uhr. Warum fragt man Ärzte zu Meteorologie? Dürfen wir bald auch über neue Trends bei Blinddarmoperationen berichten?" Dass er sich dann aber zur gleichen Zeit als Meteorologe über die Homöopathie auslässt und diese verunglimpft, das ist … das entscheide jeder selbst!

Hmm, darf ich als Nicht-Historiker ein Buch über 1919 schreiben? Und dürfen Nicht-Politiker wie Künstler und Literaten ein Land regieren? Diesen Versuch hat es auf jeden Fall gegeben – er ging fehl. Darüber wird zu berichten sein.

Nein, ich bin kein Historiker, und ich zitiere auch nicht alles wissenschaftlich korrekt, aber Ziel dieses Projekts war keine akademische Abhandlung, sondern ein Lesebuch. Ein Lesebuch, das auch Lust auf mehr machen soll. Viele Informationen habe ich aus allgemein zugänglichen Quellen (z.B. Wikipedia, chroniknet.de), und angeregt wurde ich selbstredend durch das eindrucksvoll erzählte „1913" von Florian Illies.

Die vorliegende Schrift erhebt auch nicht den Anspruch, etwas Neues zu schaffen. Alles, was hier zu finden ist, kann man im Original nachlesen - darauf wird auch oft verwiesen. Es ist zum einen der Versuch, die unterschiedlichsten Vorgänge - von denen viele sich auch gegenseitig bedingen - eines bedeutenden Jahres chronologisch zu fassen, so dass man Tag für Tag durch das Jahr 1919 schreiten kann. Zum anderen sollen die verschiedenen Handlungsstränge miteinander verknüpft werden.

Eine Schatzkiste für mich waren dabei natürlich die Arbeit von Albert Schmelzer „Die Dreigliederungsbewegung 1919", aber auch die Chronologien von Christoph Lindenberg und Peter Selg. Dort ist alles, was Rudolf Steiner und die Dreigliederungsbewegung betrifft, viel gründlicher und umfassender bearbeitet.

„Augenzeugenberichte sind das Salz jeder Geschichtsschreibung" heißt es im Vorwort zum Buch „Dreigliederungszeit" von Hans Kühn. Hans Kühn war Augenzeuge der Dreigliederungsbewegung in Stuttgart 1919. Natürlich besonders spannend waren auch die Augenzeugenberichte der Protagonisten Ernst Toller („Eine Jugend in Deutschland"), Oskar Maria Graf („Wir sind Gefangene"), der „Rechenschaftsbericht" von Erich Mühsam sowie Hermann Hesse in seinen Briefen. Über das Jahr 1919 im Leben von Hesse erfährt man viel in dem wunderbar akribischen Werk „Hermann Hesse – Der Vogel kämpft sich aus dem Ei" von Jürgen Below.

Ungefähr 20 Jahre spielt ein Berg bei Ascona – der von den Bewohnern so genannte „Monte Verità" - eine wichtige Rolle. Dort befinden sich zeitweise auch einige unserer Mitspieler. Allein über diesen Ort und diese Zeit gibt es einige Bücher. Erwähnen will ich nur „1900" (von Peter Michalzik) und „Freie Liebe und Anarchie: Schwabing - Monte Verità" (von Ulrike Voswinckel). Die bedeutende Zeit dieses Hügels ging 1919 langsam zuende.

Ja, 1919 ist ein spannendes Jahr!

Der erste Weltkrieg ist gerade vorbei, und wie oft nach einem Zusammenbruch scheint vieles möglich. Aufräumen und der Versuch der Bewältigung des Krieges mischen sich mit Aufbruch und Neuanfang. Es geschehen allerdings auch viele merkwürdige Dinge, die Hoffnung auf einen Neustart treibt auch skurrile Blüten.

Und was heißt eigentlich, der erste Weltkrieg ist gerade vorbei? Wann war er denn zu Ende? Mit dem letzten Schuss? Mit der Bekanntgabe der Abdankung des deutschen Kaisers durch den Reichskanzler Max von Baden am 9. November 1918? Am 11. November mit dem Waffenstillstand von Compiègne? Mit dem unter Protest am 28. Juni 1919 unterschriebenen Versailler Vertrag? Was kam danach? Andreas Platthaus nennt die Zeit danach den „Krieg nach dem Krieg" (AP). Und wann hat der Krieg begonnen? Gibt es ein genaues Datum? War es nicht ein schleichender Beginn? Oder ist es nicht so, wie Christa Wolf in „Kassandra" schreibt:

> *Wann der* Krieg beginnt, *das kann man wissen. Aber wann beginnt der* Vorkrieg?

Merkwürdig ist ja auch, dass es bisher (glücklicherweise nur) zwei Weltkriege gab, die relativ kurz hintereinander stattfanden, und die auch miteinander in Beziehung standen; der zweite hätte ohne den ersten vielleicht gar nicht stattgefunden. Vielleicht! Manche Autoren sprechen vom zweiten 30-jährigen Krieg; Friedrich Engels und Helmuth von Moltke haben diesen prophezeit, General Charles de Gaulle hat diese Phase 1944 so bezeichnet.

Andere Autoren haben für die Zeit des Aufbruchs nach dem Krieg andere Formulierungen gewählt: „Die paradoxe Revolution 1918/19" oder „Der kurze Frühling" („… der Räterepublik" oder „… der Anarchie"). Klaus Gietinger nennt sie „Der verpasste Frühling des 20. Jahrhunderts", Ralf Höller „Der Anfang, der ein Ende war" bzw. „Das Wintermärchen".

Der Historiker Hans-Ulrich Wehler schreibt:

> *Mehr als 13 Millionen deutscher Soldaten hatten jahrelang Lebensgefahr, Verwundung, Verstümmelung, Vergiftung und vielfachen Tod erlebt. Die Hemmschwelle von Gewalt und Aggression war tief abgesenkt worden. Die Gewöhnung ans Töten, das als kriegsförderliche Leistung aufgewertet, mit Orden und Beförderung belohnt wurde, beherrschte den Alltag. Millionen Männer kehrten, an menschenverachtende Kämpfe gewöhnt, im Umgang mit Waffen erfahren, erbittert über die Niederlage, aus dem Krieg zurück. Zu Hunderttausenden füllten sie die neuen paramilitärischen Kampfverbände vom „Stahlhelm" über den „Roten Frontkämpferbund" bis zu den „Sturmabteilungen" der Nationalsozia-listen. Der Staatenkrieg wurde als Bürgerkrieg zwischen rechtem und linkem Lager fortgesetzt. (PS)*

Und das jüngste Mitglied in der Weimarer Nationalversammlung, der linke Sozialdemokrat Curt Geyer, schreibt (1923):

Die Massen hatten im Krieg gelernt, den Wert des menschlichen Lebens zu verachten, Menschenleben als Mittel zum Zweck rücksichtslos zu opfern. (PS)

Und die Kinder wuchsen auf und lernten als erste Laute nicht „Mama" und „Papa", sondern „knatta-knatta", Maschinengewehr-Salven nachahmend. So beobachtet und notiert es zumindest Victor Klemperer in seinem Revolutionstagebuch „Man möchte immer weinen und lachen in einem".

Was war das für eine verrückte Zeit!

Bei einigen Protagonisten dieser verrückten Zeit schauen wir in die mehr oder weniger privaten Tagebücher hinein, z.B. bei Thomas Mann oder Josef Hofmiller. Literarisch ein Genuss sind selbstverständlich die Aufzeichnungen von Stefan Zweig („Die Welt von gestern").

Frauen spielen – zumindest was die Überlieferung angeht – eine untergeordnete Rolle in diesem Jahr, dabei gibt es sogar ein Buch „1919 - Das Jahr der Frauen" (von Unda Hörner). Im vorliegenden Buch soll z.B. die Schauspielerin Tilla Durieux genauso zu Wort kommen wie die Feministin Hedwig Dohm. Die Frauen wirken, stehen aber noch nicht in vorderster Reihe.

Diesen allen, sowie selbstredend auch allen anderen Augenzeugen und Autoren, sei herzlich gedankt für ihre Arbeit. Besonders möchte ich mich jedoch bedanken bei meinem Lektor und Korrektor Sebastian Großkreutz und bei allen Menschen, für die ich in den letzten Monaten nicht so viel Zeit hatte wie gewünscht.

Viel Freude beim Lesen und Entdecken!

Januar

„Wir müssen zuerst mit dem Geld, das wir noch haben, freie Schulen gründen, um den Leuten das beizubringen, was sie brauchen."
– *Rudolf Steiner*

Frauen dürfen zum ersten Mal wählen, Rosa Luxemburg und Karl Liebknecht werden ermordet, die Spanische Grippe geht zu Ende und die Versailler Verhandlungen beginnen.

Am 1. Januar eines Jahres treten stets neue Gesetze oder Regelungen in Kraft: So auch 1919: Das Kohlensyndikat erhöht den Tonnenpreis für Kohle von 25,80 Mark (1.12.1918) auf 42,90 Mark, für Koks von 30 Mark auf 61,90 Mark (im Juli 1914 betrug der Kohlenpreis 12,50 Mark, der Kokspreis 19 Mark). Und weil die Kohle nicht nur teuer ist, sondern auch rar, und weil das Jahr 1919 mit großer Kälte beginnt, haben die Schulen meist „Kohleferien".

Wesentlich angenehmer ist ein Gesetz, das ebenfalls ab dem 1. Januar gilt. Die Berliner Volksbeauftragten-Regierung erklärt den Achtstundentag zum Gesetz, mehr als 80 Jahre nachdem der britische Unternehmer, Frühsozialist und Begründer des Genossenschaftswesens Robert Owen den Slogan ausgegeben hatte:

Acht Stunden arbeiten, acht Stunden schlafen und acht Stunden Freizeit und Erholung.

Die Sowjetrepublik Weißrussland wird gegründet. Sie ist bereits am 25. Dezember 1918 proklamiert worden, doch gelingt es der sowjetischen Führung erst jetzt, sich nach dem Abzug der deutschen Truppen in ganz Weißrussland zu etablieren.

Ab dem 1. Januar ist auch die seit 1800 in Bayern gesetzlich festgeschriebene geistliche Schulaufsicht aufgehoben. Diese beruhte auf der in ganz Mitteleuropa dominierenden Bildungsrolle der Kirchen. In Bayern wurde schon im November 1918 in der ersten Verlautbarung der Provisorischen Regierung Eisner zu kultur- und bildungspolitischen Fragen vom sozialdemokratischen Kultusminister Johannes Hoffmann – ein ehemaliger Lehrer - angekündigt, dass ein Volksschulgesetz mit fachmännischer Schulaufsicht entstehen soll.

Offiziell reagieren die katholischen Würdenträger, allen voran der Münchner Erzbischof Michael von Faulhaber, aber auch die Bayerische Bischofskonferenz, heftig gegen die Aufhebung der geistlichen Schulaufsicht. Intern ist man aber durchaus bereit, sich mit dieser Einschränkung kirchlicher Kontrollbefugnis anzufreunden. Der größere Aufschrei sollte erst Anfang Februar folgen. Die evangelischen Kirchen ihrerseits rügen wie die katholischen Bischöfe die *Form* der Aufhebung - die Kirchen waren im Vorfeld nicht informiert worden. Der Sache nach sind sie jedoch ebenso grundsätzlich einverstanden.

Bleiben wir in Bayern: In mehreren Münchner Zeitungen wird das „zügellose Treiben" und die „unsinnige Schießerei mit scharfer Munition" in der Silvesternacht kritisiert. Viele Waffen befänden sich in unverantwortlichen und unkontrollierten Händen.

Ob das Neujahr in New York auch zügellos begrüßt wurde, wissen wir nicht; wir wissen jedoch, dass J.D. Salinger, US-amerikanischer, jüdischer Schriftsteller am ersten Tag des neuen Jahres dort das Licht der Welt erblickt. 1937 wird er sich fünf Monate lang in Europa aufhalten, wo er auf Bestreben seines Vaters bei dessen Verwandten in Wien eine Ausbildung in einem Schlachtereibetrieb absolviert, um sich auf das Erbe des väterlichen Importgeschäfts vorzubereiten. 1942 wird Salinger in die US-Armee eintreten und von Invasionsbeginn bis Kriegsende an fünf Feldzügen in Frankreich teilnehmen - unter anderem gegen die deutsche Ardennenoffensive. In Paris wird er dem Kriegskorrespondenten Ernest Hemingway begegnen, der ihm ein „verteufeltes Talent" bescheinigt, und nach dem Krieg – wegen eines „front shock" – eine Zeit lang in psychotherapeutischer Behandlung sein. Nach dem Krieg wird Salinger, der gut Deutsch spricht, auch im fränkischen Gunzenhausen tätig, wo er nach seinem Ausscheiden aus der Armee als Zivilist für eine Abteilung des Nachrichtendienstes arbeitet. Möglicherweise schreibt Salinger bereits in Gunzenhausen Teile seines Romans „The catcher in the rye".

Am 1. Januar passiert ein tragisches Unglück: Die Iolaire, ein gepanzertes Dampfschiff, soll 260 überlebende Soldaten des Ersten Weltkrieges als Passagiere auf die Isle of Lewis transportieren, einer den Äußeren Hebriden vor Schottland zugehörigen Insel mit 30.000 Einwohnern, von denen 6.000 Männer Kriegsdienst überwiegend in der Royal Navy geleistet hatten. Das Schiff wird für den Transport verwendet, da das reguläre Postschiff Sheila hierfür zu klein ist. Die Iolaire sinkt bei einem an sich harmlosen Ausweichmanöver kurz vor dem Hafen bei schlechten Wetterbedingungen, 205 Menschen sterben.

In Berlin führen der Spartakusbund und einige kleinere linksradikale Gruppen seit dem 30. Dezember 1918 einen Gründungsparteitag im Festsaal des Preußischen Landtags durch, an dessen Ende - am 1. Januar - durch Rosa Luxemburg und Karl Liebknecht sowie Leo Jogiches die KPD als selbständige Partei entsteht.

Ein anderes Thema wird in Dornach bewegt. Rudolf Steiner, der sich dort für einige Wochen befindet, hält am 1. Januar vor Mitgliedern der Anthroposophischen Gesellschaft (in Folge „Mitglieder" genannt) den achten und damit letzten Vortrag des Zyklus „Wie kann die Menschheit den Christus wiederfinden?" und meint darin:

> *Wenn man sich Gedanken, die nach dem Muster der Naturwissenschaft sind, hingibt, kann man einfach nicht der heutigen Zeit gewachsen sein. Wenn man bloß dasjenige ordnen will, was hier in der physischen Welt ist, wenn man bloß über das nachdenkt, was hier in der physischen Welt ist und nichts anderes gelten lassen will, dann zerstört man nur. Und man soll sich dann nicht wundern, wenn der Kampf, dessen man nicht Meister werden will im Geistigen, in das physische Leben hereinspielt, denn er schlägt ja herein in die Menschen. Und wenn sie ihn nicht in der Seele ausfechten wollen, so führt er den einen gegen den andern, Völker gegen Völker, Menschen gegen Menschen. Was hier in der physischen Welt geschieht, kann nur ein Abbild sein der geistigen Welt… (GA 187)*

Mit solchen Worten haben viele moderne Menschen ein Problem; es ist für sie nur dasjenige vorhanden, was messbar und mit den heutigen Untersuchungsmethoden nachweisbar ist. Alles andere wird dem Glauben zugerechnet, aber zu glauben ist nicht en vogue.

Obwohl in Hohensalza an der Netze sich die Vertreter der preußischen Städte Posen, Gnesen, Hohensalza und Bromberg mit den Vertretern Polens auf die sofortige Einstellung aller Feindseligkeiten einigen, geht der polnische Vormarsch weiter. Bis Ende Januar besetzen die Polen fast die gesamte preußische Provinz Posen.

In der lettischen Hauptstadt Riga wird am 3. Januar die Sowjetverfassung eingeführt.

Der provisorische bayerische Ministerpräsident Kurt Eisner äußert an diesem Tag in der Sitzung des ebenso provisorischen Nationalrats Folgendes - und dokumentiert damit die Nähe von Kunst und Politik:

> *Es gehört zu den deutschen Absonderlichkeiten, daß Politik etwas ganz Besonders ist, daß Regieren eigentlich eine juristische Tätigkeit ist. Ich glaube, es war wohl Bismarck, der gemeint hat, daß Regieren eine Kunst wäre, und ich glaube allerdings, Regieren ist genauso eine Kunst, Politik ist genauso eine Kunst wie Bildermalen oder Streichquartette komponieren. Der Gegenstand dieser politischen Kunst, der Stoff, an dem diese politische Kunst sich bewähren soll, ist die Gesellschaft, der Staat, die Menschen. Deshalb möchte ich glauben, daß ein wirklicher Staatsmann, eine wirkliche Regierung zu niemand ein stärkeres inneres Verhältnis haben sollte als zu den Künstlern, seinen Bundesgenossen.*

An anderer Stelle äußert er:

> *In der heutigen Zeit und in der Zukunft scheint es mir, als ob diese Flucht in das Reich des Schönen nicht mehr notwendig sein sollte, daß die Kunst nicht mehr ein Asyl für Verzweifelte am Leben sein soll, sondern daß das Leben selbst ein Kunstwerk sein müßte und der Staat das höchste Kunstwerk. (TA)*

> *Die Politik - ein Schauspiel. Und eine hohe Kunst. Kurt Eisner selbst hatte in einer seiner ersten Schriften im Jahr 1888 schon die Sozialisierung des Theaters gefordert. Hatte das Theater als Stätte der Volksbildung, der politischen Erziehung, des Strebens nach dem Höchsten und Besten der Menschheit gefordert. Jetzt sollte es endlich so weit sein. (VW)*

Ja, die Beziehung zwischen Politik und Kultur wird uns noch intensiv beschäftigen.

Rudolf Steiner beginnt am 3. Januar mit einem neuen Zyklus vor Mitgliedern: „Der Goetheanismus, ein Umwandlungsimpuls und Auferstehungsgedanke" (GA 188). Im ersten Vortrag geht er auf den Unterschied zwischen Mensch und Tier im herkömmlichen Verständnis und aus geisteswissenschaftlicher – konträrer – Sicht ein. Im zweiten Vortrag, am darauffolgenden

Tag, betont er, dass es wichtig ist, dass man den Willen hat, Erkenntnisse aus der Geisteswissenschaft zu verstehen.

Dazu muss man wissen, dass Geisteswissenschaft im anthroposophischen Sinne etwas anderes ist als das, was man gemeinhin darunter versteht. Steiner nannte sie anfangs auch Geheimwissenschaft, weil sie der Erforschung des „Geheimen", d.h. des nicht sinnlich, sondern nur übersinnlich Erfahrbaren dient. Und wer dort, im Übersinnlichen, nichts erfährt, muss glauben, was diejenigen berichten, die solche Erfahrungen sammeln können.

4. Januar: Der Berliner Polizeipräsident Emil Eichhorn von der USPD wird durch den Rat der Volksbeauftragten unter Friedrich Ebert entlassen, weil er sich in der Weihnachtskrise geweigert hatte, auf demonstrierende Arbeiter zu schießen. Wer ist dieser „Rat der Volksbeauftragten"? Blicken wir ein, zwei Monate zurück: Nach der Niederlage im Ersten Weltkrieg und der Novemberrevolution kam es in Deutschland zu einem politischen Umbruch. Reichskanzler Max von Baden hat am 9. November (eigenmächtig) die Abdankung des Kaisers Wilhelm II. verkündet und Friedrich Ebert die Regierungsgeschäfte übertragen. Infolgedessen stritten sich MSPD und USPD um die künftige Regierungsform. So wurde der „Rat der Volksbeauftragten" eingesetzt. Er kümmert sich um die Debatte, ob Deutschland ein sozialistisches Rätesystem oder eine parlamentarische Demokratie werde sollte. Ihm gehörten zunächst außer dem Vorsitzenden Friedrich Ebert noch zwei weitere SPD-Vertreter und drei Politiker der USPD an. Diese Regierung gilt als Nachlassverwalterin des Kaiserreichs. Sie musste, um das Land vor einem totalen Kollaps zu bewahren, mit den vorhandenen Verwaltungsbehörden zusammenarbeiten und mit der Obersten Heeresleitung (OHL) kooperieren. Das ist für viele November-Revolutionäre unerträglich. Am 28./29. Dezember treten dann auch die USPD-Mitglieder zurück und werden durch weitere SPD-Mitglieder, darunter Gustav Noske, ersetzt. Dieser übernimmt

> *die Verantwortung für Heer und Marine. Verhütung des Chaos lautet sein oberstes Gebot, Gesundung des Volkes durch Arbeit das zweitoberste. Da sich die Reichswehr in Auflösung befindet, rekrutiert Noske arbeitslos gewordene Offiziere und Soldaten und sam-*

Die Entlassung des Polizeipräsidenten führt am 5. Januar zu Massende-
monstrationen und zum Beginn des „Spartakusaufstands". Die eigentlichen
Ursachen der auch „Januaraufstand" genannten Auseinandersetzungen sind
jedoch die gegensätzlichen politischen Ziele und Methoden der an der Novemberrevolution (1918) beteiligten Gruppen (v.a. MSPD und USPD). Letztlich liegt der Keim der Zwietracht bereits am Anfang der Revolution bei der
doppelten Ausrufung der Republik: zum einen – zwischen Suppe und Nach-
tisch - durch den SPD-Politiker Philipp Scheidemann (bürgerlich-
demokratisch) vom Balkon des Reichstagsgebäudes aus, zum anderen durch
den Führer des Spartakusbundes Karl Liebknecht (sozialistisch) vom Lastwa-
gen vor dem Berliner Stadtschloss. Der Begriff Spartakusaufstand hat sich im
Übrigen eingebürgert, obwohl der Spartakusbund (beziehungsweise die
KPD) diesen Aufstand weder plante und auslöste noch führte, sondern erst
nach seinem Beginn daran mitwirkte. Auf jeden Fall strömen an diesem
Sonntag Hunderttausende ins Zentrum Berlins, darunter viele Bewaffnete.
Sie besetzen die Bahnhöfe und das Zeitungsviertel mit den Redaktionsge-
bäuden der bürgerlichen Presse und des „Vorwärts". Einige der Zeitungen
hatten Tage zuvor zur Aufstellung weiterer Freikorps und zum Mord an den
Spartakisten aufgerufen.

Auch in Stuttgart findet vom 4. –12. Januar ein erster Putschversuch der
Spartakisten statt, an dem sich Teile der Arbeiterräte von Daimler und
Bosch, aber auch ehemalige Frontsoldaten beteiligen.

Wer sind die Spartakisten? 1917 war aus der SPD der linke Flügel ausgetre-
ten und hat die „Unabhängige Sozialdemokratische Partei Deutschlands"
gegründet. Einer der Antreiber war damals der Pazifist Kurt Eisner. Ferdinand Kramer, Ordinarius für Bayerische Geschichte an der Ludwig-Maximi-
lians-Universität München, bezeichnete ihn einmal als den „Lafontaine der
damaligen SPD". Die Mitglieder der USPD werden oft einfach „Unabhängige"
genannt. Der kriegsbejahende „Rest" der SPD nennt sich fortan „Mehrheits-
sozialdemokratische Partei Deutschlands" (MSPD) mit Friedrich Ebert als
Parteivorsitzendem, genannt die „Mehrheitssozialisten". Der Spartakusbund

existiert seit 1914 (bis 1916 allerdings unter dem Namen „Gruppe Internationale") und schloss sich 1917 der USPD als deren linker Flügel an. Er geht dann, wie bereits erwähnt, Anfang des Jahres in die KPD auf.

Der Kaiser-Wilhelm-Kanal (Nord-Ostsee-Kanal, Kieler Kanal) wird als internationaler Schifffahrtskanal für den Friedensbetrieb neu eröffnet; dazu gibt es im Versailler Friedensvertrag einen Teil XII (von XV): „Häfen, Wasserstraßen und Eisenbahnen"; dort findet man im Abschnitt VI (von VI): „Bestimmungen über den Kieler Kanal", die Artikel 380 - 386 (von insgesamt 440 Artikeln). Artikel 380 lautet:

> *Der Kieler Kanal und seine Zugänge stehen den Kriegs- und Handelsschiffen aller mit Deutschland in Frieden lebenden Nationen auf dem Fuße völliger Gleichberechtigung dauernd frei und offen.*

Artikel 381 lautet:

> *Die Staatsangehörigen, Güter, Schiffe und Boote aller Mächte werden hinsichtlich der Abgaben, der Abfertigung sowie in jeder anderen Richtung bei der Benutzung des Kanals auf dem Fuße völliger Gleichberechtigung behandelt, so dass jeder Unterschied zuungunsten der Staatsangehörigen, Güter, Schiffe und Boote irgendeiner Macht gegenüber den deutschen Reichsangehörigen sowie den Gütern, Schiffen und Booten Deutschlands oder der meistbegünstigten Nation ausgeschlossen bleibt. Der Verkehr von Personen, Schiffen und Booten erfährt keine anderen Beschränkungen als solche, die sich aus den Polizei- und Zollvorschriften, aus den Vorschriften über das Gesundheitswesen, sowie über Aus- und Einwanderung, endlich aus Ein- und Ausfuhrverboten ergeben. Diese Bestimmungen müssen angemessen und gleichmäßig sein und dürfen den Handel nicht unnötig behindern.*

Und im Artikel 382 heißt es:

> *Für die Benutzung des Kanals oder seiner Zugänge dürfen von den Schiffen und Booten nur Abgaben erhoben werden, die zur angemessenen Deckung der Kosten für die Schiffbarerhaltung oder die Verbesserung des Kanals oder seiner Zugänge oder zur Bestreitung von Ausgaben im Interesse der Schifffahrt dienen. Ihr Tarif wird*

nach diesen Ausgaben berechnet und in den Häfen ausgehängt. Diese Abgaben werden so festgesetzt, dass eine ins einzelne gehende Untersuchung der Ladung nicht nötig ist, es sei denn, dass Verdacht des Schmuggels oder einer Übertretung besteht.

Es ist immer noch Sonntag, der 5. Januar: US-Präsident Woodrow Wilson besucht im Vatikan Papst Benedikt XV. zu Gesprächen über die Lage in Europa.

In München gründen der Sportreporter Karl Harrer und der Werkzeugschlosser Anton Drexler die Deutsche Arbeiter-Partei (DAP). Sie versteht sich als „eine aus allen geistig und körperlich schaffenden Volksgenossen zusammengesetzte sozialistische Organisation, die nur von deutschen Führern geleitet sein darf, welche alle eigennützigen Ziele zur Seite stellen und nationale Notwendigkeiten als höchsten Programmsatz gelten lassen". (Am 24. Februar 1920 wird im Rahmen einer von Adolf Hitler organisierten Massenversammlung im Hofbräuhaus die Umbenennung in NSDAP bekannt gegeben.)

Gleichzeitig in Dornach: Rudolf Steiner bemerkt im 3. Goetheanismus-Vortrag, dass man, wenn man geistige Erkenntnisse erlangen will, wirklich offen sein und seine persönlichen Interessen zurückstellen muss.

Der deutschösterreichische Staatskanzler Karl Renner macht sich Anfang Jänner 1919 auf den Weg nach Schloss Eckartsau, einem in der Nähe der Donauauen zwischen Wien und Bratislava gelegenen Jagdschloss, wohin Karl I. mit seiner engsten Familie geflüchtet ist. Er will mit dem Noch-Kaiser persönlich über dessen Zukunft sprechen. Da er nicht dem Hofzeremoniell entsprechend um Audienz gebeten hat, lehnt Karl ab, ihn zu treffen. Dem „ehemaligen Träger der Krone" (wie er später offiziell bezeichnet wird) lässt man daher später über Mittelsmänner die Information zukommen, das geplante Habsburgergesetz werde, falls Karl weder ausreisen noch abdanken wolle, in Kraft treten – und der Kaiser damit in Haft kommen. Das angedrohte Gesetz heißt ausführlich „Gesetz vom 3. April 1919 betreffend die Landesverweisung und die Übernahme des Vermögens des Hauses Habsburg-Lothringen", und Kaiser Karl I. von Österreich-Ungarn heißt gleichzeitig auch „Karl III., König von Böhmen" und „Karl IV., König von Ungarn und Kroatien".

6. Januar: Im Alter von 60 Jahren stirbt der ehemalige US-amerikanische Präsident Theodore Roosevelt im Bundesstaat New York - sowohl sein ältester Sohn als auch sein Vater heißen ebenfalls Theodore. Nach ihm ist der Teddybär benannt; allerdings gibt es zwei unterschiedliche Legenden, wie es zu dem „Teddy Bear" kam - eine amerikanische und eine deutsche.

Von New York nach München: Auf der Theresienwiese findet am 7. Januar eine Erwerbslosendemonstration statt; von dort aus stürmen Demonstranten das Ministerium für Soziale Fürsorge; sie können erst durch Republikanische Schutztruppen auseinandergetrieben werden.

Im November 1918 ist vom Rat der Volksbeauftragten eine Expertengruppe eingesetzt worden, die Wege zur Sozialisierung von Teilen der deutschen Wirtschaft prüfen soll. Der offizielle Name lautet: „Kommission zur Vorbereitung der Sozialisierung der Industrie", geleitet wird sie vom deutsch-tschechischen Philosophen und sozialdemokratischen Politiker Karl Kautsky. Vorgesehen für die Kommission war auch Walter Rathenau. Das scheiterte aber am Widerstand der USPD. Am 7. Januar werden erste Ergebnisse über die Grundsätze der Sozialisierungsarbeit veröffentlicht.

Eine Sozialisierungskommission arbeitet auch in Bayern (dort hat Professor Lujo Brentano den Vorsitz) und in Württemberg:

> ... von Seiten der Regierung war man nicht untätig. So hatte das Arbeitsministerium im Dezember 1918 eine Kommission einberufen, die prüfen sollte, ob und welche Zweige der württembergischen Industrie bzw. ob und welche Einzelbetriebe vergesellschaftet werden könnten. Im Gegensatz zur Berliner Sozialisierungskommission, die vorwiegend eine Angelegenheit von Theoretikern war, verfolgte die Stuttgarter Sozialisierungskommission eine mehr praxisorientierte Strategie, indem sie einerseits den Arbeiterrat, andererseits aber auch Unternehmer wie z.B. Robert Bosch und Emil Molt, Direktor der Waldorf Astoria-Zigarettenfabrik und mit den Dreigliederungsgedanken Rudolf Steiners eng vertraut, zu den Beratungen hinzuzog.

Das schreibt Walter Kugler als Herausgeber von Steiners Zyklus „Betriebsräte und Sozialisierung" (GA 331) in den Vorbemerkungen. Wir werden im Mai
auf diesen Zyklus zu sprechen kommen.

Bleiben wir in Stuttgart: In der Nacht vom 7. auf den 8. Januar bezieht Leutnant Paul Hahn, ein deutscher Lehrer und Kunstmaler, mit seiner Truppe
den Gefechtsstand im Turm des neu erbauten Stuttgarter Bahnhofs. Von der
oberen Plattform lässt sich mit Maschinengewehren die ganze Königstraße
bis zum Wilhelmsbau unter Beschuss nehmen und so der erste Spartakistenputschversuch bekämpfen. Es gibt Tote und Verletzte.

Währenddessen erlässt die deutsche Reichsregierung in Berlin, in der die
Sozialdemokraten die Mehrheit haben, einen Aufruf an die Bevölkerung der
Stadt, in dem sie versichert, alle notwendigen Maßnahmen zu treffen, um
die spartakistische „Schreckensherrschaft zu zertrümmern und ihre Wiederkehr ein- für allemal zu verhindern". Und es wird gleich umgesetzt: Deutsche
Regierungstruppen und Freikorps beginnen mit der Rückeroberung der von
den Spartakisten besetzten öffentlichen Gebäude in Berlin.

Zurück in Stuttgart: Am 9. Januar finden Demonstrationen statt, veranstaltet
vom Spartakus- und vom Roten Soldatenbund und den „Unabhängigen".
Zweck und Ziel: Absetzung der Regierung und des Stadtparlaments. Die
Regierung lässt sich jedoch nicht absetzen, sondern zieht - paarweise,
schutzlos und bemüht, nicht aufzufallen - unter Leitung von Wilhelm Blos
vom alten Schloss um in den noch im Rohbau befindlichen Bahnhofsturm, in
dem schon Paul Hahn haust. Unverputzte Wände, schnell zusammengezimmerte Tische und Bänke, sowie Strohsäcke zum Schlafen bilden die provisorische Einrichtung. Paul Hahn erinnert sich:

> *Im neuen Bahnhof sah es an diesem Tage nicht schön aus. Rasch
> und unvermittelt hatte ich von dem Gebäude Besitz ergriffen. Zwei
> Zimmer waren das Stabsquartier der Zentralleitung der Sicherheits
> kompagnien, einige Strohsäcke in diesen Zimmern unser Nachtla
> ger, das wir aber in den nächsten Tagen keine Minute benutzen
> konnten. In sämtlichen Gängen lagen die Sicherheitssoldaten mit ih
> rer Ausrüstung. Feldtelefone, in aller Eile gebaut, verbanden mich
> mit den verschiedenen Kasernen, ein Kommen und Gehen von Sol-*

daten und Führern und Soldatenräten. Um aus meinem Zimmer zum Ausgang des Bahnhofs kommen zu können, musste ich über Hunderte von Beinen hinwegsteigen. (PH)

Der Aufstand wird von provisorisch aufgestellten Sicherheitstruppen unter der Führung von Hahn niedergeschlagen. Hans Kühn, ein Zeitzeuge, Kaufmann und Schriftsteller, ist mit dem blutigen Gemetzel nicht einverstanden:

Ich ging in den Turm, der von Maschinengewehren strotze, und bot dem Ministerpräsidenten Wilhelm Blos meine Vermittlung an. Die Herren sassen um einen runden Tisch im obersten Stockwerk und sprachen fleissig ihren Weingläsern zu, um sich zu beruhigen. Es war zu spät. Bereits hatte es Tote und Verwundete gegeben. Durch den Putsch war versucht worden, die ausgeschriebenen Landtags-Wahlen zu verhindern, denn die Arbeiter fühlten sich um die Früchte der Revolution betrogen. Auch Emil Molt muss nach seinen Angaben im Turm vorgesprochen haben… (HK)

Zur gleichen Zeit wird auch in Berlin der improvisierte Aufstandsversuch gewaltsam niedergeschlagen. Freikorps räumen mehrere Gebäude brutal und erschießen die Besetzer standrechtlich. Die übrigen ergeben sich rasch. Trotzdem wird ein Teil von ihnen ebenso erschossen. Diesem Vorgehen fallen in Berlin 156 Menschen zum Opfer.

10. Januar, also kein Faschingsscherz: Nach Kriegsende wurde im Waffenstillstand von Compiègne die Besetzung des linksrheinischen Gebietes durch die Triple Entente (Vereinigtes Königreich, Frankreich und Russland) festgelegt. Zwischen dem US-amerikanischen Brückenkopf von Koblenz und dem französischen Brückenkopf bei Mainz, die jeweils einen Radius von 30 km hatten, blieb ein schmaler Streifen zwischen dem Rheintal und Limburg an der Lahn unbesetzt. Der Bürgermeister von Lorch ruft dort an diesem Tag den „Freistaat Flaschenhals" aus und führt merkwürdige Geldscheine ein, die in ca. 30 Städten und Dörfern des Rheingaus gelten. Auf den Banknoten prangen neben Bildern lokaler Sehenswürdigkeiten Sprüche wie z.B.: „In Lorch am Rhein, da klingt der Becher, denn Lorcher Wein ist Sorgenbrecher." Ein anderer Schein verkündet: „Nirgends ist es schöner als in dem Freistaat Flaschenhals." An seiner schmalsten Stelle ist das Gebiet - immer-

hin von 17.000 Menschen bewohnt - gerade mal 800 Meter breit, in Richtung Westen ist es jedoch gleichmäßig breiter - und erinnert daher von seiner Form an einen Flaschenhals (s. auch Intermezzo 6). Interessant: Zum 75. Jahrestag des Freistaates Flaschenhals wurde 1994 die „Freistaat-Flaschenhals-Initiative" (FFI) von engagierten Winzern und Gastronomen aus der Taufe gehoben. Ihre Mitglieder haben sich verpflichtet, Weine zu erzeugen, welche *über* den gesetzlichen Qualitätsnormen liegen und durch ein gemeinsames Weinetikett gekennzeichnet sind.

Vieles ereignet sich noch an diesem Datum. Blicken wir zunächst nach München. Dort verliert Kurt Eisner viele Sympathien. Er lässt aus Sorge vor Krawallen die Führer von KPD und Spartakisten prophylaktisch verhaften, darunter auch Levien und Erich Mühsam:

> *Eine spontane Riesendemonstration zog vor das Ministerium des Auswärtigen und verlangte unsere Freigabe. Eisner wollte sie um keinen Preis zugeben, verweigerte sogar zuerst, mit dem Sprecher der Masse zu verhandeln. Schließlich erzwang sich der Matrose Rudolf Eglhofer, der spätere Oberkommandierende der Roten Armee, den Zutritt, indem er von außen am Hause emporkletterte und durchs Fenster in Eisners Arbeitszimmer eindrang. Angesichts der bedrohlichen Haltung der Menge mußte darauf Eisner unsere sofortige Freilassung anordnen. (EM 2)*

Eisner ruft zur aufgebrachten Masse:

> *So holt sie euch, in Gottes Namen! Sie sind enthaftet! (OMG)*

Erich Mühsam weiter:

> *In der Volksversammlung, in der die Masse uns erwartete, wurden wir mit ungeheuren Ovationen empfangen. Eisner hatte verspielt. (EM 2)*

Ein wichtiges Treffen findet im „Aero-Club" auf dem Berliner Flugplatz Johannisthal statt. Auf Einladung des Direktors der Deutschen Bank Paul Mankiewitz treffen sich dort 50 Vertreter der deutschen Industrie, des Handels und der Banken, darunter Hugo Stinnes, Albert Vögler, Carl Friedrich von Siemens, Otto Henrich, Ernst von Borsig, Felix Deutsch zu einem Vortrag.

Eduard Stadtler, der Vorsitzende der „Antibolschewistischen Liga", spricht über den „Bolschewismus als Weltgefahr". Er wirbt darin für einen „christlich-nationalen Sozialismus" ohne die Enteignungen von Privateigentum und Produktionsmitteln, wie es die Rätebewegung fordert. Auf dem Treffen wird ein Antibolschewistenfonds gegründet, für den Stadtler an diesem Tag satte 250 Millionen Reichsmark zusammenbekommt. Finanziert werden daraus u. a. der Aufbau eines rechtsnationalen Mediendienstes und die Unterstützung der Aufstellung rätefeindlicher, zuverlässiger Freikorps für die militärische Niederschlagung der Arbeiter im Bürgerkrieg. (novemberrevolution1918.de)

In Münster warnen die katholischen Pfarrer in einem Wahlaufruf (bald sind Wahlen - für den Landtag und zur Nationalversammlung) die Gläubigen vor der Sozialdemokratie, in Bremen wird die Räterepublik ausgerufen: Während einer von Kommunisten und der USPD veranstalteten Massenversammlung auf dem Bremer Marktplatz wird der Senat für abgesetzt erklärt und die unabhängige sozialistisch-kommunistische Republik Bremen ausgerufen. Die Regierungsgewalt übernimmt ein Rat der Volksbeauftragten.

Aus Davos schreibt Ernst Ludwig Kirchner an die Arztgattin Helene Spengler,

> *[...] die Menschen sind halb verrückt dort* [in Berlin]. *[...] Dabei war heute morgen ein so wundervoller Monduntergang, auf rosa Wölkchen der gelbe Mond und die Berge rein tiefblau, ganz herrlich, ich hätte so gerne gemalt.*

Und er malt es doch: das 120 cm x 120 cm große Ölgemälde „Wintermondlandschaft", aber auch die „Wettertannen" mit ihren violetten Baumstämmen.

In Dornach stellt Rudolf Steiner im 4. „Goetheanismus"-Vortrag fest, dass die Naturwissenschaftler dieser Zeit kein Interesse an Geistigem haben, sondern nur an ihren Untersuchungen - das gilt 100 Jahre später noch viel mehr; eine gesunde Lösung der sozialen Frage sei nur möglich, wenn man beim Denken so etwas wie Mutterliebe entwickeln kann; manchmal verwechselt man einen Menschen mit dem, was er tut; in der westlichen Welt sagt man, dass der Mensch von Natur aus böse ist, in China, dass er gut ist. (Wahrscheinlich sind auch deshalb asiatische Menschen so höflich!) Das hat auch Auswirkungen auf die Seelenverfassung. Man kann nicht in Geisteswis-

24

senschaft eindringen, wenn man engherzig ist – wie das bei uns das Übliche ist. Um uns herum ist Geisteswissenschaft, aber es ist bequemer, „nur" darüber zu reden. Nochmal: Geisteswissenschaft - hier nicht im konventionellen Sinne gemeint.

Ein Blick nach Osteuropa: Um die Versorgungsengpässe der Roten Armee zu beheben, erlässt die sowjetische Regierung in Moskau ein Dekret, das die Bauern verpflichtet, große Teile ihrer Ernte an staatliche Behörden abzuliefern. Rumänien annektiert Siebenbürgen, das bis zu diesem Zeitpunkt zu Ungarn gehört hat; große Teile der Bevölkerung begrüßen den rumänischen Einmarsch.

Im Dezember 1918 fasste der Reichsrätekongress (die erste ordentliche Zentralversammlung der Arbeiter- und Soldatenräte nach der Novemberrevolution tagte vom 16. bis 20. Dezember) den Beschluss, die dazu reifen Industrien, insbesondere den Bergbau, zu sozialisieren. Der Rat der Volksbeauftragten unternahm in den darauf folgenden Wochen allerdings wenig zur Umsetzung dieses Beschlusses, er richtete lediglich die bereits erwähnte Sozialisierungskommission ein. Im Ruhrgebiet wuchsen aus diesem Grund die Unzufriedenheit, die Unruhe und die Streikbereitschaft. Am 11. Januar 1919 beteiligen sich etwa 80.000 Arbeiter, die Mehrheit von ihnen Bergarbeiter, an der Streikbewegung. Einer der Auslöser dafür ist der Januaraufstand, der seit dem 5. Januar in Berlin tobt. Während es dort jedoch um den Sturz der Regierung geht, kämpfen die Streikenden im Ruhrgebiet für die Umsetzung des Beschlusses des Reichsrätekongresses, sprich für die Umsetzung der Sozialisierung.

Ein Gesichtspunkt im 5. „Goetheanismus"-Vortrag am Abend in Dornach ist, dass man die Geschichte nicht verstehen kann, wenn man nur Vorgänge aneinanderreiht – was sicher viele aktuelle und ehemalige Schülerinnen und Schüler bestätigen können. Und – was der Platonismus im (alten) Griechentum war, ist der Goetheanismus heute. Mit Goetheanismus ist die Bezeichnung für eine ganzheitlich orientierte Wissenschaftsmethodik gemeint; Goetheanistische Forschung strebt eine Verbindung von empirischer Methodik und allumfassendem Wesensverständnis an, mit dem Ziel, die erkenntnistheoretische Spaltung von Subjekt und Objekt zu überwinden. Rudolf Steiner hierzu:

> *Allein es gibt, [...] eine Logik des Denkens und eine Logik des Lebens. Und derjenige, der sich nicht bloß durch eine Logik des Denkens in Goethe vertieft, sondern der die Goetheschen voller Impulse steckenden Anregungen lebendig nimmt und nun versucht, dasjenige aus ihnen zu gewinnen, was gewonnen werden kann, nachdem über die Menschheitsentwickelung so viele Jahrzehnte seit Goethes Tode hinweggegangen sind, der wird glauben [...] wie er will, daß durch die lebendigen Anregungen des Goetheanismus — wenn ich mich des Ausdrucks bedienen darf — gerade diese Anthroposophie hat entstehen können durch Logik des Lebens, durch Erleben dessen, was in Goethe liegt, und durch Wachsenlassen in bescheidener Weise des von Goethe Angeführten. (GA 84)*

Wir konstatieren: Die Anthroposophie ist erwachsen aus dem Goetheanismus.

Am selben 11. Januar ruft der Arbeiter- und Soldatenrat Cuxhaven, der mit der politischen Entwicklung in Berlin unzufrieden ist, die „Sozialistische Republik Cuxhaven" aus. Am darauffolgenden (Sonn-)Tag erscheint in der Zeitschrift „Die neue Zeit" folgende Anzeige:

> *An die Bevölkerung! Arbeiter und Bürger! Gewaltige Ereignisse bereiten sich in allen Gauen Deutschlands vor. Kein Arbeiter, kein Bürger weiß heute, wer regiert! Die Regierung in Berlin, die Volksbeauftragten haben vollständig versagt! In schwerem Bruderkampfe verbluten sich unsere Volksgenossen auf dem Straßenpflaster. Jede Stunde bringt neue Opfer aber keine Ordnung, sondern treibt uns immer mehr der Anarchie entgegen. Dem Gebot der Stunde gehorchend, der Verantwortlichkeit voll bewußt, die Ernährungs- und Wirtschaftsfragen für die gesamte Bevölkerung sicher zu stellen, erklären wir Cuxhaven mit den dazu gehörigen Kreisen mit dem heutigen Tage zur sozialistischen Republik. Cuxhaven, den 11. Januar 1919. Arbeiter- und Soldatenrat. gez. Lieby. gez. Kraatz.*

Also: Bremen ist Räterepublik, Cuxhaven Sozialistische Republik.

Von Cuxhaven nach München: Im Revolutionstagebuch des deutschen Essayisten, Kritikers, Übersetzers und Gymnasiallehrers Josef Hofmiller lesen wir:

> *Heute Wahl zum Bayerischen Landtag. Gutes, etwas frisches Wetter, heiter und klar, geeignet zu Demonstrationen, von denen aber bis jetzt nicht viel zu bemerken. Auch für gestern abend waren Putsche erwartet, wir gingen deshalb sogar um eine halbe Stunde früher aus und von unserm asketischen Dünnbier-Dämmerschoppen nach Haus, aber alles blieb ruhig. Die Wahlbeteiligung war sehr stark, die Leute standen an wie um Butter, Zigaretten oder Pferdefleisch. Der Anblick der zahlreichen Frauen und Soldaten in und vor dem Wahllokal fiel auf.* (JH)

Kein Wunder, dass Hofmiller die vielen Frauen auffallen: Nachdem Kurt Eisner vor zwei Monaten, am 8. November, den Freistaat Bayern ausgerufen hatte, dürfen bei den ersten Wahlen zum Bayerischen Landtag zum ersten Mal auch Frauen gemäß dem allgemeinen, geheimen und direkten Verhältniswahlrecht abstimmen. Die Bayerische Volkspartei (BVP), die „Partei des politischen Katholizismus", wird stärkste Partei - auch Thomas Mann hat sie gewählt -, allerdings hat das Bündnis aus SPD, Bauernbund und Liberalen die Mehrheit der Sitze. Die USPD von Ministerpräsident Eisner erleidet dagegen eine schwere Wahlniederlage. Auch der rechte Josef Hofmiller hat Eisner sicherlich nicht gewählt – er urteilt über ihn so:

> *Er entpuppt sich immer mehr als Kleber, und verbindet damit die Eigenschaft seiner Rasse, sich durch keinen Hinauswurf beleidigt zu fühlen, sondern, wenn man ihn durch die vordere Türe hinausbefördert hat, bei der hintern den Kopf wieder hereinzustecken, ob man nicht doch Verwendung für ihn hätte. Politisch ist er ein Gaukler, ohne einen einzigen positiven Gedanken. Er hat nur ein Ziel: Macht. [...] Nach Bedarf mimt er den weltfremden Idealisten, oder aber den gewiegten Diplomaten.*

An anderer Stelle schreibt er:

> *[...] daß Revolution und jüngste Literatur so kompromittierend eng liiert sind wie in München, ist etwas Neues und erklärt sich aus dem*

Vorleben des Ministerpräsidenten. Er ist Schwabinger durch und durch, begabt, aber ohne Kenntnisse, vor allem ohne Gediegenheit des Charakters, und will den Staat nach den Rezepten regieren, nach denen er etwa die Feuilletonredaktion einer Linkszeitung elegant schmeißen würde.

Hier haben wir: Revolution und Literatur eng liiert!

Kurt Eisner wurde nicht nur von Josef Hofmiller falsch eingeschätzt, weil er zuletzt von jeder Mitwirkung am politischen Teil der sozialdemokratischen Tageszeitung „Münchener Post" ausgeschlossen worden war und nur noch „Kultur" durfte.

Und nicht nur für Kurt Eisner hat Josef Hofmiller Hohn und Spott übrig, alles was mit der Revolution zu tun hat, versieht er mit Häme. Zum Beispiel die überall wehenden roten Fahnen.

Vom Landtag wehte lang und öd eine rote Fahne. Unten beim Hausmeister steckte ebenfalls ein langer roter Wimpel, der genau so aussieht wie die rote Fahne des Kaminkehrers, durch die er mitteilt, daß er in diesem Haus den Rauchfang ausbrennt. (JH)

Ein ganz anderes Bild von Kurt Eisner hat Ernst Toller, der – während Hofmiller „aus der Distanz" kritisch beobachtet – neben Beobachter auch Akteur ist und vor allem sein wird:

Eisner war ein Mann von anderem geistigen Format als die Ebert, Scheidemann, Noske, Auer. Deutsche Klassik und romanischer Rationalismus haben ihn geformt und gebildet. Sein politisches Ideal war die vollkommene Demokratie, er verwarf die parlamentarische Demokratie, die das Volk einmal an die Urne führt, um es dann für Jahre auszuschalten. Von unten her sollte der Geist des Lebens und der Wahrheit als kritischer, belebender, anfeuernder Geist das Tagewerk der Gesellschaft durchdringen, darum bekannte er sich zur Rätedemokratie. Die Notwendigkeit raschen sozialen Neubaus erkannte auch er nicht. An die Spitze der Sozialisierungskommission, deren Einsetzung der Rätekongreß gefordert hatte, berief er Professor Brentano, den bekannten Freiwirtschaftler, in der ersten Sitzung dieser Kommission hielt er eine Aussprache, die die Industriemagna-

ten aufhorchen ließ, sozialisieren, sagte er, könne man nur, wenn etwas zu sozialisieren da ist, diese Voraussetzung fehlte in Deutschland.

Eisner haßte die Presse als eine Volkspest, sie belüge und verhetze die Völker, trotzdem, als einige Revolutionäre die Redaktion einer der übelsten Zeitungen besetzten, fuhr er persönlich in das Verlagsgebäude und sorgte für den Abzug der Eroberer. So stark war seine Verachtung der Journaille, so stark seine Achtung vor formaler Pressefreiheit. „Die Wahrheit", schrieb er während des Krieges in einer Eingabe an das Münchener Generalkommando, „ist das höchste aller nationalen Güter. Ein Staat, ein Volk, ein System, in dem die Wahrheit unterdrückt wird oder sich nicht hervorwagt, ist wert, so rasch und so endgültig wie möglich zugrunde zu gehen."

Der Moralist bekämpfte die Entwicklung in Berlin, er glaubte, daß die verantwortlichen Männer des alten Systems, die im Auswärtigen Amt weiterregieren und die Verhandlungen mit der Entente führen, den Frieden erschwerten, neue Männer, aufrechte Republikaner, die nicht teilhatten an der Schuld der Monarchie, seien nötig, sie würden mildere Friedensbedingungen für Deutschland erreichen. Er hegte die Illusion, daß Clémenceau der Vorkämpfer der europäischen Demokratie sei, er möchte ihn sprechen, ihn überzeugen, daß das deutsche Volk durch die Revolution zur Freiheit, zur Verantwortung gefunden habe, daß es ein Verbrechen an Europa wäre, dieses Volk durch einen grausamen Frieden zu erniedrigen. Clémenceau wies den Mittelsmann schroff zurück, ja er bedrohte ihn mit Verhaftung, weil er mit dem Feind konspiriere. Die französischen Regierungsmänner und Militärs dachten nicht daran, die deutsche Republik zu stützen, die einen hielten sie für ein Täuschungsmanöver der Machthaber von gestern, die andern fürchteten den Sieg des Bolschewismus und die Infizierung Frankreichs. (ET)

Auch Rudolf Steiner äußert sich über Kurt Eisner immer wieder, v.a. im ersten. Vortrag des Zyklus „Die soziale Grundforderung unserer Zeit in geänderter Zeitlage" Ende 1918 vor Mitgliedern in Dornach:

Hier ist das Motiv wieder: Was ich in der Welt sehe, sind nicht die Dinge
selbst, sondern die Symptome für die Dinge; und man muss lernen, von den
Symptomen auf das Darunterliegende, auf das Wesentliche zu schließen.
Steiner später:

30

*Das Leben selber macht den Menschen zu einem antisozialen We-
sen. Deshalb denken Sie sich einmal einen solchen Paradieseszustand auf Erden durchgeführt, wie es ihn gar nicht geben kann, aber
wie er angestrebt wird, weil die Menschen ja immer das Unwirkliche
viel mehr lieben als das Wirkliche - denken wir uns, ein solcher Paradieseszustand würde hergestellt, meinetwillen sogar ein solcher
Überparadieseszustand, wie ihn Lenin, Trotzki, Kurt Eisner und andere auf der Erde haben wollen. Sehr bald schon würden sich unzählige Menschen dagegen auflehnen müssen, weil sie dabei nicht
Menschen bleiben können, weil in einem solchen Zustande eben nur
die sozialen Triebe Befriedigung finden würden, sich aber die antisozialen Triebe sogleich regen würden. Das ist ebenso notwendig, wie
ein Pendel nicht bloß nach der einen Seite ausschlägt. In dem Au-
genblicke, wo Sie einen Paradieseszustand herstellen, müssen sich
die antisozialen Triebe regen. Wenn das sich verwirklichte, was
Lenin und Trotzki und Kurt Eisner wollen und von dem sie sich vorstellen, es sei ein Paradieseszustand, es müßte sich in kürzester Zeit
durch die antisozialen Triebe in sein Gegenteil verkehren. Denn das
ist eben das Leben, daß es zwischen Ebbe und Flut hin und her geht.
Und wenn man das nicht verstehen will, so versteht man überhaupt
nichts von der Welt.*

Soziale und antisoziale Triebe sind wie Tag und Nacht, wie Ebbe und Flut…

Weiter Rudolf Steiner:

*Man hört ja oft: Das Ideal eines staatlichen Zusammenlebens ist die
Demokratie. - Gut, nehmen wir also an, das Ideal eines staatlichen
Zusammenlebens sei die Demokratie. Aber, wenn man diese Demokratie irgendwo einführen wollte, so würde sie notwendigerweise in
ihrer letzten Phase zu ihrer eignen Aufhebung führen. Die Demokratie strebt notwendigerweise danach, wenn die Demokraten bei-
sammen sind, daß immer einer den andern überwältigen will, immer will einer recht haben gegenüber dem andern. Das ist ganz
selbstverständlich. Sie strebt nach ihrer eigenen Auflösung. Führen
Sie also irgendwo die Demokratie ein, so können Sie das in Gedan-*

Das sind wenig erfreuliche Aussichten, die Steiner da hinstellt.

Zurück zum 12. Januar! Nicht nur in Bayern wird gewählt: Auch die Wahlen zur verfassunggebenden württembergischen Landesversammlung können plangemäß am 12. Januar stattfinden, auch hier zum ersten Mal unter Beteiligung der Frauen – als Wählerinnen und als Kandidatinnen. Das Ergebnis der Wahl: MSPD (52 Sitze), Deutsche Demokratische Partei (DDP, eine linksliberale Partei, 38 Sitze) und Zentrum (deutsche Zentrumspartei, katholische Fraktion, Name in Anlehnung an ihre Sitzplätze zwischen den konservativen Rechten und den liberalen Linken, 31 Sitze). Der Bauern- und Weingärtnerbund erhält zehn und die Bürgerpartei elf Mandate; die USPD verliert mit vier Mandaten fast jedes politische Gewicht. Unter den insgesamt 150 Mandatsträgern befinden sich 13 weibliche Abgeordnete (darunter Clara Zetkin), was im Vergleich zu den anderen Ländern eine überdurchschnittliche Repräsentanz von Frauen bedeutet. Die von der württembergischen Bevölkerung bestätigte Regierung des Sozialdemokraten Wilhelm Blos ist jetzt keine provisorische mehr und bezeichnet sich als Staatsregierung. Und in Stuttgart spottet man: „Früher regierte bloß Wilhelm, jetzt Wilhelm Blos." Mit dem ersten Wilhelm ist König Wilhelm II. von Württemberg gemeint, der weder verwandt noch verschwägert ist mit dem letzten deutschen Kaiser Wilhelm II. Der König erhält nach einer Entscheidung der vorläufigen Regierung des Landes in Stuttgart eine jährliche Rente von 200.000 Mark.

Im 6. „Goetheanismus"-Vortrag stellt Rudolf Steiner u.a. dar, dass Mitteleuropa die Dreigliederung des Sozialen Wesens aufgreifen muss.

Wenn man die Geschichte kennt, ist es unheimlich, ja schaurig, was Clara Zetkin am 13. Januar in einem Brief an Rosa Luxemburg schreibt:

Am 14. Januar verlassen die letzten alliierten Kriegsgefangenen das Deutsche Reich.

Am darauffolgenden Tag, einem Mittwoch, an dem Tag, als im KPD-Organ „Die Rote Fahne" der Artikel „Trotz alledem" von Karl Liebknecht erscheint, nimmt eine „Bürgerwehr", die erst vor wenigen Tagen mit Erlaubnis Noskes gebildet wurde und die über genaue Steckbriefe verfügt, Rosa Luxemburg und Karl Liebknecht in einer Wohnung der Mannheimer Straße 27 in Berlin-Wilmersdorf fest und bringt sie in das Eden-Hotel. Dort residiert der Stab der Garde-Kavallerie-Schützen-Division, der die Verfolgung von Spartakisten in Berlin organisiert. Die Gefangenen werden nacheinander verhört und dabei schwer misshandelt. Kommandant Waldemar Pabst beschließt mit seinen Offizieren, sie zu ermorden; der Mord soll nach einer spontanen Tat Unbekannter aussehen. Eine Gruppe ausgewählter Marineoffiziere verlässt mit Liebknecht das Hotel. Beim Verlassen des Gebäudes wird Liebknecht von Hotelgästen bespuckt, beschimpft und geschlagen. Ein bezahlter Jäger versetzt dem gerade im Wagen platzierten Gefangenen einen Schlag mit dem Gewehrkolben. Das Automobil fährt in den nahegelegenen Tiergarten. Hier täuscht der Fahrer an einer Stelle, „wo ein völlig unbeleuchteter Fußweg abging" eine Panne vor. Liebknecht wird aus dem Auto geführt und nach wenigen Metern aus nächster Nähe von hinten erschossen.

Eine halbe Stunde später schlägt der am Haupteingang bereitstehende Jäger auch die seit dem 3. Lebensjahr aufgrund einer falschen Behandlung leicht hinkende Rosa Luxemburg beim Verlassen des Hotels mit einem Gewehrkolben zweimal, bis sie bewusstlos ist. Sie wird in einen bereitstehenden Wagen geworfen. Ein Freikorps-Leutnant springt bei ihrem Abtransport auf das Trittbrett des Wagens auf und erschießt sie mit einem aufgesetzten Schläfenschuss. Ihre Leiche wird in den Berliner Landwehrkanal geworfen und lange nicht gefunden. Gustav Noske hatte wohl nichts gegen die Ermordung, hat sich aber geweigert, schriftliche Befehle dafür herauszugeben. Dem ebenfalls verhafteten Wilhelm Pieck gelingt die Flucht.

Ernst Toller schreibt:

> *… beim Spartakusaufstand, der gegen Liebknechts und Rosa Luxemburgs Willen losbricht, werden beide erschlagen, auf der Flucht erschossen, sagt die amtliche Meldung. Die Nachricht erreicht mich in München, ich jage in eine Massenversammlung der Rechtssozialisten. „Liebknecht und Luxemburg sind ermordet", rufe ich, und die Menge, die verblendete Menge, schreit: „Bravo! Recht ist ihnen geschehen, den Hetzern!"*

Verblendet wurde die Menge u.a. durch das SPD-Parteiorgan „Vorwärts": Es hat Liebknecht und Luxemburg als unlautere Elemente bezeichnet, die eine asiatische Schreckensherrschaft wie in Russland errichten wollen.

Thomas Mann reagiert auf den Doppelmord mit einem einzigen Wort: „angewidert", nachdem er eine Woche zuvor Liebknecht und Luxemburg alliterierend noch als blöde Berserker, Beglücker und Berufspolitiker tituliert hat. Käthe Kollwitz widmet Karl Liebknecht einen Holzschnitt.

Hermann Hesse, der zur Zeit allein in einer großen Villa in Bern lebt, beschreibt am selben Tag in einem Brief an den schwäbischen Schriftsteller Wilhelm Schussen, mit dem er befreundet ist und der eigentlich Wilhelm Frick heißt, seine eigene prekäre Lage sowie seine Einschätzung zur Lage in Deutschland:

> *Wir sitzen hier auch in der Patsche. Mein kleines Gehalt als Kriegsbeamter ist seit einiger Zeit ausgeblieben, obwohl die Arbeit weiter geht und von meinem Geld, das in Deutschland liegt und von dem ein größerer Teil wohl verloren ist, kriege ich bei den jetzigen Schikanen keinen Pfennig heraus … Daß ich nicht verhungern werde, glaube ich auch. Aber zur Zeit ist es so, daß ich mit amtlicher Erlaubnis, von meinem in Deutschland Ersparten monatlich 150 Mark herausschicken lassen darf, das sind beim jetzigen Kurs grade 70 Franken, für mich und die ganze Familie, während jeder meiner Buben allein 150 Franken Pension kostet. Das sind Dummheiten, die man schwer hinnimmt.*

An unser gutes Deutschland glaube auch ich, weit mehr als früher.
Mein privater Wunsch ist, es möge jetzt klein und politisch schwach
bleiben und sich den Teufel mehr um Weltmacht kümmern und da-
für langsam wieder etwas wie geistige Kultur erwerben. (JB)

Am 16. Januar wird die Sozialistische Republik Cuxhaven schon wieder aufgehoben und der Waffenstillstand zwischen dem Deutschen Reich und den Alliierten verlängert. Die willfährige Lügenpresse - z.B. das „Berliner Tageblatt" - schreibt wunschgemäß:

Liebknecht bei einem Fluchtversuch erschossen. Rosa Luxemburg
von der Menge gelyncht. (UH)

Der deutsche Kunstsammler, Mäzen, Schriftsteller, Publizist, Pazifist und Diplomat Harry Graf Kessler schreibt über die beiden:

Sie haben durch den Bürgerkrieg, den sie angezettelt haben, so viele
Leben auf dem Gewissen, dass an sich ihr gewaltsames Ende sozu-
sagen logisch erscheint. (UH)

Er schreibt aber auch:

Ebenso sind Liebknecht oder Rosa Liebknecht mit ihrer echten und
tiefen Liebe zu den Ärmsten und Bedrücktesten, mit ihrem Opfermut
erfreulicher als die Streber und Gewerkschaftssekretäre. (UH)

17. Januar: In gleichlautenden Proklamationen fordert die gesamte deutsche Presse „das Selbstbestimmungsrecht der deutschen Nation" und den Anschluss Deutschösterreichs an das Deutsche Reich. Dies wird noch ein wichtiges Thema in diesem Jahr werden.

Die deutsche Reichsregierung protestiert per Funkspruch in Moskau gegen die russische Unterstützung des Spartakusaufstands. Die Alliierten verfügen die Auslieferung der deutschen Handelsflotte zur Versorgung Europas. Die spanische Regierung unter Alvaro Figueroa y Torres Graf Romanones hebt die verfassungsmäßig garantierten Grundrechte in der Provinz Katalonien auf, um wachsenden politischen Aktivitäten innerhalb der Arbeiterschaft entgegenzuwirken. Katalonien, schon 1919 ein Zankapfel!

Am 17. Januar hält Theodor Heuss einen Vortrag im Rahmen einer Parteiveranstaltung der Deutschen Demokratischen Partei in Stuttgart. Dort schlägt er die Vereinigung von Baden und Württemberg vor. Seine Rede beendet er mit einem Zitat aus Schillers Gedicht „Deutsche Größe“:

Stürzte auch in Kriegesflammen Deutsches Kaiserreich zusammen, Deutsche Größe bleibt bestehen.

Am 17., 18. und 19. Januar hält Rudolf Steiner drei Vorträge aus dem Zyklus „Geisteswissenschaftliche Erläuterungen zu Goethes „Faust““ (GA 273).

Am 18. Januar beginnt die Pariser Friedenskonferenz in Versailles. Dort werden nach dem Ende des Weltkriegs die Friedensbedingungen festgelegt; der französische Staatspräsident Raymond Poincaré fordert eine Bestrafung der Mittelmächte durch die Alliierten; Deutschland und seinen Verbündeten wird die alleinige Schuld am Krieg unterstellt, wodurch die Alliierten die Zahlung von Reparationen begründen; wichtig für die weitere (Welt-) Geschichte: Der Versailler Vertrag ist Hitlers Erlebnis, durch das sich der bis dahin eher unpolitische Soldat zum radikalen Antisemiten und politischen Agitator entwickelt. Denn hinter dem als extrem hart empfundenen „Diktatfrieden“ wittert Hitler eine Verschwörung des „kapitalistischen Judentums“. Und als Politiker will er ein neues, starkes und „rassisch reines“ Deutschland aufbauen, das künftig nie mehr eine solche Niederlage erleiden muss.

Währenddessen tritt zwischen Sowjetrussland und der Ukraine der Kriegszustand ein, nachdem die sowjetische Regierung in Moskau ein Ultimatum der Ukraine, ihre Truppen zurückzuziehen, nur ausweichend beantwortet hat. Auch dieses Streitthema bewegt uns 100 Jahre später wieder.

Balsam für die geschundenen Seelen: Um die Not in Deutschland zu lindern, schließen das Deutsche Reich und das Königreich der Niederlande ein Wirtschaftsabkommen über die Lieferung von Lebensmitteln in das Deutsche Reich - im Austausch gegen deutsche Kohlen. Der Personenverkehr der deutschen Eisenbahnen wird zugunsten von Versorgungsfahrten drastisch eingeschränkt.

Am 18. Januar kommt in Duisburg Anton („Toni“) Turek zur Welt. Er wird als gelernter Bäcker u.a. für die TSG Ulm, vor allem aber für Fortuna Düsseldorf spielen, und bei der Fußball-WM 1954 als ältester Spieler des Turniers im Tor stehen. Der Radioreporter Herbert Zimmermann wird schwärmen:

Am selben Tag beobachtet Josef Hofmiller einen Flieger über München. Am nächsten Tag weiß er zu berichten:

Der Flieger gestern warf Zettel ab mit der Aufforderung, Kurt Eisner zu wählen. Die Zettel fielen in den Kot. Nicht einmal die Kinder klaubten sie auf.

Der wie erwähnt vom 16. bis 21. Dezember tagende Kongress der Arbeiter- und Soldatenräte hat mit der Festlegung des Termins für Wahlen zu einer verfassunggebenden Nationalversammlung die Weichen für eine demokratisch-republikanische Entwicklung in Deutschland gestellt. Erstmals dürfen Frauen am 19. Januar wählen (wenn man von den Landtagswahlen z.B. in Bayern und Württemberg eine Woche zuvor absieht) und so an der politischen Willensbildung des Volkes mitwirken. Auch die Soldaten, die sich noch in Russland befinden, sind stimmberechtigt. Sie entsenden zwei Abgeordnete in die Nationalversammlung. Da auch das Wahlalter von 25 auf 20 Jahre gesenkt wurde, steigt die Zahl der Wahlberechtigten um etwa 20 Millionen. Die Wahlbeteiligung liegt mit 83 Prozent etwas niedriger als bei der letzten Reichstagswahl von 1912. Die SPD geht zwar als stärkste Kraft aus den Wahlen hervor, ohne absolute Mehrheit ist sie jedoch auf Koalitionspartner angewiesen. Zusammen mit der Zentrumspartei und der Deutschen Demokratischen Partei (DDP) bildet sie die in der Folge so genannte „Weimarer Koalition". Die KPD hat gegen Rosa Luxemburgs Empfehlung nicht an den Wahlen teilgenommen. Josef Hofmiller noch einmal:

Heut war Reichstagswahl, oder wie die Sache jetzt heißt, Nationalversammlungswahl. Die Sozialdemokraten zogen wieder mit Musik und roten Fahnen auf. Schade, daß sie keine Juxnasen hatten, sonst wäre die Fastnachtsgaudi vollständig gewesen.

Um den Dienst bei der Infanterie zu vermeiden, hatte sich Ernst Ludwig Kirchner 1915 als „unfreiwillig Freiwilliger", wie er es später bezeichnet, zum Kriegsdienst gemeldet: dadurch konnte er seinen Wunsch äußern - er kam zur berittenen Artillerie. Doch schon die Erlebnisse während seiner Ausbildung sind so schrecklich, dass er zunächst beurlaubt und schließlich als dienstuntauglich entlassen wird. Nach verschiedenen Sanatoriums- und Klinikaufenthalten landet er schließlich in Davos-Frauenkirch, wo er mit seiner Lebensgefährtin Erna Schilling im Herbst 1918 das „Haus in den Lärchen", ein altes Bauernhaus, mietet. Und just an diesem Tag ist auch seine Druckerpresse aus Berlin bei ihm angekommen (außerdem drei wertvolle Teppiche), so dass er neben den Ölgemälden und Aquarellen auch Holzschnitte in Schwarz-Weiß und in Farbe sowie Lithographien anfertigen kann.

Thomas Mann liefert ein Beispiel für die Scharmützel mit seinem Bruder Heinrich (in seinem Tagebuch H. genannt):

> *„Prinz von Homburg" und „Jungfrau v. Orleans" werden verboten.*
> *Aber H. erklärt, Geist und Kunst gingen nun endlich mit dem Staate*
> *Hand in Hand. Es bleibt kein anderes Wort mehr als: Dummkopf.*
> (TM)

21. Januar: Im Mansion House in Dublin wird die von der nationalistischen irischen Partei Sinn Féin einberufene irische konstituierende Nationalversammlung (Dail Eireann) mit der Verlesung einer Unabhängigkeitserklärung, in der die Errichtung der Republik Irland bekanntgegeben wird, eröffnet. Aus Freiwilligenverbänden entsteht die Irische Republikanische Armee (IRA).

Obwohl sich Kurt Eisner im November 1918 gegen Sozialisierungsmaßnahmen ausgesprochen hat, weil er sie für unmöglich hielt, gründete er auch in Bayern eine Sozialisierungskommission. Sie nimmt am 22. Januar ihre Arbeit unter dem Vorsitz des Nationalökonomen Lujo Brentano auf. Lujo Brentano ist übrigens ein Neffe der Schriftstellerin Bettina von Arnim und des Schriftstellers Clemens Brentano.

Am 23. Januar (bzw. Jänner) ist der Geburtstag des österreichischen Meeresforschers Hans Hass (gestorben 2013), der durch seine Filme über Haie bekannt wurde. Weniger bekannt ist seine Energontheorie, in welcher er versucht, verschiedene Wissenschaften miteinander zu verknüpfen – er nennt das Konzept sein „Glasperlenspiel".

Am 24. Januar sitzt Käthe Kollwitz im Leichenschauhaus in Berlin-Mitte und zeichnet den dort aufgebahrten Karl Liebknecht, ein Wunsch der Witwe Sophie.

Während Kollwitz neben dem einbalsamierten Leichnam still an ih-
rem Liebknecht-Gedenkblatt arbeitet, kommen immer wieder Men-
schen herein und erweisen dem Revolutionär die letzte Ehre. „Um
die zerschossene Stirn rote Blumen gelegt, das Gesicht stolz, der
Mund etwas geöffnet und schmerzhaft verzogen. Ein etwas ver-
wunderter Ausdruck im Gesicht. Die Hände im Schoß nebeneinan-
dergelegt, ein paar rote Blumen auf dem weißen Hemd." (UH)

Zur gleichen Zeit wird Käthe Kollwitz in einem Sitzungssaal am Pariser Platz von Max Liebermann und vielen anderen als erste Frau zum Mitglied der Berliner „Preußischen Akademie der Künste" gewählt, genauso wie Lovis Corinth, Wilhelm Lehmbruck u.a.

Themen des 7. „Goetheanismus"-Vortrags am 24. Januar sind: - Eingebungen und Erfahrungen sind heutzutage verpönt; - die Geisteswissenschaft führt nicht zur Verachtung, sondern zur Durchgeistigung der Materie; - seit der Mitte des 19. Jahrhunderts hat sich die Denkweise der Menschen grundlegend geändert; - Schillers „Über die ästhetische Erziehung des Menschen" in Beziehung zu Goethes „Märchen von der grünen Schlange und der schönen Lilie"; - betr. Evolution: die ersten „Anlagen" des Menschen waren von Anfang an schon vorhanden; - der soziale Organismus kann nur verstanden werden, wenn man den dreigliedrigen Menschen versteht – und seit dem 16. Jahrhundert, seit dem Entstehen des Materialismus, ist das Bewusstsein von der Dreigliedrigkeit immer mehr verschwommen (oder verkommen). Ein kleiner Ausschnitt aus seiner Rede:

Diese drei Glieder der sozialen Struktur, Wirtschaft, gesetzmäßige
Regelung, geistiges Leben, sind so radikal voneinander verschieden
wie Kopf, Brust und Unterleib. Wenn Sie den Staat mit der Wirt-
schaft belasten wollen, so bedeutet das dasselbe, wie wenn Sie mit
Lunge und Herz essen wollten, statt mit dem Magen. Der Mensch
gedeiht nur dadurch, daß seine drei Systeme außereinander sind
und im Außereinander zusammenwirken. So kann auch der soziale
Organismus nur gedeihen, wenn die drei Glieder als selbständige
Glieder nebeneinander wirklich wirken und nicht zusammenge-

pfercht werden in einen Monon [eine Einheit, Anm. d. Verf.]. (GA
188)

25. Januar: Die alliierten Siegermächte des Ersten Weltkriegs stimmen in
Paris der Gründung eines Völkerbundes zu, Karl Liebknecht wird zusammen
mit 38 weiteren Erschossenen in Berlin vor 100.000 Menschen beigesetzt
und in Braunschweig findet der Kongress zur Gründung einer nordwestdeut-
schen Bundesrepublik statt. Es nehmen Vertreter aus Braunschweig, Celle,
Cuxhaven, Düsseldorf, Essen, Hamburg, Hannover, Hildesheim, Leipzig, Mer-
seburg, Oldenburg und Remscheid teil. Vom 4. Dezember bis zu diesem
Samstag bewachte Hitler mit 15 weiteren Soldaten etwa 1.000 französische
und russische Kriegsgefangene in einem von Soldatenräten geleiteten Lager
in Traunstein.

Im 8. „Goetheanismus"-Vortrag spricht Rudolf Steiner von den drei Hüllen
des menschlichen Ichs (physischer, ätherischer und astralischer Leib) und
von der Dreigliederung des Menschen, stellt aber klar, dass man nicht ana-
logisieren oder konstruieren darf. Die Dreigliederung des menschlichen
Organismus ist ein zentrales Prinzip der anthroposophischen Menschenkunde und wurde von Rudolf Steiner erstmals 1917 in seinem Buch „Von See-
lenrätseln" ausgeführt. Man kann beim Menschen unterscheiden: 1. Das
Nerven-Sinnessystem, 2. das rhythmische System, bestehend aus Atmungssystem und Blutkreislauf, und 3. das Stoffwechsel-Gliedmaßensystem. Da es
sich um eine Dreigliederung und nicht um eine Dreiteilung des Organismus
handelt, trägt jedes System auch die jeweils anderen in veränderter Form in
sich. Kopf und Gliedmaßen sind dabei polar zueinander und der Rumpf ver-
mittelt zwischen beiden. (Sehr verkürzte Darstellung!)

Da Rudolf Steiner aus Dornach nicht wegkommt, besuchen ihn Emil Molt,
Roman Boos (Redakteur der Waldorf-Astoria-Nachrichten) und der uns bereits bekannte Hans Kühn als Stuttgarter Delegation im Atelier in Dornach -
in dem die unvollendete Christus-Plastik steht -, um mit ihm Möglichkeiten
des weiteren Vorgehens zu besprechen. Dort weist Rudolf Steiner auf die
Fragen der Außenpolitik hin:

> *Das Wichtigste ist die auswärtige Politik. [...] Ohne die auswärtige*
> *Politik, speziell die Schuldfrage, ins Auge zu fassen, kommt man*

Im Hinblick auf die in Paris stattfindende „Friedenskonferenz" sei besonders eine sachliche Darstellung der Ereignisse im Juli 1914, die zum Kriegsausbruch führten, erforderlich. Emil Molt macht Rudolf Steiner den Vorschlag, etwas auszuarbeiten, was „wir alle" unterschreiben. Er regt die Gründung eines „Bundes" als Rückhalt für das Wirken Rudolf Steiners in der Öffentlichkeit an. (CL 1)

Am 26. Januar wird die Verordnung Nr. 3563 über den Besuch des Religionsunterrichts und die Teilnahme der Schüler und Schülerinnen an religiösen Übungen vom Tag zuvor publik. Josef Hofmiller ist der Meinung:

Die Kirche kann nur froh sein, wenn der staatliche Zwang vom Kirchenbesuch genommen wird. Sie kann erst dann wirken, wenn die Leute, die zu ihr kommen, seien es nun wenig oder viele, ganz ohne Zwang kommen. Wieviel Unheil der Zwang angerichtet hat, zeigt sich darin, daß die Abschaffung des Religionsunterrichtes durchweg eine der ersten Forderungen der Schüler ist. Alles weiß das, nur die Religionslehrer wissen es nicht oder wollen es nicht wissen.

Dazu ist dreierlei zu sagen: 1. So froh ist die Kirche nicht, wie wir in ein paar Tagen noch sehen werden. 2. Von dem Recht, ihr Kind vom Religionsunterricht abzumelden, machen nur die allerwenigsten Eltern Gebrauch. 3. Ein Jahr später, unter einer anderen, konservativen Regierung wird der Religionsunterricht wieder für alle Schüler obligatorisch.

Im 9. „Goetheanismus"-Vortrag am 26. Januar weist Rudolf Steiner darauf hin, dass die „Anhänger von Karl Marx" glauben, dass Gedanken (oder Theorien) nichts ändern können, sich aber selbst auf Gedanken (oder ausgedachte Theorien) berufen, und dass ein bestimmter Inhalt nur eine Bedeutung hat in einem bestimmten Zusammenhang bzw. in einer gewissen Zeit. Er ist der Meinung, dass nicht ein Staat ein Organismus ist, sondern die ganze Welt (ein einzelner Staat folglich ein Organ), und dass man nicht vom Einzelnen aufs Ganze schließen kann, wohl aber vom Ganzen her kommend das Einzelne verstehen. Außerdem gibt er zu bedenken, dass die Arbeitskraft keine Ware sein darf, und demzufolge auch etwas, was mit wenig Aufwand geschaffen wurde, trotzdem teuer sein kann.

Am 27. Januar feiert der frühere deutsche Kaiser und König von Preußen, Wilhelm II., in den Niederlanden seinen 60. Geburtstag. Am selben Tag wird das Gespräch von zwei Tagen zuvor fortgesetzt - Rudolf Steiner verspricht, bis zum Ende der Woche (es ist bereits Donnerstag) den Entwurf für einen Aufruf zu verfassen. Er merkt an, dass

> *in sozialer Hinsicht nichts Erspriessliches entstehen könne, wenn es nur dem reinen Intellekt entspringe, also eine aus der Notlage des Volkes entstandene Konstruktion sei,*

und dass man Mitteleuropa vor einer Bolschewisierung bewahren müsse. Er bemerkt jedoch auch:

> *Wir müssen zuerst mit dem Geld, das wir noch haben, freie Schulen gründen, um den Leuten das beizubringen, was sie brauchen.*

Und er betont zum wiederholten Mal die Wichtigkeit, die Geschichte des Kriegsausbruchs darzustellen.

28. Januar: Die sowjetische Führung gibt den Alliierten die Schuld für den Krieg in Russland; der wendische Nationalausschuss in Bautzen fordert den Zusammenschluss der in Preußen und Sachsen lebenden Wenden zu einem selbständigen Wendenstaat innerhalb des Deutschen Reiches. Im Gefängnis von Deriabinsk, einer Vorstadt von Petrograd (wie St. Petersburg zwischen 1914 bis 1924 heißt), werden vier russische Großfürsten sowie 144 Männer und 281 Frauen erschossen. Die sowjetischen Behörden werfen den Hingerichteten vor, sich einer antisowjetischen britisch-französischen Organisation angeschlossen zu haben.

Heimgekehrte Frontsoldaten, die den Krieg überlebt haben, der ihre künstlerische Entwicklung unterbrochen und ihnen alle Illusionen genommen hat, gründen Ende Januar in Dresden die Sezession „Gruppe 1919": Otto Dix, Wilhelm Heckrott, Constantin von Mitschke-Collande, allesamt Künstler (noch) ohne Namen, auch ein im Kriege internierter Russe gehört dazu: Lasar Segall. Lediglich der Jüngste der Gruppe, Conrad Felixmüller, besitzt schon eine Art Avantgarde-Status.

Die blutige Niederschlagung des Spartakusaufstandes (in Berlin) zieht sich bis Ende Januar hin, manche Kämpfe dauern noch bis März. Der deutsch-amerikanische Schriftsteller Oskar Graf, der sich 1917 den zweiten Vornamen Maria zulegte, um nicht mit einem Maler gleichen Namens verwechselt zu werden, schreibt in seinem Tagebuch „Wir sind Gefangene", wie es in München zugeht:

Verschwörerisch ging es in München zu. Immer mehr und immer mehr flüchtige Spartakisten aus Berlin kamen an, stellten sich mit Mühsam, Levien und Leviné vor die Massen und schrien ihre Bannflüche in die stickig-vollen Säle. (OMG)

Von diesen stickig-vollen Sälen gibt es einige, und dort spielt sich das politische Leben ab. Da gibt es z.B. das Mathäser-Bräu am Stachus, ein oder das Hauptquartier der Revolutionsbewegung; ferner den Franziskaner-Bierkeller sowie das Hofbräuhaus, wo erst die kommunistische Räterepublik ausgerufen und ein Jahr später die NSDAP gegründet wird; dort waren auch schon Herr und Frau Lenin zu Gast: Während seiner Emigration Anfang des Jahrhunderts hielt sich Lenin einige Jahre in München auf. Im Tagebuch seiner Ehefrau Nadeschda Krupskaja findet sich der Satz:

Besonders gern erinnern wir uns an das Hofbräuhaus, wo das gute Bier alle Klassenunterschiede verwischt.

Und seit Dezember 1916 treffen sich die Münchner Kriegsgegner jeden Montag im „Goldenen Anker" in der Schillerstraße: Felix Fechenbach von der sozialdemokratischen Jugend hatte Kurt Eisner gebeten, Aufklärungsabende für die Jugend zu veranstalten, zu denen mehr und mehr auch Erwachsene kommen. Auch Oskar Maria Graf verirrt sich eines Tages in ein Treffen ins Nebenzimmer des Goldenen Ankers:

Unerregt saß alles da und blickte auf einen Tisch vorne, hinter dem ein nicht sehr großer Mann mit wallendem grauem Haupthaar, einem ebensolchen Schnurr- und Spitzbart stand und eine Rede hielt. Einen Kneifer trug er, hinter dem sehr bewegliche kleine Augen saßen. Hin und wieder unterstrich er irgendeinen Satz mit einer kurzen Armbewegung oder streckte den Zeigefinger wie ein Schullehrer in die rauchige Luft. Er hatte eine ziemlich tonlose, etwas kratzende

Diese „Verirrung" trug sich wohl im Frühjahr 1917 zu, als Eisner noch nicht
so bekannt und noch nicht Ministerpräsident war. Eisner war wohl auch
nicht so eine besonders einprägsame, stattliche Erscheinung:

Unser nächster Held will unerkannt bleiben: Die politische Flugschrift „Za-
rathustras Wiederkehr" mit dem Untertitel „Ein Wort an die deutsche Jugend - Von einem Deutschen" erscheint Ende Januar anonym in Bern. Mit
dieser Schrift nimmt Hermann Hesse Bezug auf die revolutionären Vorgänge
der Jahre 1918 und 1919 (Aufstand der Matrosen, Bildung von Arbeiter- und
Soldatenräten, Abdankung Kaiser Wilhelm II., Ausrufung der 1. Deutschen
Republik, Spartakusaufstand), die das Ende des 1. Weltkriegs und gleichzeitig den totalen Zusammenbruch der alten Welt bedeuten. Wie der Untertitel
der Schrift bereits andeutet, wendet sich Hesse an die geistige Jugend
Deutschlands, in der er die einzige Hoffnung für eine Zukunft sieht. Die
Schrift endet mit dem Appell, nicht mehr auf politische Führer, sondern nur
noch auf die innere Stimme zu hören.

In Dornach hören zahlreiche Mitglieder auf Rudolf Steiner, der im 10. „Goetheanismus"-Vortrag (31. Januar) wichtige Gedanken bewegt: Die neuere

Zeit ist innerlich und kann mit dem naturwissenschaftlichen Verständnis nicht verstanden werden; vor dem Erfurter Programm der SPD von 1891 war wichtig: die Abschaffung der Lohnarbeit und die Beseitigung der sozialen Ungleichheit, danach: die Verwandlung von Privatbesitz in gesellschaftliches Eigentum und die Umwandlung von Warenproduktion in sozialistische; man kann nicht einen Bereich des sozialen Lebens isoliert theoretisieren und dann verändern, sondern man muss dreigliedern, die Veränderung ergibt sich dann von selbst.

Am Abend schreibt Käthe Kollwitz in ihr Tagebuch:

> *Höre [...], dass ich in die Akademie der Künste gewählt bin. Große Ehre, aber ein bisschen peinlich für mich. Die Akademie gehört doch zu den etwas verzopften Instituten, die beiseite gebracht werden sollten.* (UH)

Ja, im Programm des Arbeitsrates für Kunst, in dem sie Mitglied ist, wird u.a. die Auflösung der Akademie gefordert.

Erfreulich: die als „Spanische Grippe" bekannte Influenza-Pandemie geht zu Ende; sie hat 1918 begonnen und ist mit drei Wellen und 20 bis 50 Millionen Opfern in absoluten Zahlen mit dem Ausbruch der Pest von 1348 vergleichbar, der damals mehr als ein Drittel der europäischen Bevölkerung zum Opfer fiel. Eine Besonderheit der Spanischen Grippe ist, dass ihr vor allem 20- bis 40-jährige Menschen erlagen, während Influenzaviren sonst besonders Kleinkinder und alte Menschen gefährden. Varianten des Subtyps A H1N1 werden 1977/1978 den Ausbruch der russischen Grippe und 2009 die „Schweinegrippe"-Pandemie verursachen. Die Alliierten und vor allem die USA sind von der zweiten Welle der Spanischen Grippe stärker betroffen als Deutschland – die Amerikaner haben durch sie mehr Soldaten als durch Kampfhandlungen verloren. Dazu muss man allerdings wissen, dass in Europa viel mehr der Krieg im Fokus war und die Todesopfer durch die Grippe lange nicht auffielen. Die besagte Influenza kommt übrigens nicht ursprünglich aus Spanien, wie der Name nahelegt, sondern die Amerikaner haben sie aus ihren Ausbildungslagern mitgebracht. Dort wurde sie *three-day fever* (weil sie heftig, aber kurz war) oder *knock-me-down fever* genannt und schlug sich auch in einem (makabren) Kinderreim nieder: *„I had a little bird, Its name was Enza. I opened the window and in-flu-enza."*

Über das Ende der Epidemie freut sich unter anderem auch Alexej Jawlensky, der sich vor kurzem mit Marianne von Werefkin, der Haushälterin Helene und dem Sohn von Helene und Alexej, André, in einem baufälligen Castello in Ascona niedergelassen hat. Er fand es nämlich unheimlich, wenn der Campanile ständig läutete, um anzukünden, dass wieder jemand der Krankheit erlegen ist.

Intermezzo 1 Hermann Hesse

Hermann Hesses hatte drei Staatsbürgerschaften, drei Ehefrauen, drei Söhne, und zwei Leben: die ersten 42 Jahre spielen an vielen Orten und sind voller Krisen, die bis zum Selbstmordversuch reichen, die restlichen 43 Jahre laufen deutlich ruhiger in seiner Wahlheimat im Tessin ab. Geboren am 2. Juli 1877 als Sohn eines deutsch-baltischen Missionars hatte er von Geburt an die russische Staatsbürgerschaft. Dass er etwas Besonderes war, spürte z.B. seine Mutter früh: über den vierjährigen Sohn schreibt sie in einem Brief an den Vater:

> *[...] der Bursche hat ein Leben, eine Riesenstärke, einen mächtigen Willen und wirklich auch eine Art ganz erstaunlichen Verstand für seine vier Jahre. Wo will's hinaus? Es zehrt mir ordentlich am Leben dieses innere Kämpfen gegen seinen hohen Tyrannengeist, sein leidenschaftliches Stürmen und Drängen. [...] Gott muß diesen stolzen Sinn in Arbeit nehmen, dann wird etwas Edles und Prächtiges draus, aber ich schaudere bei dem Gedanken, was bei falscher oder schwacher Erziehung aus diesem jungen passionierten Menschen werden könnte.*

Dieses Ambivalente ist ja bei vielen berühmten Menschen zu finden, die Grenze zwischen Genie und Wahnsinn ist oft brüchig. Nach den vier Jahren in Calw zog die Familie für 5 Jahre nach Basel - die ganze Familie wurde zu Schweizer Staatsbürgern und Hermann Schüler der Internatsschule. 1886 ging es zurück nach Calw, Hermann ging zunächst in die zweite Klasse der Calwer Lateinschule, wo er ein Mitschüler von Emil Molt wird, dann, ab 1890, in die Lateinschule in Göppingen zur Vorbereitung auf das württembergische Landexamen, das Württembergern eine kostenlose Ausbildung zum Landesbeamten oder Pfarrer erlaubte. Deshalb bekam er- als einziges Mitglied der Familie - die württembergische Staatsangehörigkeit (und verlor die schweizerische). Nachdem er das Landexamen bestanden hatte, begann die rebellische Zeit. Stationen sind:

-   Das evangelisch-theologische Seminar im Kloster Maulbronn: Hier war er gelandet, weil er Pfarrer werden sollte. Er rebellierte aber und entwich, weil er „entweder ein Dichter oder gar nichts" werden wollte und verarbeitete die Zeit in „Unterm Rad".

- Er besuchte verschiedene Anstalten und Schulen, äußerte Selbstmordgedanken.
- In der von dem Theologen und Seelsorger Christoph Friedrich Blumhardt geleiteten Anstalt Bad Boll unternahm er - aus Liebeskummer, störrischer Rebellion, pubertärem Weltschmerz - einen Selbstmordversuch – doch der Revolver hatte glücklicherweise eine Ladehemmung!
- In der Nervenheilanstalt im damaligen Stetten im Remstal musste er im Garten arbeiten und beim Unterrichten geistig behinderter Kinder helfen – dort unterschrieb er z.B. einen anklagenden Brief an seinen Vater mit „H. Hesse, Gefangener im Zuchthaus zu Stetten".
- Besuch des Cannstatter Gymnasiums endete mit Abbruch.
- Aus seiner ersten Buchhändlerlehre in Esslingen am Neckar entlief er nach drei Tagen.
- Er absolvierte 14 Monate lang eine Mechanikerlehre in einer Turmuhrenfabrik in Calw
- Im Oktober 1895 begann er eine zweite Buchhändlerlehre in Tübingen, die er zu Ende brachte.
- Anschließend arbeitete er in verschiedenen Buchhandlungen, immer unterbrochen durch längere Reisen.
- Im August 1904 heiratete Hesse die selbstständige Basler Fotografin Maria Bernoulli (1868–1963). Aus dieser Ehe gingen die drei Söhne Bruno (1905–1999, Kunstmaler, Grafiker), Hans Heinrich (genannt Heiner, 1909–2003, Dekorateur) und Martin (1911–1968, Fotograf) hervor.

Und dann beginnt der Große Krieg!

Zunächst meldet sich Hesse als Kriegsfreiwilliger bei der deutschen Botschaft. Er wird jedoch für untauglich befunden und der deutschen Botschaft in Bern zugeteilt, wo er die „Bücherzentrale für deutsche Kriegsgefangene" aufbaut, welche in ausländischen Lagern gefangen gehaltene Soldaten über die deutsche „Kriegsgefangenenfürsorge" bis 1919 mit Lektüre versorgt. Hesse ist damit beschäftigt, für deutsche Kriegsgefangene Bücher zu sammeln und zu verschicken. Er gibt auch die „Deutsche Interniertenzeitung" (1916/17) und den „Sonntagsboten für die deutschen Kriegsgefangenen"

(1916–1919) heraus und ist zuständig für die „Bücherei für deutsche Kriegsgefangene".

Hermann Hesse macht Emil Molt, den er in seinen Briefen immer „Molt"
oder „Freund Molt" nennt, in einem Brief vom 19.1.1918 den Vorschlag, ein
Büchlein für die Gefangenenfürsorge mit Aufsätzen deutscher Dichter zu
„drucken", „in denen jene Art von Geist besonders stark zum Ausdruck
kommt, die uns am Herzen liegt (und die auch etwa der Art R. Steiners sehr
nahe liegt)". Emil Molt hat ihm dafür Geld zur Verfügung gestellt. (HH 2)

Seine Ehe ist extrem zerrüttet, seine Frau ist in psychiatrischer Behandlung,
Hesse wandelt sich vom Kriegsfreiwilligen zum Kriegsgegner und Befürwor-
ter der Verweigerung.

Hesse hat bei J.B. Lang, einem Mitarbeiter von C.G. Jung, im Frühjahr 1916
nach einem Nervenzusammenbruch 72 dreistündige analytische Sitzungen,
also über zweihundert Therapiestunden.

Im Januar/Februar 1917 macht Hesse eine Kur in St. Moritz, finanziert von
Emil Molt.

Im September/Oktober 1917 verfasst Hesse in einem dreiwöchigen Arbeits-
rausch seinen Roman *Demian,* kann ihn aber wegen Papiermangels (noch)
nicht veröffentlichen.

In der nächsten Krisenperiode seines Lebens, während der Scheidung von
seiner ersten Frau und einer dichterischen Produktionshemmung bei der
Niederschrift seines „Siddhartha" wünscht er Hilfe vom Meister C.G. Jung.
So kommt es im Sommer 1921 zu einer mehrwöchigen Analysesequenz in
Jungs Küsnachter Wohnung.

Als Mitte der 20er Jahre auch Hesses zweite Ehe zerbricht, wendet er sich
noch einmal an Lang und trifft sich mit ihm zwischen Dezember 1925 und
März 1926 parallel zur Niederschrift des „Steppenwolf" zu analytischen
Sitzungen in freundschaftlichem Rahmen.

Aber das gehört eigentlich schon in die Zeit nach 1919....

Februar

„Die Revolution ist nicht die Demokratie. Sie schafft erst die Demokratie."

– Kurt Eisner

Der erste Ministerpräsident des Freistaates Bayern wird ermordet, die erste öffentliche Eurythmieaufführung findet statt. Und – die Menschheit beginnt den Luftraum zu erobern.

Rudolf Steiner hält sich immer noch in der Schweiz auf, beendet den Goetheanismus-Zyklus mit den letzten beiden Vorträgen und beginnt anschließend eine neue Reihe von Vorträgen, vor allem in Dornach, aber auch in Bern und Zürich; und vor allem vor Mitgliedern der Anthroposophischen Gesellschaft. Dabei geht es viel um die Soziale Frage („Der innere Aspekt des sozialen Rätsels", GA 193; „Die soziale Frage", GA 328; „Die soziale Frage als Bewusstseinsfrage", GA 189; z.T. unveröffentlicht). Im 11. Goetheanismus-Vortrag am 1. Februar kritisiert Steiner den Kommunismus bzw. die sozialistische Betrachtungsweise, genauso wie den Kapitalismus: in diesem werde auf Profit hin gearbeitet, nicht weil etwas notwendig oder sinnvoll ist; der Mensch werde losgelöst vom Produkt und im Kapitalismus wolle jeder lediglich sein Tun rechtfertigen, aber nicht die Wahrheit ergründen; beide „Systeme" seien abstrakte Ideen; auch das naturwissenschaftliche Denken mit seiner Reduktion auf Ursache und Wirkung tauge nicht zur Lösung der Sozialen Frage; man müsse wie den einzelnen Organismus auch den sozialen Organismus geisteswissenschaftlich verstehen; und mit Verstehen sei nicht gemeint, wie bei einer Sonntagspredigt beifällig zu nicken, sondern einen Weg zu gehen; dann würde man z.B. erkennen, dass man nur deshalb verschiedene Wahrnehmungen von derselben Sache (oder einem „Begriff") habe, weil sich zwischen die Wahrheit und die Wahrnehmung das persönliche Emotionelle hineinschiebe.

Im 12., dem letzten Vortrag am 2. Februar stellt Steiner fest, dass auf der einen Seite gefordert werde, dass das naturwissenschaftliche Denken geist- und moralfrei ist, und dass auf der anderen Seite das moralische, ethische Denken abstrakt sein und nichts mit dem alltäglichen Menschsein bzw. Sozialen zu tun haben soll. Die Geisteswissenschaft (im Sinne Steiners) würde dagegen bringen: 1. eine für den gesunden Menschenverstand erfassbare Anschauung von den geistigen Welten, 2. echte Menschenschätzung (statt der rein äußerlich sinnlichen der modernen Naturwissenschaft) und 3. die Erkenntnis, dass alles in Beziehung zum Menschen zu bringen sei, auch z.B. das Mineral-, Pflanzen- und Tierreich. Ohne diese drei Voraussetzungen seien die im 11. Vortrag behandelten vier sozialistischen Ideale unrealistisch. Und er streut ein, dass das Schulwesen frei sein müsse und nicht abhängig von der Politik sein dürfe.

Den ganzen Tag über haben die Bewohner der von französischen Truppen besetzten, seit 1816 zu Bayern gehörenden Pfalz den Bayerischen Landtag - verspätet - gewählt.

Auch noch am 2. Februar überreicht Rudolf Steiner Emil Molt, Roman Boos und Hans Kühn seinen versprochenen „Aufruf an das deutsche Volk und die Kulturwelt" (s. Intermezzo 2). Emil Molt nennt dies später die „eigentliche Geburtsstunde der Dreigliederungsbewegung". Unterschriften werden gesammelt. In Deutschland leitet die Aktion ein Komitee, bestehend aus Emil Molt, Carl Unger und dem Nicht-Anthroposophen Prof. Dr. Wilhelm von Blume. Das schweizerische Komitee besteht aus Roman Boos und Albert Steffen, das österreichische aus Walter Johannes Stein, Ludwig Graf Polzer-Hoditz und Staatsrat Stefan von Licht. Rudolf Steiner beauftragt, Unterschriften bei bestimmten Persönlichkeiten zu sammeln. Hans Kühn soll als erstes Dr. Johann Wilhelm von Muehlon aufsuchen. Muehlon ist ein deutscher Rüstungsindustrieller und Diplomat. Nachdem er seinen Job als stellvertretender Direktor und Direktor der Abteilung für Kriegsmaterial bei der Firma Krupp gekündigt hat (die Tätigkeit dort war ihm „verhasst"), lebt er seit 1916 in der Schweiz im Exil. Sein im Frühjahr 1918 unter dem Titel „Die Verheerung Europas" veröffentlichtes Tagebuch aus den ersten Kriegsmonaten steht im Deutschen Reich auf dem Index und begründet im Ausland seinen Ruf als „der erste Europäer in Deutschland". Dort schreibt er:

> *[...] das Erschreckenste* [sic] *in diesem Kriege sind ... die Kundgebungen der sogenannten geistigen Elite Deutschlands, der Professoren und ähnlicher Lebewesen, die eine Art reglementierte schulmeisterliche Barberei verkünden [...]*

Vermutlich bezieht er sich dabei auch auf den Aufruf an die Kulturwelt (auch „Manifest der 93" genannt), auf den wir noch zu sprechen kommen werden (s.a. Intermezzo 2).

Während der Novemberrevolution floh der General und Politiker Erich Ludendorff unter falschem Namen (Ernst Lindström, damit er nicht durch Monogramme mit den Initialen E. L. verraten würde) mit einem finnischen Diplomatenpass über Kopenhagen nach Schweden. Kurt Tucholsky kritisierte Ludendorffs Ausreise als Flucht vor der politischen Verantwortung und emp-

fahl seinen Lesern in „Schloß Gripsholm" spöttisch Ludendorffs Lieblingsrestaurant in Kopenhagen. Am 2. Februar nun kehrt Ludendorff aus seinem
schwedischen Exil nach Deutschland zurück und teilt seiner Frau mit:

> *Die größte Dummheit der Revolutionäre war es, dass sie uns alle le*
> *ben ließen. Na, ich komme einmal wieder zur Macht, dann gibt's*
> *kein Pardon.* (PS)

Ludendorff spielt fortan eine führende Rolle in der republikfeindlichen völkischen Bewegung und bekämpft die Weimarer Republik.

Um den 2. Februar wird der bereits angekündigte Protest der Kirchen gegen
die Abschaffung der Pflicht zum Religionsunterricht laut: Für den Münchner
Bischof Michael von Faulhaber ist der Kultusminister (und spätere Ministerpräsident) Johannes Hoffmann ein „ausgesprochener Kulturkämpfer und
Kirchenhasser". In ihrer „Freisinger Erklärung" fassen die Bischöfe ihren
„flammenden Protest" zusammen und prangern in einem Hirtenbrief die
Abschaffung der Pflicht zum Religionsunterricht und die Einführung der
freien Wahl für die Kinder als „Fehdehandschuh gegen den Herrn selbst"
an. Der „Hirtenbrief" beginnt so:

> *„Herodes der Kindermörder ließ die unschuldigen Kinder von Beth*
> *lehem hinschlachten. Unbekümmert um das Weinen und Wehkla*
> *gen der Mütter, unbekümmert um das Todeswimmern der sterben*
> *den Kinder, ließ er an wehrlosen Kindern seine Wut aus, um mit*
> *ihnen den neugebornen König der Juden, den vermeintlichen An*
> *wärter seines Thrones aus dem Weg zu schaffen". In einer extrem*
> *polemischen und ehrverletzenden Art geht es weiter: „Geliebte Erz*
> *diözesanen! Am letzten Montag ist im Volksstaate Bayern eine Ver*
> *ordnung ergangen, die vor dem Richterstuhl Gottes schwerer wiegt*
> *als der Blutbefehl des Herodes. Durch eine Verordnung des Unter*
> *richtsministers wurde der Religionsunterricht in allen bayerischen*
> *Schulen als Pflichtfach abgesetzt und als Wahlfach der Willkür der*
> *Eltern und Vormünder ausgeliefert."* (RZ)

Am 3. Februar (Rosenmontag) stirbt mit Marie Therese von Österreich-Este
die Erzherzogin von Österreich-Este, Prinzessin von Modena und die letzte
Königin von Bayern (von 1913 bis 1918) auf Schloss Wildenwart/Chiemgau.

An ihrem Totenbett versammelten sich noch einmal ihre Kinder – unter anderem die Tochter Gundeline, deren Hochzeit an diesem Tag eigentlich stattfinden sollte. Laut Prinzessin Wiltrud schlief Marie Therese um 6:40 Uhr friedlich ein. Der König küsste seine verstorbene Frau auf den Mund, danach wurde der große Salon für ihre Aufbahrung hergerichtet.

Vom 3. bis 14. Februar spricht Rudolf Steiner in Zürich (4 Vorträge), Bern und Basel (je zwei Vorträge) über die wirkliche Gestalt der sozialen Frage. Er beginnt schon im Hotel in Zürich, die Züricher Vorträge zum Anfang des Buches „Die Kernpunkte der sozialen Frage" umzuschreiben. Er lässt auch die bei den Vorträgen und anschließenden Diskussionen gewonnenen Erfahrungen mit einfließen und hat es ziemlich eilig mit dem Druck: Es soll kein Buch für die Ewigkeit sein – Rudolf Steiner meint, man könne nicht *einmal* etwas Absolutes finden, das dann für die ganze Welt und für die Ewigkeit gilt. Er versteht das „Büchelchen" als Gedanken für die Gegenwart und die nächste Zukunft. Man müsse erkennen, dass

> *[...] die Dinge [...] immer richtig für bestimmte Orte und für bestimmte Zeiten*

sind, d.h. aus den konkreten Verhältnissen heraus entwickelt und an diese angepasst werden müssen. Ein anderes Mal betont er, dass es kein perfektes Zukunftsmodell sei, sondern ein Versuch,

> *... gesellschaftliche Verhältnisse zu schaffen, die ihrerseits Entwicklungen ermöglichen.*

4. Februar: Die vor einem knappen Monat ausgerufene Räterepublik Bremen wird militärisch niedergeschlagen. Beteiligt sind nach der Niederschlagung des Spartakusaufstandes freigewordene „reguläre" Truppen („Division Gerstenberg") und etwa 600 Freiwillige („Freikorps Caspari"). Verhaftet wird u.a. der an der Räterepublik beteiligte deutsche Maler, Grafiker, Architekt, Designer, Pädagoge, Schriftsteller und Sozialist Johann Heinrich Vogeler, einer aus der ersten Generation der Künstlerkolonie Worpswede. Auf Anordnung der deutschen Reichsregierung wird noch am selben Tag eine provisorische Regierung gebildet; diese verhängt den Belagerungszustand über die Stadt und das Land Bremen. Am 6. Februar machen Senat und Deputationen (eine Art Verwaltungsausschüsse) weiter wir zuvor.

Der Zentralrat der Sozialistischen Republik Deutschland, der sich v.a. mit sozial- und arbeitspolitischen Fragen befasst, überträgt seine Macht der Weimarer Nationalversammlung. Der Zentralrat ist ein vom Ersten Allgemeinen Kongress der Arbeiter- und Soldatenräte Deutschlands im Dezember 1918 errichtetes Gremium zur Überwachung und zur Kontrolle des Rats der Volksbeauftragten.

Es ist der Aufbruch in ein neues Zeitalter: am 5. Februar beginnt die zivile Luftpost in Deutschland. Und sie hat gleich eine wichtige Aufgabe: Zweimal täglich starten Flugzeuge in Berlin-Johannisthal, um Postsendungen zum Tagungsort der verfassunggebenden Nationalversammlung in Weimar (und zurück) zu transportieren. (Eroberung des Luftraumes, Teil I)

Ab dem 6. Februar (bis zum 21. Mai 1920) tagt also in Weimar die Nationalversammlung, nicht in der politisch aufgeheizten Reichshauptstadt – so die „übliche" Begründung; es war wohl ein bisschen vielschichtiger – und ein Teil der Geschichte ist, dass es zwischen Berlin und München liegt, so dass Süddeutschland bzw. Bayern sich nicht benachteiligt fühlen. Das Weimarer Nationaltheater, in dem die beteiligten Politiker tagen, wird von insgesamt sechstausend Soldaten bewacht. Auch alle öffentlichen Gebäude der Stadt sind „besetzt", ein Sperrbezirk von zehn Kilometern um den Kreißsaal der Weimarer Republik wird errichtet.

Friedrich Ebert hält die Eröffnungsrede, und er spricht davon, dass der „Geist von Weimar", „der Geist der großen Philosophen und Denker" von nun an wieder das Leben in Deutschland erfüllen solle, jedoch:

> *Der bildungsbürgerlich-rhetorische, wenn nicht phrasenhafte Rekurs auf die „großen Philosophen und Denker" ermöglichte keinen Neuanfang, und kam einer Verhöhnung dessen gleich, was im „Geist von Weimar" an der Wende des achtzehnten zum neunzehnten Jahrhunderts tatsächlich in wissenschaftlicher, kultureller und sozialer Hinsicht veranlagt worden war. (PS)*

Und Josef Hofmiller lästert:

> *Die Nationalversammlung ist also wirklich in Weimar. Das bedeutet natürlich nicht eine Verweimarung der Nationalversammlung, sondern lediglich eine Verberlinerung Weimars durch Parlamentaris-*

Auch von Künstlern kommt Kritik: Am Abend treffen sich im Kaisersaal des
„Weinhauses Rheingold" in der Berliner Bellevuestraße, dort wo heute der
Bahntower am Potsdamer Platz steht,

> *alle geistigen und geistlichen Arbeiter, Volksbeauftragte, Bürger
> und Genossen beiderlei Geschlechts [...], denen an dem Glück der
> Menschheit gelegen ist*

zu einer Veranstaltung des „Dadaistischen Zentralrats der Weltrevolution";
das Motto der Veranstaltung lautet: „Dadaisten gegen Weimar".

> *Wie Spartakisten und Arbeiter sind auch die Berliner Dadaisten un-
> zufrieden mit der halbherzigen Republikgründung, damit, dass Mili-
> tarismus und alte Seilschaften weiter gelten, verfilzte Zöpfe nicht
> abgeschnitten, sondern neu geflochten werden.* (UH)

Sie gründen eine Berliner Filiale der Dada-Bewegung, deren Keimzelle Zürich
ist, den „Club Dada".

6. und 7. Februar: Rudolf Steiner hält in Bern die bereits erwähnten Vorträge. Am 7. Februar führt er ein Gespräch mit dem bayerischen Ministerpräsidenten Kurt Eisner während dessen Frühstück – eine andere Zeit ist für Eisner nicht möglich - im Diplomatenhotel Bellevue; dieser weilt aus Anlass
eines internationalen Sozialistenkongresses zufällig – wie man sagt – ebenso
in Bern. Eisner hört interessiert zu, während er gemütlich seine Brötchen
isst. In diesem Gespräch geht es um die Veröffentlichung von deutschen
Akten. Kurt Eisner hatte im vergangenen November Akten veröffentlicht, die
die alleinige Kriegsschuld Deutschlands belegen sollten. Eisner hoffte durch
solch ein (ehrliches) Schuldeingeständnis bei den Friedensverhandlungen
bessere Bedingungen für Deutschland zu erreichen. Eine andere Taktik verfolgte dagegen Rudolf Steiner: er hatte von Generaloberst Helmuth Johannes Ludwig von Moltke, dem Neffen des berühmten Generalfeldmarschalls
Helmuth Karl Bernhard von Moltke Informationen erhalten, die beweisen
sollten, dass Deutschland *nicht allein* schuld am Großen Krieg sei. Er ahnte
völlig richtig, dass Eisners - an sich nachvollziehbares - Ansinnen für die
deutsche Zukunft verheerend sein würde.

Ernst Toller, der Kurt Eisner begleitet, erlebt diese Zeit so:

Anfang Februar fahre ich mit Eisner nach Bern zum Kongreß der Zweiten Internationale. Mit welch inbrünstigen Hoffnungen glaubte das Proletariat aller Länder an diese Internationale. Nie mehr würde es den Herren des Kapitalismus gelingen, Kriege zu entfachen und die Werktätigen zu blenden, nie mehr würde das Märchen vom angreifenden und angegriffenen Staat Glauben finden, die Völker sind nicht mehr folgsame Horden, sie sind erwacht und werden den Brudermord verhindern, eher werden sie die Gewehre umkehren, als neue Verbrechen an der Menschheit dulden. Am 4. August 1914, am ersten Kriegstag, zerbrach die Zweite Internationale, weder die Führer band sie noch die Massen, ihren Ideen wahrten nur kleine Gruppen die Treue. Dem Rausch des Nationalismus hielt der internationale Gedanke nicht stand, der Chauvinismus triumphierte, die Proletarier aller Länder vergaßen die brüderlichen Schwüre und schossen aufeinander, nicht mehr die Menschheit war das Vaterland, sondern der kapitalistische Staat, nicht mehr der Bourgeois war der Feind, sondern der Genosse jenseits der Grenze, die Ideale der Vergangenheit waren stärker als die Ideale der Zukunft, die von der herrschenden Klasse gezüchteten Instinkte stärker als flüchtige intellektuelle Einsichten. In Bern treffen sich die Schiffbrüchigen der Zweiten Internationale, sie haben nicht den Mut, ihren Bankerott zu bekennen und die politischen, moralischen und psychologischen Gründe dieses Bankerotts zu erforschen, sie verhandeln tagelang über die Kriegsschuldfrage, Munitionsminister, königliche Sozialisten, militärfromme Sozialdemokraten überhäufen sich mit Vorwürfen, alle suchen und finden die Sünden der andern und vergessen die eigenen. Eisner, Friedrich Adler, einige andere, die im Krieg zum Sozialismus sich bekannten, versuchen, die Zweite Internationale zu retten. Die Manifeste der Einigkeit verdecken nicht den unheilbaren Riß, Parteien, die wahrlich eine Welt gewinnen konnten, haben versagt und versagen weiter, hier zerschellt ein großer Glaube, eine große Menschheitshoffnung, hier scheiden sich Wahrheit und Lüge, neue Funda-

mente müssen gebaut, neue Formen, neue Wege gefunden werden. (ET)

Zwei Menschen nehmen als aufmerksame Beobachter am Internationalen Arbeiter- und Sozialistenkongress in Bern teil, der sich den großen Problemen des Weltfriedens nach dem Ersten Weltkrieg widmet: Rudolf Steiner (vgl. Intermezzo 3) und die Schriftstellerin Annette Kolb. Diese lernt dort führende Sozialdemokraten wie Karl Kautsky, Hugo Haase und Kurt Eisner kennen.

Eher widerwillig hat sich Annette Kolb für die Konferenz als Berichterstatterin registrieren lassen [vom Elsässer Schriftsteller René Schickele überredet, Anm. d. Verf.]. *Das prächtige Winterwetter versöhnt sie. Berge und Wälder rings um Bern sind in Schnee gehüllt. Die Sonne scheint, es glitzert und funkelt überall, jeder Gang in der klaren, kalten Luft ist eine Wohltat. Das Volkshaus am Helvetiaplatz, in dem die Delegierten tagen, lässt Annette Kolb zunächst links liegen. Ein paar langweilige Vorträge, mehr erwartet sie nicht. Bereits nach dem ersten Besuch ändert sie ihre Meinung. Nun ist sie morgens die erste, die Einlass begehrt; so sehr fühlt sie sich angezogen von der internationalen Atmosphäre, der Hitze der Debatte und auch der Qualität der Beiträge. Nie hätte sie gedacht, dass ausgerechnet Eisner, den sie bislang für naiv hielt, für blauäugig gegenüber begeisterungsfähigen, aber nicht minder wankelmütigen Bayern, den stärksten Eindruck hinterlässt. So auch bei seiner Abschiedsvorstellung in Bern. Es ist eine der besten Reden, die Annette Kolb je gehört hat.* (RH)

Umso erschreckender ist es, dass die Münchner Zeitungen die Auftritte Eisners heftigst auseinandernehmen. Allen voran die sozialdemokratische „Münchener Post" lässt kein gutes Haar an Eisner.

Balsam für die Seelen: Zwischen dem Deutschen Reich und den Alliierten wird am 8. Februar im belgischen Spa ein Abkommen über Lebensmittellieferungen an das Deutsche Reich im Wert von 100 Millionen Mark unterzeichnet. Die Alliierten haben sich außerdem bereit erklärt, auf Wunsch der

Deutschen Regierung die weitere Lebensmittelversorgung Deutschlands bis zur nächsten Ernte „in Erwägung zu ziehen".

Am 8. Februar gibt es zwei Gründungen: der Luftfahrtpionier und Unternehmer Henri Farman gründet mit seinem Bruder Maurice, einem Bahnradsportler und Automobilrennfahrer, die erste Linienfluggesellschaft der Welt: Die „Lignes Farman" werden später zur „Air France" (Eroberung des Luftraumes, Teil II); Hauptmann Leo Löwenstein gründet den Reichsbund jüdischer Frontsoldaten (RjF); er versucht den Antisemitismus in Deutschland zu bekämpfen und verweist dabei auf die Tatsache, dass im Ersten Weltkrieg etwa 85.000 deutsche Juden gekämpft hatten, von denen etwa 12.000 fielen:

> *Der RJF sieht die Grundlage seiner Arbeit in einem restlosen Bekenntnis zur deutschen Heimat. Er hat kein Ziel und kein Streben außerhalb dieser deutschen Heimat und wendet sich aufs schärfste gegen jede Bestrebung, die uns deutsche Juden zu dieser deutschen Heimat in eine Fremdstellung bringen will.*

Hermann Hesse muss an einem Vortrag von Rudolf Steiner teilgenommen haben, höchstwahrscheinlich an einem der drei Vorträge (6. - 8. Februar) in Bern, da er dort ja (noch) wohnt. Am 10. Februar schreibt er an den Schweizer Dichter, Übersetzer und Mäzen Hans Reinhart:

> *An Steiners Vortrag lernte ich mancherlei. Zunächst gab er mir einen Schlüssel zu Steiners Schriften, welche offenbar zum Teil aus Vorträgen entstanden und in ihrem Stil und Aufbau nur so ganz zu verstehen sind. Der Vortrag selbst machte mir einen sehr guten, überzeugenden Eindruck. Im Inhalt des Vortrags fesselten und erfreuten mich am meisten diese zwei Gedanken: 1. daß Wirtschaft, Politik und Geistleben von einander relativ unabhängig sind, 2. daß das Privatrecht nicht Sache des politischen Systems sei, sondern des „geistigen", ebenso wie die Erziehung. Namentlich dieser zweite Gedanke war mir öfter selbst gekommen, bei Steiner fand ich ihn aus neuen Zusammenhängen begründet. Durch mehrere ähnliche Bestätigungen wurde der Abend mir sehr wertvoll. (S. 388)*

Er war wohl selbst darüber überrascht, denn am darauffolgenden Tag schreibt er in einem Brief an den Bruder von Hans, an Georg Reinhart, seines Zeichens Unternehmer, Kunstsammler und Mäzen:

Neulich hörte ich einen Vortrag Rudolf Steiners, der mir besser gefiel als ich gedacht hätte.

Kurt Eisner fährt von Bern mit dem Zug zurück nach München. In Basel macht er Station, um auf Einladung der Basler Studentenschaft den Vortrag „Der Sozialismus und die Jugend" zu halten.

Dann war er wieder in seiner Stadt, in seinem Land. Sein Traum von einem Separatfrieden Bayerns mit Frankreich, der ein Modell werden sollte für ganz Deutschland, ist gescheitert. Frankreichs Außenminister Georges Clemenceau hat Eisner und die Bayerische Revolutionsregierung nie ernst genommen. Er verhandelt lieber mit den alten Eliten in Berlin, die Eisner Kriegsverbrecher nennen würde. Das ist, neben dem desaströsen Wahlergebnis für Eisner die größte Enttäuschung seiner Regentschaft. Dass es ihm, mit bestem Willen zur Versöhnung, maximalem Schuldbekenntnis und Sühnebereitschaft nicht gelungen ist, einen guten Frieden mit Frankreich zu machen. Einen auch für Bayern und Deutschland erträglichen Frieden, zu erträglichen Bedingungen. Denn einen harten Frieden, mit unerfüllbaren Forderungen der Siegermächte, fürchtet er ebenso sehr wie seine Feinde in Berlin.

Der dies schreibt, ist der Literaturkritiker Volker Weidermann in seinem Buch „Träumer - Als die Dichter die Macht übernahmen".

Die Schauspielerin Tilla Durieux, die nach der Ermordung der beiden Ls froh war, Berlin verlassen und in München arbeiten zu können, trifft sich in ihrer Freizeit mit Herrn und Frau Eisner und anderen unserer „Helden" und berichtet darüber in ihren Erinnerungen „Eine Tür steht offen":

In meiner freien Zeit kam ich öfter mit Frau Eisner zusammen, die mit ihrem Mann außerordentlich einfach und bescheiden lebte, auch besuchte ich Heinrich Mann und seine dicke Frau, die ihn gehörig tyrannisierte. Einige Male sah ich auch noch Landauer und Eis-

Am Montag, den 10. Februar, nimmt die Weimarer Nationalversammlung gegen die Stimmen der USPD (und weniger anderer Abgeordneter) den Gesetzentwurf über die vorläufige Reichsgewalt an (vorläufige Verfassung). Danach überträgt der Rat der Volksbeauftragten, die bisherige - provisorische - deutsche Regierung, ihre Macht der Nationalversammlung.

Der am 11. Februar mit großer Mehrheit zum Reichspräsidenten gewählte Friedrich Ebert beauftragt daraufhin den (unterlegenen) Philipp Scheidemann mit der Regierungsbildung – diese steht am 13. Februar - und die Arbeit des Rats der Volksbeauftragten endet.

Geboren in Elberfelde, das heute zu Wuppertal gehört: Elisabeth Lasker-Schüler, genannt Else, feiert ihren 50. Geburtstag. In Berlin ist sie bekannt wie eine bunte Hündin,

> *eine unübersehbare Erscheinung in ihrem theatralischen Aufzug, den orientalisch anmutenden Gewändern und mit einer Mütze auf dem kinnlangen Haar. Else Lasker-Schüler treibt sich überall dort herum, wo sie interessante Kontakte zu knüpfen hofft - und wo die permanent an Geldknappheit leidende Dichterin jemanden anschnorren kann.* (UH)

Die deutschösterreichische Regierung in Wien protestiert am 12. Februar in einer Note an die Alliierten gegen den Abtransport von Kunstgegenständen aus Wien.

Die Bildung eines Völkerbunds wird auf der Pariser Friedenskonferenz am 14. Februar beschlossen.

Am gleichen Tag geht in Den Haag mit Testsendungen der weltweit erste kommerzielle Radiosender PCGG des Radiopioniers Hanso Schotanus à Steringa Idzerda in Betrieb. (Am 6. November 1919 produziert Idzerda mit seinem Sender PCGG die erste öffentliche Hörfunksendung aus den Niederlanden. Dies war der Beginn der ersten regelmäßig und mit Vorankündigung ausgestrahlten Rundfunksendung der Welt.) (Eroberung des Luftraumes, Teil III)

Der Rundfunk kommt erst, die Zeitung ist schon da. Und am 15. Februar erscheint ein neues Journal, die satirische „Jedermann sein eigner Fußball" der Berliner Dadaisten. Darin zu lesen ist eine Veräppelung des Reichspräsidenten:

> *Allzeit schußbereit*
> *Ja der Deutsche Soldat trifft immer ins Schwarze*
> *Wo es am blondsten ist.*
> *Sei gegrüßt Du mein schönes Sorrent*
> *Ach kitzle mir mal am Hosenlatz*
> *Mensch Ebert in Weimar!*
>
> [...]

Die Fortsetzung und das Gedicht „Der Coitus im Dreimädlerhaus" sind so derb, dass die Zeitschrift sofort wieder verboten wird.

Immerhin bis 1933 hält ein Magazin, das im Februar zum ersten Mal erscheint und feministische, radikaldemokratische und pazifistische Positionen vertritt: die Zeitschrift „Die Frau im Staat", herausgegeben von Anita Augspurg und ihrer Lebensgefährtin Lida Gustava Heymann.

Das bedeutendste Papier der (ersten) Sozialisierungskommission ist ein vorläufiger Bericht zur Sozialisierung des Kohlebergbaus. Es wird am 15. Februar veröffentlicht und enthält ein Mehrheits- und ein Minderheitsgutachten - Einigkeit sieht anders aus!

Adolf Hitler wird zu einem der Vertrauensmänner seines Regiments gewählt, Rudolf Steiner stellt im Vortrag für Mitglieder in der Schreinerei in Dornach den „Aufruf an das deutsche Volk und die Kulturwelt" und die damit verbundenen Aktionen dar. Er sagt u.a.:

> [...] *ein in der Wirklichkeit denkender Mensch stellt nicht Hypothesen auf über dasjenige, was möglich oder unmöglich ist, sondern er greift zu dem, von dem er für notwendig hält, dass es getan werde. Wenn man einen Weg geht, dann handelt es sich darum, den ersten Schritt zu machen.* (GA 189)

Steiner nimmt in diesem Vortrag auch Bezug auf das „Manifest der 93", einem „Aufruf an die Kulturwelt", der von 93 Wissenschaftlern, Künstlern und Schriftstellern Deutschlands unterzeichnet und im Oktober 1914 veröffentlicht wurde (Steiner spricht fälschlicherweise von 99 Persönlichkeiten). Der Aufruf richtet sich in erster Linie an die im Ersten Weltkrieg noch neutralen Staaten und bestreitet die Vorwürfe, welche die Kriegsgegner gegen Deutschland erhoben. Sprich, es ist geistige Kriegspropaganda. Zu den 93 Persönlichkeiten gehören u.a. der bereits erwähnte Nationalökonom Lujo Brentano, der Mediziner Paul Ehrlich, der Zoologe Ernst Haeckel, der Schriftsteller Gerhard Hauptmann, die Komponisten Engelbert Humperdinck und Siegfried Wagner, die Maler Max Liebermann und Hans Thoma, die Physiker Max Planck und Wilhelm Röntgen, der Regisseur Max Reinhardt, die Chemiker Fritz Haber und Richard Willstätter. Pazifisten wie Albert Einstein und Hermann Hesse wurden erst gar nicht gefragt. Thomas Mann hat nicht unterschrieben, obwohl er in seinem Essay "Gedanken zum Kriege" am sicheren Ort seines Schreibtisches schwadroniert:

> *Wie hätte der Künstler, der Soldat im Künstler nicht Gott loben sollen für den Zusammenbruch einer Friedenswelt, die er so satt, so überaus satt hatte! Krieg! Es war Reinigung, Befreiung, was wir empfanden, und eine ungeheure Hoffnung.*

Einige Maler gehören zu den 93, aber Paul Klee z.B. nicht. Klee gehörte auch nicht zu den Kriegsfreiwilligen und „Hurra-Patrioten", von denen es ja viele gab. Vielleicht hatte er schon deshalb die Schnauze voll vom Krieg, weil er seinen Einberufungsbefehl am 5. März 1916 bekommen hat, am selben Tag, als das Telegramm eintraf, dass sein Künstlerfreund vom „Blauen Reiter" Franz Marc vor Verdun gefallen sei. Er musste dann auch nicht an die Front (er nannte es „Gespenst Schützengraben"), sondern war zunächst bei der Königlich Bayerischen Fliegertruppe in Schleißheim bei München, wo er als Maler Flugzeuge mit Schablonen beschriften musste und anschließend auf dem Flugplatz der Königlich Bayerischen Fliegerschule in Gersthofen bei Augsburg - in der Schreibstube - stationiert. Klee wird im Februar offiziell entlassen, mietet sich ein Atelier im Schlösschen Suresnes in der Nähe des Englischen Gartens in seiner Wahlheimat München und beginnt sich intensiv mit der Ölmalerei zu beschäftigen. Hervorzuheben sind hier die Bilder „Villa R" und „Der Vollmond". Im selben Schlösschen, auch Werneckschlössl genannt, hat auch der Maler Hans Reichel eine Atelierwohnung, die in unserer

Geschichte noch eine Rolle spielen wird. Die beiden Künstler freunden sich an.

Gleichzeitig findet in Frankfurt/Main (Galerie Ludwig Schames) im Februar/März eine Ausstellung mit Werken von Ernst Ludwig Kirchner statt, während dieser sich mit Lähmungs- und Entzugserscheinungen in Davos durchs Leben quält. Auf alle, die ihn besuchen, macht er einen fürchterlichen Eindruck. Und viele wundern sich,

> *dass derselbe Künstler, der über schmerzhafte Lähmungen in den Händen klagte und einen Pfleger brauchte, der seine Briefe schrieb, mit den Holzschneidewerkzeugen so souverän umgehen konnte.*
> (LG)

LG, Lucius Grisebach, Kunsthistoriker, ist ein Urenkel von Helene und Dr. Lucius Spengler, die sich beide des kranken Künstlers angenommen haben. Und gleichzeitig ein Enkel des Philosophen Eberhard Grisebach, der ebenfalls mit Kirchner bekannt, oder gar befreundet war (Kirchner malt diesen auch: „Portrait Grisebach"). Kirchner quält sich auch mit seiner Beziehung zu Erna: Wenn er sie ehelichen würde, könnte sie ihn viel leichter, nämlich ohne Reisegenehmigung, in der Schweiz besuchen. Helene Spengler macht Kirchner darauf aufmerksam, worauf dieser antwortet:

> *… Sie haben gewiss recht, mit Ihrer Bemerkung über die Heirat von Ihrem Standpunkt, und vieles Äussere wäre leichter. Aber, und darum bin ich ihnen so unendlich dankbar, dass sie darüber hinwegschauen, innerlich würde ich es nicht ertragen können. Ich habe das Gefühl unendlichen Dankes gegenüber dieser Frau, die Pflicht, ihr nach allen meinen Kräften zu vergelten, was sie selbstlos und treu an mir tut, aber Liebe, dieses rest- und kritiklose Gefühl zweier Menschen gegeneinander, das habe ich nicht, das kann ich nicht haben. Dieses Gefühl ist in meiner Tätigkeit aufgegangen. Ich bin oft sehr unglücklich darüber, denn das Fehlen dieser seelischen Regung macht wirklich einsam. Es ist schwer, sich in diesem Punkt klar auszudrücken. Sie müssen einmal mit ihr darüber sprechen, wenn sie da ist. Sie kann es ihnen besser erklären als ich. Man ist ja immer plump in diesen Dingen. …* (KMD)

Ein anderes Thema beschäftigt Thomas Mann am 17. Februar bei seiner

> *Zeitungslektüre. Wilsons abstoßend ölige Rede über den Segen des Völkerbundes und die Nicht-Zurückgabe der Kolonien an Deutschland, das sich (im Gegensatz zu Belgien, Frankreich, England) nicht würdig gezeigt habe.* (TM)

Am selben Tag stellen deutsche Truppen aufgrund des am Vortag unterzeichneten Waffenstillstandsvertrags die militärischen Aktionen gegen Polen ein, polnische Einheiten setzen ihre Angriffe jedoch fort.

Am 18. Februar beschließt die Vertretung der deutschen Länder in Weimar, die Traditionsfarben Schwarz-Rot-Gold als deutsche Nationalfarben einzuführen. Außerdem beginnt in Zürich die Jüdisch-orthodoxe Weltkonferenz: Vertreter aus 14 Ländern fordern auf der bis zum 26. dauernden Veranstaltung u.a. die Anerkennung Palästinas als das Land, in dem Israel

> *berufen ist, seine nationalen Aufgaben gemäß der jüdischen Tradition zu verwirklichen.*

Thomas Mann:

> *Allgemeine Ernüchterung durch den Entwurf zum „Völkerbund", der in der That an Poesie- und Geistlosigkeit nichts zu wünschen läßt.* (TM)

Am 19. Februar beginnt in Paris der Panafrikanische Kongress, auf dem u.a. über Maßnahmen zum Schutz und zur Besserstellung der Eingeborenen beraten wird, während in Weimar Marie Juchacz von der MSPD als erste Frau vor der Nationalversammlung spricht. Die Anrede ist völlig ungewohnt:

> *Meine Herren und Damen!*

Frau Juchacz stellt fest:

> *Es ist das erste Mal, dass in Deutschland die Frau als Freie und Gleiche im Parlament zum Volke sprechen darf, und ich möchte hier feststellen, und zwar ganz objektiv, dass es die Revolution gewesen ist, die auch in Deutschland die alten Vorurteile überwunden hat.*

Weiter stellt sie fest,

dass wir deutschen Frauen dieser Regierung nicht etwa in dem althergebrachten Sinne Dank schuldig sind. Was diese Regierung getan hat, das war eine Selbstverständlichkeit: Sie hat den Frauen gegeben, was ihnen bis dahin zu Unrecht vorenthalten worden ist. (UH)

In der Tat ist es heute überhaupt nicht mehr vorstellbar, dass Frauen nicht wählen dürfen.

Wir wechseln von Weimar ins Ruhrgebiet. Dort kommt es zu einer zweiten Welle von Streiks (dem Februarstreik). Auf dem Höhepunkt, einem Generalstreik am 20. Februar, beteiligen sich etwa 180.000 Arbeiter. Dies entspricht etwa der Hälfte der Belegschaft des Ruhrbergbaus. Freikorps und streikende Arbeiter liefern sich teilweise blutige Auseinandersetzungen.

Der Begriff „Urkatastrophe" wird für gewöhnlich gebraucht für den Ersten Weltkrieg. Michael Appel benutzt ihn jedoch in seinem Buch „Die letzte Nacht der Monarchie" als Überschrift für das, was nun in München passiert. Ernst Toller, der ja Anfang des Monats mit Kurt Eisner beim Berner Sozialistenkongress war, war anschließend noch ein paar Tage bei Freunden im Engadin. Am 21. Februar fährt er zurück nach Bayern.

Auf einer Bahnstation hörte ich draußen erregtes Rufen des Schweizer Bahnschaffners, drinnen kräftiges Bravo eines deutschen Spießers, verstand die Worte nicht, die an mein Ohr drangen und mußte endlich begreifen: Kurt Eisner ist ermordet. (ET)

Was ist passiert? Morgens verlässt Eisner die Räume des Bayerischen Ministeriums des Äußeren, in denen er letzte Hand an seine Rücktrittsrede gelegt hatte, die er um 10 Uhr in der 1. Sitzung des neu konstituierten Bayerischen Landtag verlesen will. Er wird begleitet von seinem Sekretär Felix Fechenbach und Benno Merkle, seinem Mitarbeiter im Bayerischen Außenministerium, sowie von zwei Leibwächtern. Fechenbach hat aufgrund der feindseligen Stimmung gegen Eisner und verschiedener in den vorausgegangenen Tagen bekanntgewordener Morddrohungen Eisner dringend geraten, den Weg durch den rückwärtigen Eingang des Hotels Bayerischer Hof zu wählen, was dieser mit der Bemerkung ausschlug:

Man kann einem Mordanschlag auf die Dauer nicht ausweichen, und man kann mich ja nur einmal totschießen.

66

Auf dem Weg durch die Promenadestraße lauert ein Mann in einem Hauseingang; als Eisner an ihm vorbei ist, wird er von dem völkisch-nationalistischen Studenten (er wird dem Umfeld der Thule-Gesellschaft, einem politischen Geheimbund, zugeordnet) und zu dieser Zeit beurlaubten Leutnant im Königlich Bayerischen Infanterie-Leib-Regiment Anton Graf von Arco auf Valley aus unmittelbarer Nähe mit zwei Schüssen in Rücken und Kopf erschossen. Eisner ist sofort tot.

Von Arco hat sein Motiv für das Attentat auf einen Zettel geschrieben, wahrscheinlich hat er damit gerechnet, dass er dabei auch zu Tode kommt:

> *Eisner ist Bolschewist, er ist Jude, er ist kein Deutscher, er fühlt nicht Deutsch, untergräbt jedes vaterländische Denken und Fühlen, ist ein Landesverräter.*

Der Attentäter wird jedoch nicht getötet, sondern durch mehrere Schüsse von den beiden Leibwächtern Eisners „lediglich" lebensgefährlich verletzt und festgenommen. Er überlebt durch eine Notoperation des berühmten Chirurgen Dr. Ferdinand Sauerbruch.

Die Sitzung im Landtag, wo alle auf Kurt Eisner und seine Rede warten, wird daraufhin für eine Stunde unterbrochen. Der Schankkellner (oder Metzger?) Alois Lindner, ein Mitglied des Revolutionären Arbeiterrats (RAR), wird später sagen:

> *Diese Schüsse galten nicht dem einen Manne, sie galten der Freiheit, der Revolution.* (VW)

Aber jetzt stürmt er in den Landtag und schießt aus Rache von der Zuschauertribüne aus auf den SPD-Vorsitzenden Erhard Auer, den er als Hintermann des Attentats vermutet. Der Major Paul von Jahreiß versucht Lindner zu ergreifen und wird getötet, der Bäcker Georg Frisch erschießt im Tumult von der Zuschauertribüne den konservativen Abgeordneten Heinrich Osel.

Der USPD-Politiker und „politische Schriftsteller" Ernst Niekisch erlebt die Situation so:

> *Ich sah einen Mann, der einen Militärmantel trug, an der Regierungsbank entlanggehen; er hatte ein Gewehr in der Hand. Von einer bösen Ahnung bewegt, stürzte ich nach vorn, um ein Warnsignal*

Der Finanzminister ruft unentwegt nach einem Arzt, die Abgeordneten rasen kopflos durch die Gänge des Hauses; die Soldaten wollen zunächst alle Abgeordneten erschießen, werden dann aber von Ernst Niekisch umgestimmt und geben keinen Schuss ab. (VW)

Die konstituierende Landtagssitzung wird nach diesen tumultartigen und unter den Anwesenden Panik auslösenden Ereignissen vertagt. Die Abgeordneten verschwinden durch Türen und Fenster. Auer überlebt seine Verletzungen ebenfalls dank einer Notoperation durch Dr. Sauerbruch. Und Ernst Toller trauert:

Eisner, zeit seines Lebens arm, bedürfnislos, lauter, war klein, von schmalem Wuchs, graublondes Haar fiel ihm wirr in den Nacken, ein wirrer Bart auf die Brust, die kurzsichtigen Augen sahen fremd über den tief unter der Nasenwurzel lose sitzenden Kneifer, die kleinen gepflegten Hände, von fraulicher Zartheit, erwiderten weder den Druck von Freunden noch von Feinden, diese Geste zeigte seine Scheu vor menschlicher Beziehung.

Eines unterschied ihn von allen anderen republikanischen Ministern, sein Wille zur Tat, sein Todesmut. Er wußte, daß ein Volk, ebenso wie ein Mensch, nur in täglicher Arbeit reift, aber nicht, wenn eine Mauer zwischen Leben und Tat gesetzt ist. Und er fürchtete nicht den Tod. Das fühlte das Volk, und darum glaubte es ihm. Talente und Gaben sind vielen gegeben, aber nur dem, der die Furcht vor dem Tod bewußt überwand, folgen die Massen. (ET)

So stirbt mit Kurt Eisner – je nach Sicht - ein revolutionärer Idealist, ein missverstandener Held, ein naiver Idealist oder auch ein charismatischer Volkstribun.

In seiner Rücktrittsrede wollte Eisner eigentlich sagen:

Niemals hat eine Regierung unter so schwierigen Verhältnissen die Angelegenheit eines Landes verwaltet. Aber vielleicht war sie gera-

de deshalb von dem unerschütterlichen Glauben an die Kraft geistiger Einwirkung beseelt.

Und dann wollte er seinen Zuhörern noch einmal mitteilen, was ihm am wichtigsten gewesen ist in seiner kurzen Regentschaft - sein Ziel

auf das Verhältnis der Völker in der Welt moralisch einzuwirken,

und:

Nur eine Politik der unbedingten Wahrhaftigkeit, der kühnen Offenheit und des gegenseitigen Vertrauens führt zu jenem Frieden, nach dem die zertretene Menschheit schmachtet. (VW)

So stirbt Kurt Eisner auch einen ähnlichen gewaltsamen Tod wie viele Pazifisten und Idealisten - nach nur rund 100 Tagen Amtszeit. Trotzdem hat er, wie Ralf Höller es nennt, *„seinen Fußabdruck in der Geschichte"* hinterlassen, denn:

Der Übergang zur Demokratie und die Errichtung des Freistaats Bayern werden für immer mit seinem Namen verknüpft sein. (RH)

Ausgerechnet ein Sozialdemokrat machte Bayern zum Freistaat. Und da Erhard Auer monatelang invalide ist, haben sowohl die USPD als auch die SPD (Erich Mühsam nennt die Sozialdemokraten oft die „Auerochsen") am selben Tag ihren Führer verloren.

Kardinal Faulhaber, der am Vormittag den Gottesdienst zur Eröffnung des Landtags gehalten hat und auf dem Weg nach Hause in der Prannerstr. 1 ist, hat von 1911 – 1952 kontinuierlich Tagebuch über seine Besuche und Gespräche geführt hat. In dieses trägt er am 21. Februar ein:

Freitag 21. Februar, 9.00 Uhr, halte ich die Pontificalmesse zur Eröffnung des Landtags. – Auer hatte an das Ordinariat geschrieben, daß er es anheim stelle, wie früher Eröffnungsgottesdienste zu halten. Veni creator [Komm, Schöpfer Geist, Anm. d Verf.] mit stiller Messe. Memento für cultores fidei catholicae [Fürbitte, für Verehrer des katholischen Glaubens, Anm. d Verf.] im Canon. Auch Eisenberger und andere Bauernbündler sind drinnen. Wir gehen zu Fuß heim, Prannerstraße abgesperrt, viele Leute dort, fünf Minuten vor 10.00 Uhr höre ich einen und dann fünf Schüsse, große Panik – Herren kommen vom Landtag zurück, „Eisner erschossen von Graf Arco-Valley". Das ist sehr schlimm, Bayern war auf dem Weg zur Ruhe und Gott weiß, was jetzt wieder kommt. Nachmittag warfen mehrere Flugzeuge Flugblätter ab, die das fluchwürdige Verbrechen verurteilen, aber zur Ruhe auffordern. Die Aufregung scheint groß zu sein. Trambahn geht nicht, aber Telefon geht wieder und bei der herrlichen Sonne viele Menschen auf der Straße. Abends Nachricht, Auer habe der Schwester die Hand gereicht, als sie der Ablösung Weisung gab und glaubte, er sei noch in der Narkose, der andere habe nach dem Geistlichen verlangt, Sauerbruch erklärte aber, zuerst wieder genäht. Er weiß, daß er sterben muß, wenn die Arterie verletzt ist. Abends Nachricht, Kurat Brunner war da und weiß aus einer sozialen Familie, zur Rache soll es einen Massenmord an Adeligen und Geistlichen geben; das Georgianum [Das Herzogliche Georgianum ist ein römisch-katholisches Priesterseminar in München, das z.B. auch Papst Benedikt XVI. und Sebastian Kneipp absolvierten; Anm. d. Verf.] *sei bereits entlassen, und nach Freising habe man Nachricht gegeben. Tief erschüttert kniee ich vor dem Sanctissimum. Am Abend dieser schrecklichen Nacht. Was wird sie bringen?*

Um 19.00 Uhr muß alles daheim sein. Die ganze Nacht wird geschossen, bald da, bald dort, bald einzelne Schüsse, bald mehr. In der Klinik werden drei verwundete Arbeiter eingeliefert, das gibt einen ungefähren Maßstab, wie es ging, – keine Geistlichen, dem Herrn sei Dank, wenn er meine Mitbrüder beschützt hat und meine Diözesankinder vor dem unnatürlichen Tode.

Wenn solche Zeiten glücklich vorüber sind, kann man sich diese unsicheren Stunden kaum mehr vorstellen: Diesen Abend wußte kein Mensch, ob die Stadt in der Hand der Spartakisten oder der Regierungstruppen sei. Die Zeitungen erscheinen nicht, weil die Drucker streiken, aber dafür schwirren die tollsten Gerüchte umher, Gerüchte von Massenmord, – das einzige Blatt, das vom Arbeiterzentralrat herausgegeben wurde, ist voller Drohungen: Mit Eisner ging es ohne Blut, ohne Eisner kommt der andere Teil der Revolution.

Schöne Aussichten! Der national-konservative Kardinal Faulhaber, von Ludwig III. von Bayern 1913 in den Adelsstand erhoben, steht der Weimarer Republik kritisch bis ablehnend gegenüber. Er hatte sich 1917 geäußert:

Könige von Volkes Gnaden sind keine Gnade für das Volk, und wo das Volk sein eigener König ist, wird es über kurz oder lang auch sein eigener Totengräber.

Zum Ersten Weltkrieg meinte er, die Deutschen hätten

die friedliche Arbeit im Stiche lassen müssen, um Heim und Herd gegen den heimtückischen Überfall unserer Feinde zu schützen,

und legitimierte ihn:

Nach meiner Überzeugung wird dieser Feldzug in der Kriegsethik für uns das Schulbeispiel eines gerechten Krieges werden. (Wikipedia)

Nun ja, das wurde er eben nicht. Und eine Ironie des Schicksals ist es, dass die Promenadestraße, in der das Attentat passierte und in der sich das Eisner-Denkmal befindet, heute Kardinal-Faulhaber-Straße heißt.

In Klaus Manns Gymnasium bricht Jubel aus. Bei den Lehrern, bei den Schülern. Der junge Klaus notiert in sein Tagebuch, er selbst sei bei der Nachricht in Tränen ausgebrochen. Später schreibt er aber, dass das nicht ganz der Wahrheit entsprochen habe. Er sei vor allem froh gewesen, dass die Schüler nach der Nachricht alle nach Hause geschickt wurden und schulfrei hatten. (VW)

Aus demselben Grund freut sich noch ein anderer, uns bereits bekannter Lehrer: Josef Hofmiller erfährt von dem Mord, als er in einer Freistunde in einem Geschäft in der Nähe der Schule ein Pfund Grieß einkaufen geht, und nutzt die Chance, als der Schulleiter den Schülern den Rest des Tages frei gibt, um mit einem jungen Kollegen im „Weinladen im Schwarzwälder", den es heute noch gibt, eine Flasche Markgräfler zu trinken. Und so bekommt er nicht mit, was danach passiert. In den Schilderungen von Oskar Maria Graf hört es sich so an:

Es war klarkalt. Ich rannte, so wie ich war, ohne Hut und Mantel weiter. Alles in mir war durcheinandergewühlt. Die Glocken von allen Türmen fingen zu läuten an, die Trambahnen hörten mit einem

Mal zu fahren auf, da und dort stieß jemand eine rote Fahne mit Trauerflor zum Fenster heraus, und eine schwere, ungewisse Stille brach an. Alle Menschen liefen mit verstörten Gesichtern stadteinwärts. Je weiter ich kam, desto aufgeregter wurde die dumpfe Hast. Vor dem Landtag ballte sich ein schwarzer Menschenknäuel, Soldaten und bewaffnete Zivilisten waren darunter. Ich stürmte weiter in die Promenadestraße, an den Mordplatz. Da hatten sich Hunderte schweigend um die mit Sägespänen bedeckten Blutspuren Eisners zu einem Kreis gestaut. Fast niemand sagte ein lautes Wort. Frauen weinten leis und auch Männer. Etliche Soldaten traten in die Mitte und errichteten eine Gewehrpyramide. Dem einen rannen dicke Tränen über die braunen Backen herunter. „Unser Eisner! Unser einziger Eisner!" klagte eine Frau laut auf, und jetzt wurde das Weinen vernehmbarer. Viele legten Blumen auf den Platz, immer mehr und immer mehr. Plötzlich fuhr vorne am Promenadenplatz ein vollbesetztes Lastauto mit dichten Fahnen und Maschinengewehren vorüber, und laut schrie es herunter: „Rache für Eisner!"

Michael Appel schreibt:

Wut und Trauer brachen sich nach dem Mord sofort wie eine Sturzflut Bahn, jedoch nur bei denen, die Eisners Politik und seinen Führungsqualitäten mehr oder weniger vertraut hatten. Erstaunlicherweise kam die Trauer zuerst. Alle Zeitgenossen berichteten staunend von einem regelrechten Eisner-Kult, der wenige Stunden nach der Tat am Ort des Geschehens aufblühte. Von vormittags an bis sieben Uhr abends, denn dann herrschte auf Befehl von Ernst Niekisch Ausgangssperre, pilgerten die Münchner in langen Zügen zum Tatort. (MA)

Noch eine weitere Zeitzeugin wollen wir hören, Ricarda Huch:

Eine Hausgenossin kam mit dem Glockenschlage sieben aus der Stadt zurück und berichtete, daß an der Stelle des Attentats Eisners Bild, von Kränzen umgeben, aufgestellt sei, daß es von Soldaten mit aufgepflanztem Bajonett bewacht werde, die jeden verprügelten, der nicht den Hut vor dem Bild lüftete; ferner, daß Leute Tücher in

Eisners Blut tauchten und sie als Reliquie nach Hause trügen. „Kurz, meschugge ist Trumpf", sagte meine Tochter, die bequem in einem Lehnstuhl kauerte und Patience legte, ohne ihr Spiel zu unterbrechen. Wie haben wir bis in die Nacht hinein gelacht! Vielleicht um so übermütiger, weil ein dunkles Bewußtsein von Gefahr und Schrecken in den Winkeln des Gemüts lauerte. (MA)

Vermutlich freut sie sich nicht über den Mord, aber kritisiert die verlogene Inszenierung. Später philosophiert sie:

„Es ist merkwürdig", hörte ich ein junges Mädchen sagen, „bis jetzt hörte ich fast täglich seufzen: Ist denn keine Kugel für Eisner gegossen? Und seit er erschossen ist, bejammert jeder seinen Tod und verflucht seinen Mörder." So schwer ist es, über Zuneigung und Abneigung, das Fließendste, was es gibt, etwas Bestimmtes zu sagen. (MA)

Wohl freuten sich allerdings die Studenten:

Die Studenten auf der Universität haben alle „Bravo!" gebrüllt, als Eisners Ermordung bekannt wurde. (OMG)

Kurt Eisner hat übrigens bereits mit 21 Jahren für seinen späteren Biographen bzw. Grabsteindichter einen Vers notiert:

Kurt Eisner lieget hie,
Der Plänereiche:
Einst zweifelhaft Genie,
Jetzt sicher Leiche.

Dieser Vers steht jedoch nicht auf seinem Grab. Interessante Beobachtungen schildert auch Victor Klemperer an diesem denkwürdigen Abend:

Dann bildeten sich, auf Straßen und Plätzen, die merkwürdigen kreisrunden Menschennester, die vielleicht eine besondere Eigentümlichkeit sind. Irgendwo im Kern des Knäuels wird etwas gesprochen oder erzählt, gar nicht sonderlich laut, der Knäuel steht um den Kern und fragt, was es dort gebe. Fünf Schritt entfernt ein zweiter, ebenso symmetrischer Knäuel und ein dritter, sechster, zwölfter. … Ein Schuß würde genügen, die Verschmelzung dieser Gruppen, die chaotische Masse zu formieren. und ich wunderte mich eigentlich den ganzen Tag über, daß dieser Schuß nicht fiel. Denn sehr bald tauchten Lastautomobile auf, die gestopft voll waren von stehenden Soldaten, und jeder hielt sein Gewehr schußbereit, und mancher lud es, mehr ostentativ als vorsichtig. Auch Maschinengewehre hatte man auf den Wagen. Aber die Hauptsache waren die großen roten Fahnen. Manche schön einfach rot, manche mit Inschriften, eine gar mit dem türkischen Halbmond; sie war aber so schön rot, daß der nicht störend wirkte. Die Leute jubelten, und stellenweise hätte man den Ernst des Ganzen sehr wohl vergessen und an eine Faschingsbe-lustigung denken können. So saßen z.B. auch fröhlich vergnügt in der Türkenkaserne die Leiber auf den Fensterbrettern und ließen die Beine herunterbaumeln und spaßten mit den Vorübergehenden. Die Leiber galten für beinahe monarchistisch, [...]. Schließlich bei sin-kender Sonne gab es eine ästhetische Ablenkung, einen schönen, vorläufigen Abschluß. Über dem Sendlingertorplatz erschien ein halbes Dutzend Flieger auf einmal. Sie strahlten und glitzerten unter dem blauen Himmel in vielem Licht, sie fuhren die kühnsten Kurven, machten die tollsten Sturzflüge und Überschlagungen, streiften bald die Dächer, erhoben sich bald ins Märchenhafte; und warfen überall Mengen von Flugblättern ab, die jetzt erst ihren Namen recht ver-dienten, die sonnenfunkelnd wie Schwärme weißer Tauben aussa-hen und die, herabsinkend, wirklich eine Art Beruhigung brachten: die Aufforderung zur Ruhe, die Ankündigung des Standrechtes, den Befehl, um sieben die Straßen zu verlassen. Es wurde dann auch ru-higer, die Straßen wurden leer. (VK)

Bemerkung 1: In der Türkenkaserne sind natürlich keine Türken unterge-bracht, sondern die Reste des Infanterie-*Leib*-Regiments - daher die Be-zeichnung Leiber; die Kaserne befindet sich am Türkengraben, der neben der Kaserne auch der heutigen Türkenstraße den Namen gab.

Bemerkung 2: Der Name „Flugblatt" ist nie so gerechtfertigt wie zu dieser Zeit. Oft werden Informationen und Anweisungen/Verhaltensregeln usw. aus Flugzeugen geworfen.

Zur Information: P.C. ist Paul Cassirer, ein deutscher Verleger, Kunsthändler und Galerist jüdischer Herkunft und derzeitiger Ehemann der Autorin des Zitats Tilla Durieux. Und am Ende wird eher Toller auf die Hilfe der Schauspielerin angewiesen sein.

Das Attentat auf Eisner und die Schüsse im Landtag bilden den Auftakt für eine zweite, radikalere Phase der Revolution in München, auch manchmal als zweite Revolution bezeichnet. Noch am selben Tag ruft der Vollzugsrat der Arbeiterräte Delegierte aus ganz Bayern zusammen. Aus Vertretern der Mehrheitssozialisten, Unabhängigen Sozialdemokraten, Kommunisten sowie den Vollzugsorganen der Arbeiter-, Bauern- und Soldatenräte und dem Revolutionären Arbeiterrat bildet sich ein „Zentralrat der Bayerischen Republik". Dieser sogenannte „Elfmännerausschuss" fungiert als Regierungsgremium, das die Geschäfte so lange kommissarisch führen soll, bis eine endgültige Regelung gefunden wird. Zum „Vorsitzenden des Zentralrats" wird Ernst Niekisch, ein junger Volksschullehrer, Vorsitzender der Augsburger Arbeiter- und Soldatenräte und Mitglied des Landesarbeitsrates gewählt. Ernst Niekisch ist zwar Mehrheitssozialdemokrat, gilt aber aufgrund seiner Befürwortung der Räte als Mann des Ausgleichs zwischen den ideologischen Gegensätzen und wird auch von den rechten Sozialdemokraten akzeptiert. Er gilt als die Integrationsfigur, die der Republik über die schwere Zeit hinweghelfen kann. Dem Zentralrat wird ein erweiterter Aktionsausschuss zur Seite gestellt, um die Fülle der anstehenden Arbeiten zu bewältigen. Dieser wiederum konstituiert verschiedene Kommissionen, die das tägliche Leben regeln sollen. So entstehen Kommissionen zur Bewaffnung des Proletariats, zur Ernährung, zur Lebensmittelversorgung, für das Wohnungswesen, für das Gerichtswesen, für Aufklärungs- und Nachrichtendienste, für Heereswesen und zur Produktionsregelung.

Außerdem wird aus Unzufriedenheit über die ziemlich konservative Haltung des Rats der bildenden Künstler nach dem Vorbild der Arbeiter-, Bauern und Soldatenräte ein „Aktionsausschuss revolutionärer Künstler" gegründet.

> *Sonnabend den 22.II.: [...] Las in Landauers „Aufruf zum Sozialismus", dessen Polemik gegen den Marxismus gut ist. In der Menschenpraxis aber nimmt alles sich anders aus, und Auer und Ebert sind wackere Männer.* (TM)

Am selben Tag proklamieren USPD und KPD in Mannheim die Räterepublik Baden, am nächsten Tag beschließt die deutsche Reichsregierung unter dem Ministerpräsidenten Scheidemann die Errichtung einer besonderen Abteilung für elsass-lothringische Fragen im Reichsamt des Innern.

24. Februar: Die erste öffentliche Eurythmieaufführung findet in Zürich statt. Das sehr zahlreiche Publikum ist wohlwollend, die Presse mehr oder weniger ablehnend. Die Musik ist u.a. von Leopold van der Pals.

Am 25. Februar reist Johann Wilhelm Muehlon nach München. Er erhält das Angebot, das Amt des bayerischen Ministerpräsidenten zu übernehmen, lehnt aber ab und tritt von der politischen Bühne ab.

Der Arbeiter-, Soldaten- und Bauernrat bestimmt den Mittwoch, 26. Februar, anlässlich der Trauerfeier für Kurt Eisner als Landestrauertag: alle Betriebe müssen ruhen, private und öffentliche Vergnügungen sind untersagt. Es wird davon ausgegangen, dass an der Beisetzung annähernd 100.000 Menschen teilnehmen. Einer davon (nicht hundertprozentig gesichert): Adolf Hitler. Dieser wird später in seinem Kampfbuch erklären, er sei erst im März nach München zurückgekehrt. Wahrscheinlich passte sowohl seine Anwesenheit hier als auch seine Funktion als Vertrauensmann nachträglich nicht mehr in seine Biographie. Auf jeden Fall:

> *Die Münchner „Neueste Nachrichten" berichten sogar vom größten Leichenzug in der an prunkvollen Begräbnissen nicht gerade armen Geschichte der Stadt.* (RH)

Das landesweit angeordnete Trauergeläut lässt sich jedoch nicht überall in gleichem Maße durchsetzen und wird mancherorts von den Anhängern Eisners gegen den Widerstand der Pfarrer mit Gewalt erzwungen. In vielen Orten Bayerns finden Umzüge statt, an denen die Bourgeoisie „in feiger Angst" teilnimmt (EM 2). Gustav Landauer hält eine vielbeachtete Trauerrede. Warum Gustav Landauer? Kurt Eisner hatte diesen in einem Brief vom 14. November 1918 zur Teilnahme an der Revolution in Bayern mit den Worten „eingeladen":

> *Was ich von Ihnen möchte, ist, daß Sie durch rednerische Betätigung an der Umbildung der Seelen mitarbeiten.*

Und jetzt muss er sich an Eisners Trauerfeier rednerisch betätigen. Eine neue Aufgabe bekommt auch Ernst Toller: Nach der Ermordung Eisners wird er Vorsitzender der USPD. Und führt wichtige Gespräche:

> *Am Rande von Eisners Beerdigung trifft er sich mit Hugo Haase. Landauer ist ebenfalls zugegen. Das Trio erörtert die Möglichkeit einer Räterepublik für das gesamte Reich. Haase lehnt sie als reines Modell ab. Er will, ähnlich wie Eisner, ein Gleichgewicht zwischen Parlament und Räten herstellen. Toller und Landauer sind für die Räterepublik, scheuen aber vor Gewalt als Mittel zu deren Durchsetzung zurück. Alle drei gemeinsam wollen verhindern, dass die Räteentscheidung die Unabhängigen in zwei Lager trennt, ähnlich wie die Kriegsschuldfrage zuvor die Sozialdemokratie entzweit hat. (RH)*

Ja, „Räterepublik" ist von diesem Tag an „der Refrain aller Kundgebungen" (EM 2).

Thomas Mann liest am Donnerstag, den 27. Februar, in der Zeitung von der Trauerfeier, der Rede Landauers mit vielen „*Citaten*" Eisners, und dass die Wagner-Musik gestrichen wurde. Er vermerkt:

> *Aber auch Heinrich ist aus Zeitmangel nicht mehr zu Worte gekommen, was ich tadle, denn die Literatur hätte bei dieser Gelegenheit nicht zu weit hinten aufs Programm gesetzt werden dürfen. (TM)*

Doch die Geschichte geht natürlich einfach weiter ihren Gang.

Es wird einiges „angenommen": Am 27. Februar nimmt die Weimarer Nationalversammlung in dritter Lesung gegen die Stimmen der USPD den Gesetzentwurf über die Bildung einer vorläufigen Reichswehr an; am 28. Februar nimmt die sächsische Volkskammer das vorläufige Grundgesetz für den Freistaat Sachsen sowie den Antrag auf "Sozialisierung der Wirtschaft" an.

In anderen Ecken der jungen Republik ist es ganz schön umtriebig: Auf dem Schlossplatz in Braunschweig wird die Räterepublik ausgerufen, die Aktion versandet allerdings - zunächst. In München tagt der Kongress der Arbeiter-, Soldaten- und Bauernräte. Die Delegierten Max Levien, Erich Mühsam, Gustav Landauer, Franz Michael Cronauer und Wilhelm Reichart werden von der (SPD-nahen und von „Innenminister" Erhard Auer errichteten) „Republikanischen Schutztruppe" aus dem Sitzungssaal heraus verhaftet. Ernst Niekisch versucht verzweifelt Herr der Lage zu bleiben und erreicht, dass die Verhafteten wenige Minuten später wieder freigelassen werden. Nun kann abgestimmt werden. Erich Mühsams Antrag auf „Ausrufung einer Räterepublik" wird mit 234 zu 70 Stimmen abgelehnt. So zieht er weiter durch die Straßen Münchens und versucht die Menschen - meist vergeblich - zu überzeugen, wie z.B. der amerikanische Journalist Ben Hecht schildert, der vom „Chicago Daily Journal" nach Deutschland geschickt wurde, um über die Revolution zu berichten:

> *Mühsam war in Ungnade gefallen, weil er auf den Straßen Ärger verursacht hatte. Er hatte einen kleinen Lastwagen zu seinem eigenen Bedarf abkommandiert. Damit unternahm er Rundreisen durch Münchens Straßen. Wann immer er eine Menschenmenge sah, hielt er seinen Wagen an, stellte sich auf den Sitz und begann eine Ansprache [...]. Tausende von Arbeitern bummelten noch durch die Straßen, als ob ein Picknick und keine Revolution stattfände. Sie fassten eine Abneigung gegenüber ihrem lyrischen Sprecher. Sobald er ein Gedicht zu rezitieren anfing, hoben sie an zu schreien und schwenkten ihre Gewehre. Verschiedene Male hatten sie seinen Lastwagen gestürmt und ihn von seiner Bühne heruntergerissen.*
> *(Ben Hecht in „Revolution in der Teekanne")*

Aufrufe gibt es 1919 eine ganze Reihe, so viele, dass man leicht den Überblick verliert. Hier sollen nun (kommentarlos) zwei gegenübergestellt werden, die sich an die Kulturwelt richten, einmal das „Manifest der 93" von 1914 sowie Rudolf Steiners Aufruf knapp fünf Jahre später, nach dem Krieg.

1. Der Aufruf der 93 „An die Kulturwelt!" (1914)

In allen großen Zeitungen Deutschlands erschien im Oktober 1914 ein Aufruf an die Kulturwelt, der sich an Luthers 95 Thesen anlehnte. Diesem wurde als Mittel der Propaganda im In- und Ausland eine beachtliche Aufmerksamkeit zuteil. Es galt Vielen als ein Beispiel für die arrogante und naive Selbstüberschätzung der damaligen deutschen Intellektuellen. Der französische Ministerpräsident Georges Clemenceau bezeichnete im Dezember 1918 die „Erklärung der 93" als das schlimmste deutsche Kriegsverbrechen, schlimmer als die Verwüstungen Frankreichs und die Verschleppung von Zivilisten. (Wikipedia)

An die Kulturwelt!

Wir als Vertreter deutscher Wissenschaft und Kunst erheben vor der gesamten Kulturwelt Protest gegen die Lügen und Verleumdungen, mit denen unsere Feinde Deutschlands reine Sache in dem ihm aufgezwungenen schweren Daseinskampfe zu beschmutzen trachten. Der eherne Mund der Ereignisse hat die Ausstreuung erdichteter deutscher Niederlagen widerlegt. Um so eifriger arbeitet man jetzt mit Entstellungen und Verdächtigungen. Gegen sie erheben wir laut unsere Stimme. Sie soll die Verkünderin der Wahrheit sein.

Es ist nicht wahr, daß Deutschland diesen Krieg verschuldet hat. Weder das Volk hat ihn gewollt noch die Regierung noch der Kaiser. Von deutscher Seite ist das Äußerste geschehen, ihn abzuwenden. Dafür liegen der Welt die urkundlichen Beweise vor. Oft genug hat Wilhelm II. in den 26 Jahren seiner Regierung sich als Schirmherr des Weltfriedens erwiesen; oft genug haben selbst unsere Gegner dies anerkannt. Ja, dieser nämliche Kaiser, den sie jetzt einen Attila zu nennen wagen, ist jahrzehntelang wegen seiner unerschütterlichen Friedensliebe von ihnen verspottet worden. Erst als eine schon lange an den Grenzen lauernde Übermacht von drei Seiten über unser Volk herfiel, hat es sich erhoben wie ein Mann.

Es ist nicht wahr, daß wir freventlich die Neutralität Belgiens verletzt haben. Nachweislich waren Frankreich und England zu ihrer Verletzung entschlossen. Nachweislich war Belgien damit einverstanden. Selbstvernichtung wäre es gewesen, ihnen nicht zuvorzukommen.

Es ist nicht wahr, daß eines einzigen belgischen Bürgers Leben und Eigentum von unseren Soldaten angetastet worden ist, ohne daß die bitterste Notwehr es gebot. Denn wieder und immer wieder, allen Mahnungen zum Trotz, hat die Bevölkerung sie aus dem Hinterhalt beschossen, Verwundete verstümmelt, Ärzte bei der Ausübung ihres Samariterwerkes ermordet. Man kann nicht niederträchtiger fälschen, als wenn man die Verbrechen dieser Meuchelmörder verschweigt, um die gerechte Strafe, die sie erlitten haben, den Deutschen zum Verbrechen zu machen.

Es ist nicht wahr, daß unsere Truppen brutal gegen Löwen gewütet haben. An einer rasenden Einwohnerschaft, die sie im Quartier heimtückisch überfiel, haben sie durch Beschießung eines Teils der Stadt schweren Herzens Vergeltung üben müssen. Der größte Teil von Löwen ist erhalten geblieben. Das berühmte Rathaus steht gänzlich unversehrt. Mit Selbstaufopferung haben unsere Soldaten es vor den Flammen bewahrt. – Sollten in diesem furchtbaren Kriege Kunstwerke zerstört worden sein oder noch zerstört werden, so würde jeder Deutsche es beklagen. Aber so wenig wir uns in der Liebe zur Kunst von irgend jemand übertreffen lassen, so entschieden lehnen wir es ab, die Erhaltung eines Kunstwerks mit einer deutschen Niederlage zu erkaufen.

Es ist nicht wahr, daß unsere Kriegführung die Gesetze des Völkerrechts mißachtet. Sie kennt keine zuchtlose Grausamkeit. Im Osten aber tränkt das Blut der von russischen Horden hingeschlachteten Frauen und Kinder die Erde, und im Westen zerreißen Dumdumgeschosse unseren Kriegern die

80

Brust. Sich als Verteidiger europäischer Zivilisation zu gebärden, haben die am wenigsten das Recht, die sich mit Russen und Serben verbünden und der Welt das schmachvolle Schauspiel bieten, Mongolen und Neger auf die weiße Rasse zu hetzen.

Es ist nicht wahr, daß der Kampf gegen unseren sogenannten Militarismus kein Kampf gegen unsere Kultur ist, wie unsere Feinde heuchlerisch vorgeben. Ohne den deutschen Militarismus wäre die deutsche Kultur längst vom Erdboden getilgt. Zu ihrem Schutze ist er aus ihr hervorgegangen in einem Lande, das jahrhundertelang von Raubzügen heimgesucht wurde wie kein zweites. Deutsches Heer und deutsches Volk sind eins. Dieses Bewußtsein verbrüdert heute 70 Millionen Deutsche ohne Unterschied der Bildung, des Standes und der Partei.

Wir können die vergifteten Waffen der Lüge unseren Feinden nicht entwinden. Wir können nur in alle Welt hinausrufen, daß sie falsches Zeugnis ablegen wider uns. Euch, die Ihr uns kennt, die Ihr bisher gemeinsam mit uns den höchsten Besitz der Menschheit gehütet habt, Euch rufen wir zu:

Glaubt uns! Glaubt, daß wir diesen Kampf zu Ende kämpfen werden als ein Kulturvolk, dem das Vermächtnis eines Goethe, eines Beethoven, eines Kant ebenso heilig ist wie sein Herd und seine Scholle.

Dafür stehen wir Euch ein mit unserem Namen und mit unserer Ehre!

----

2. Aufruf: An das deutsche Volk und die Kulturwelt!

Nachdem sich Rudolf Steiner schon des Öfteren über die Soziale Dreigliederung als dritten, neuen Weg zwischen Kapitalismus und Kommunismus in Vorträgen geäußert und damit das Thema vorbereitet hat, übergab er Mitstreitern am 2. Februar 1919 den Aufruf. Daraufhin wurden Unterstützer und Unterzeichner gesucht, der Aufruf im März dann veröffentlicht. Er war eine Art Auftakt-Kommuniqué für die Dreigliederungskampagne.

An das deutsche Volk und an die Kulturwelt!

Sicher gefügt für unbegrenzte Zeiten glaubte das deutsche Volk seinen vor einem halben Jahrhundert aufgeführten Reichsbau. Im August 1914 meinte es, die kriegerische Katastrophe, an deren Beginn es sich gestellt sah, werde diesen Bau als unbesieglich erweisen. Heute kann es nur auf dessen Trümmer blicken. Selbstbesinnung muß nach solchem Erlebnis eintreten. Denn dieses Erlebnis hat die Meinung eines halben Jahrhunderts, hat insbesondere die herrschenden Gedanken der Kriegsjahre als einen tragisch wirkenden Irrtum erwiesen. Wo liegen die Gründe dieses verhängnisvollen Irrtums? Diese Frage muß Selbstbesinnung in die Seelen der Glieder des deutschen Volkes treiben. Ob jetzt die Kraft zu solcher Selbstbesinnung vorhanden ist, davon hängt die Lebensmöglichkeit des deutschen Volkes ab. Dessen Zukunft hängt davon ab, ob es sich die Frage in ernster Weise zu stellen vermag: wie bin ich in meinen Irrtum verfallen? Stellt es sich diese Frage heute, dann wird ihm die Erkenntnis aufleuchten, daß es vor einem halben Jahrhundert ein Reich gegründet, jedoch unterlassen hat, diesem Reich eine aus dem Wesensinhalt der deutschen Volkheit entspringende Aufgabe zu stellen. - Das Reich war gegründet. In den ersten Zeiten seines Bestandes war man bemüht, seine inneren Lebensmöglichkeiten nach den Anforderungen, die sich durch alte Traditionen und neue Bedürfnisse von Jahr zu Jahr zeigten, in Ordnung zu bringen. Später ging man dazu über, die in materiellen Kräften begründete äußere Machtstellung zu festigen und zu vergrößern. Damit verband man Maßnahmen in bezug auf die von der neuen Zeit geborenen sozialen Anforderungen, die zwar manchem Rechnung trugen, was der Tag als Notwendigkeit erwies, denen aber doch ein großes Ziel fehlte, wie es sich hätte ergeben sollen aus einer Erkenntnis der Entwickelungskräfte, denen die neuere Menschheit sich zuwenden muß. So war das Reich in den Weltzusammenhang hineingestellt ohne wesenhafte, seinen Bestand rechtfertigende Zielsetzung. Der Verlauf der Kriegskatastrophe hat dieses in trauriger Weise geoffenbart. Bis zum Ausbruche derselben hatte die außerdeutsche Welt in dem Verhalten des Reiches nichts sehen können, was ihr die Meinung hätte erwecken können: die Verwalter dieses Reiches erfüllen eine weltgeschichtliche Sendung, die nicht hinweggefegt werden darf. Das

Nichtfinden einer solchen Sendung durch diese Verwalter hat notwendig die Meinung in der außerdeutschen Welt erzeugt, die für den wirklich Einsichtigen der tiefere Grund des deutschen Niederbruches ist.

Unermeßlich vieles hängt nun für das deutsche Volk an seiner unbefangenen Beurteilung dieser Sachlage. Im Unglück müßte die Einsicht auftauchen, welche sich in den letzten fünfzig Jahren nicht hat zeigen wollen. An die Stelle des kleinen Denkens über die allernächsten Forderungen der Gegenwart müßte jetzt ein großer Zug der Lebensanschauung treten, welcher die Entwickelungskräfte der neueren Menschheit mit starken Gedanken zu erkennen strebt, und der mit mutigem Wollen sich ihnen widmet. Aufhören müßte der kleinliche Drang, der alle diejenigen als unpraktische Idealisten unschädlich macht, die ihren Blick auf diese Entwickelungskräfte richten. Aufhören müßte die Anmaßung und der Hochmut derer, die sich als Praktiker dünken, und die doch durch ihren als Praxis maskierten engen Sinn das Unglück herbeigeführt haben. Berücksichtigt müßte werden, was die als Idealisten verschrieenen, aber in Wahrheit wirklichen Praktiker über die Entwickelungsbedürfnisse der neuen Zeit zu sagen haben.

Die „Praktiker“ aller Richtungen sahen zwar das Heraufkommen ganz neuer Menschheitsforderungen seit langer Zeit. Aber sie wollten diesen Forderungen innerhalb des Rahmens altüberlieferter Denkgewohnheiten und Einrichtungen gerecht werden. Das Wirtschaftsleben der neueren Zeit hat die Forderungen hervorgebracht. Ihre Befriedigung auf dem Wege privater Initiative schien unmöglich. Überleitung des privaten Arbeitens in gesellschaftliches drängte sich der einen Menschenklasse auf einzelnen Gebieten als notwendig auf; und sie wurde verwirklicht da, wo es dieser Menschenklasse nach ihrer Lebensanschauung als ersprießlich erschien. Radikale Überführung aller Einzelarbeit in gesellschaftliche wurde das Ziel einer anderen Klasse, die durch die Entwickelung des neuen Wirtschaftslebens an der Erhaltung der überkommenen Privatziele kein Interesse hat.

Allen Bestrebungen, die bisher in Anbetracht der neueren Menschheitsforderungen hervorgetreten sind, liegt ein Gemeinsames zugrunde. Sie drängen nach Vergesellschaftung des Privaten und rechnen dabei auf die Übernahme des letzteren durch die Gemeinschaften (Staat, Kommune), die aus Voraussetzungen stammen, welche nichts mit den neuen Forderungen zu tun haben. Oder auch, man rechnet mit neueren Gemeinschaften (zum Beispiel Genossenschaften), die nicht voll im Sinne dieser neuen Forderungen entstanden sind, sondern die aus überlieferten Denkgewohnheiten heraus den alten Formen nachgebildet sind.

Die Wahrheit ist, daß keine im Sinne dieser alten Denkgewohnheiten gebildete Gemeinschaft aufnehmen kann, was man von ihr aufgenommen wissen will. Die Kräfte der Zeit drängen nach der Erkenntnis einer sozialen Struktur der Menschheit, die ganz anderes ins Auge faßt, als was heute gemeiniglich ins Auge gefaßt wird. Die sozialen Gemeinschaften haben sich bisher zum größten Teil aus den sozialen Instinkten der Menschheit gebildet. Ihre Kräfte mit vollem Bewußtsein zu durchdringen, wird Aufgabe der Zeit.

Der soziale Organismus ist gegliedert wie der natürliche. Und wie der natürliche Organismus das Denken durch den Kopf und nicht durch die Lunge besorgen muß, so ist dem sozialen Organismus die Gliederung in Systeme notwendig, von denen keines die Aufgabe des anderen übernehmen kann, jedes aber unter Wahrung seiner Selbständigkeit mit den anderen zusammenwirken muß.

Das wirtschaftliche Leben kann nur gedeihen, wenn es als selbständiges Glied des sozialen Organismus nach seinen eigenen Kräften und Gesetzen sich ausbildet, und wenn es nicht dadurch Verwirrung in sein Gefüge bringt, daß es sich von einem anderen Gliede des sozialen Organismus, dem politisch wirksamen, aufsaugen läßt. Dieses politisch wirksame Glied muß vielmehr in voller Selbständigkeit neben dem wirtschaftlichen bestehen, wie im natürlichen Organismus das Atmungssystem neben dem Kopfsystem. Ihr heilsames Zusammenwirken kann nicht dadurch erreicht werden, daß beide Glieder von einem einzigen Gesetzgebungs- und Verwaltungsorgan aus versorgt werden, sondern daß jedes seine eigene Gesetzgebung und Verwaltung hat, die lebendig zusammenwirken. Denn das politische System muß die Wirtschaft vernichten, wenn es sie übernehmen will; und das wirtschaftliche System verliert seine Lebenskräfte, wenn es politisch werden will.

Zu diesen beiden Gliedern des sozialen Organismus muß in voller Selbständigkeit und aus seinen eigenen Lebensmöglichkeiten heraus gebildet ein drittes treten: das der geistigen Produktion, zu dem auch der geistige Anteil

84

der beiden anderen Gebiete gehört, der ihnen von dem mit eigener gesetzmäßiger Regelung und Verwaltung ausgestatteten dritten Gliede überliefert werden muß, der aber nicht von ihnen verwaltet und anders beeinflußt werden kann, als die nebeneinander bestehenden Gliedorganismen eines natürlichen Gesamtorganismus sich gegenseitig beeinflussen.

Man kann schon heute das hier über die Notwendigkeiten des sozialen Organismus Gesagte in allen Einzelheiten vollwissenschaftlich begründen und ausbauen. In diesen Ausführungen können nur die Richtlinien hingestellt werden, für alle diejenigen, welche diesen Notwendigkeiten nachgehen wollen.

Die deutsche Reichsgründung fiel in eine Zeit, in der diese Notwendigkeiten an die neuere Menschheit herantreten. Seine Verwaltung hat nicht verstanden, dem Reich eine Aufgabe zu stellen durch den Blick auf diese Notwendigkeiten. Dieser Blick hätte ihm nicht nur das rechte innere Gefüge gegeben; er hätte seiner äußeren Politik auch eine berechtigte Richtung verliehen. Mit einer solchen Politik hätte das deutsche Volk mit den außerdeutschen Völkern zusammenleben können.

Nun müßte aus dem Unglück die Einsicht reifen. Man müßte den Willen zum möglichen sozialen Organismus entwickeln. Nicht ein Deutschland, das nicht mehr da ist, müßte der Außenwelt gegenübertreten, sondern ein geistiges, politisches und wirtschaftliches System in ihren Vertretern müßten als selbständige Delegationen mit denen verhandeln wollen, von denen das Deutschland niedergeworfen worden ist, das sich durch die Verwirrung der drei Systeme zu einem unmöglichen sozialen Gebilde gemacht hat.

Man hört im Geiste die Praktiker, welche über die Kompliziertheit des hier Gesagten sich ergehen, die unbequem finden, über das Zusammenwirken dreier Körperschaften auch nur zu denken, weil sie nichts von den wirklichen Forderungen des Lebens wissen mögen, sondern alles nach den bequemen Forderungen ihres Denkens gestalten wollen. Ihnen muß klar werden: entweder man wird sich bequemen, mit seinem Denken den Anforderungen der Wirklichkeit sich zu fügen, oder man wird vom Unglücke nichts gelernt haben, sondern das herbeigeführte durch weiter entstehendes ins Unbegrenzte vermehren.

März

Ernst Toller stürzt zweimal ab, die Revolutionäre sind immer noch unzufrieden und Stefan Zweig beobachtet die Ausreise des „ehemaligen Trägers der Krone" in die Schweiz.

Im März hält Rudolf Steiner v.a. in Dornach weitere Vorträge vor Mitgliedern der Anthroposophischen Gesellschaft (Fortsetzung GA 189, GA193, „Vergangenheits- und Zukunftsimpulse im sozialen Geschehen", GA 190).

Während in Korea die Proteste der Unabhängigkeits-„Bewegung des 1. März" gegen die japanische Vorherrschaft beginnen und in Frankreich die Sommerzeit eingeführt wird, erlässt in Berlin der Vorstand der MSPD einen Aufruf, in dem er den Massenstreik als politisches Kampfmittel ablehnt und die deutsche Reichsregierung einen anderen, in dem sie ihre Entschlossenheit äußert, „um des Lebens des Volkes willen" jede Art von Gewalttätigkeit rücksichtslos zu bekämpfen.

Andere Kämpfe hat Hermann Hesse zu bestreiten. Am 1. März schreibt er an „seinen" Psychoanalytiker Dr. Josef Bernhard Lang:

> *[…] Der braungebrannte Hesse, den Sie im Traum sahen, samt seiner melodischen Dichtung, entspricht ganz gut der Wirklichkeit. Ich brate in der Hölle meiner Zustände weiter, sehe Stück um Stück meiner früheren Existenz in Brüche gehen, und keine Zukunft. Ich lebe seit zwei Monaten wieder allein, ohne Frau und Kinder, und halte mich auch wieder an die drei Tröstungen meiner Jugendjahre: literarische Arbeit, Alkohol und im Hintergrund der tröstliche Gedanke an den Selbstmord. Aufs Frühjahr hoffe ich, ins Tessin zu gehen und dann dort für die nächste Zukunft eine kleine Junggesellenwohnung zu suchen. Aber diese Pläne hätten ein einigermaßen stabiles Befinden meiner Frau zur Voraussetzung, und daran habe ich den Glauben verloren. Auch Dr. Brunner* [Leiter des Sanatoriums in Küsnacht, wo sich Mia Hesse aufhält, Anm. d.Verf.] *glaubt nicht daran. Ich hänge also weiterhin von Stunde zu Stunde am dünnen Faden und bin jeden Tag gefaßt, wieder von irgendwo angerufen zu werden mit der Neuigkeit, daß meine Frau wieder versorgt werden muß. Dabei ist es mir unmöglich, sie dauernd in einem so teuren Sanatorium zu haben. Jetzt wollte ich sie dazu bestimmen, unsre hiesige Wohnung auf den Herbst zu kündigen, aber auch dazu ist sie nicht zu haben.*

Über die Ehefrage habe ich keine allgemeinen Meinungen, kenne aber von Johannes [Nohl] her auch eine sehr wertvolle Auffassung der Ehe – für meine Person aber habe ich in der Ehe Schiffbruch ge-litten und daher Gründe, diese Institution nicht zu lieben. (JB)

Der von Hermann Hesse erwähnte Johannes Nohl ist eine schillernde Persönlichkeit. Er bewegte sich lange in den Kreisen der Bohème und wohnte zeitweise im Umkreis der Künstlerkolonie von Monte Verità in Ascona. Nach 1918 macht er sich als freier Schriftsteller in Berlin sesshaft, zumeist am Rande des Existenzminimums lebend. Der zeitweilig polizeilich gesuchte Anarchist ist mit Erich Mühsam befreundet – eine Zeitlang als Lebenspartner-, hat dann aber 1918 in Ascona eine aus Lodz stammende Ärztin geheiratet, mit der er zwei Kinder bekommt. Die von Hesse erwähnte positive Einstellung zur Ehe ist folglich noch sehr frisch. Johannes Nohl ist Schüler von Sigmund Freud und behandelt als Laienanalytiker u.a. Hermann Hesse.

Auf einem Flugblatt des Arbeitsrats für Kunst vom 1. März heißt es:

An der Spitze steht der Leitsatz: Kunst und Volk müssen eine Einheit bilden. Die Kunst soll nicht mehr Genuß weniger, sondern Glück und Leben der Masse sein. Zusammenschluß der Künste unter den Flügeln einer großen Baukunst ist das Ziel.

Der Arbeitsrat für Kunst ist ein Zusammenschluss von Architekten, Malern, Bildhauern und Kunstschriftstellern, der sich 1918 in Berlin gegründet hat (und bis 1921 besteht). Er war als Reaktion auf die zu dieser Zeit gegründeten Arbeiter- und Soldatenräte entstanden und hat sich zum Ziel gesetzt, die aktuellen Entwicklungen und Tendenzen in der Architektur und Kunst einer breiten Bevölkerung nahezubringen. Weitere Ziele des Kunst-Arbeitsrates sind: die Anerkennung aller Bauaufgaben als öffentliche und nicht private

Aufgaben, die Abschaffung aller Beamtenprivilegien, die Errichtung von Volkshäusern als zentrale Stellen der Vermittlung von Kunst, die Auflösung der Akademie der Künste und der Preußischen Landeskunstkommission, die Befreiung des Unterrichts für Architektur, Plastik, Malerei und Handwerk von staatlicher Bevormundung, die Belebung der Museen als Bildungsstätten, die Beseitigung künstlerisch wertloser Denkmäler und die Bildung einer Reichsstelle zur Sicherung der Kunstpflege. Zur Zeit ist Walter Gropius einer der Vorsitzenden.

Eine andere Künstlervereinigung meldet sich am 2. März in der Magdeburgischen Zeitung:

Die neue Zeit fordert gebieterisch eine neue Kunst.

So steht es ganz weit oben in den Zielen der Künstlergruppe „Die Kugel", die sich Anfang des Jahres gegründet hat. Bruno Beye, Franz Jan Bartels, Robert Seitz, Rudolf Wewerka und Alfred John haben den Aufruf unterschrieben, in dem sie ihre großen Ideale formulieren: freie Kunst, freie Geister, freie Menschheit. Wer glaubt, diese Bestrebungen unterstützen zu wollen, wird aufgerufen, sich der Gruppe anzuschließen. Mitglied der „Kugel" sind nicht nur bildende Künstler, sondern auch Schriftsteller, Musiker und Kritiker. Sie geben auch eine gleichnamige Zeitschrift mit Dichtung und Grafik heraus — es erscheinen allerdings nur zwei Hefte!

Ernst Toller soll als bayrischer Delegierter an einem außerordentlichen Parteitag der USPD am 2.-6. März in Berlin teilnehmen. Da passiert Unglaubliches:

… ich versäume, durch Arbeit im Zentralrat aufgehalten, den Zug, am nächsten Morgen fliege ich nach Berlin. Ein Kampfflieger, geschmückt mit dem Eisernen Kreuz erster Klasse und dem goldenen Fliegerabzeichen, ist mein Pilot. Bei südlich blauem Himmel starten wir. Ich sitze hinter dem Piloten in einem kleinen offenen Raum, durch das viereckige Loch im Boden warf man im Krieg Bomben auf Häuser und Menschen, jetzt dient es mir als Fenster zur entschwindenden Erde. Es ist mein erster Flug. Die schwarzen Wälder, die grünen Wiesen, die braunen Berge und Schluchten werden flache, farbig abgezirkelte Quadrate aus einer Spielzeugschachtel, im Wa-

renhaus gekauft, von Knabenhänden zusammengestellt. Wolkenge-
birge türmen sich, die Erde überflutet eine weiße weiche Nebelde-
cke, die mich anzieht mit unheimlicher Lockung, der Wunsch, zu fallen, zu versinken, verwirrt meine Sinne. Der Himmel klärt sich auf,
die Sonne steht im Zenit, ich sehe nach der Uhr, wir sind Stunden ge-
flogen, wir müßten in Leipzig sein, dort will der Flieger Benzin tan-
ken. Ich schreibe auf einen Zettel: „Wann sind wir in Leipzig?" und
reiche dem Piloten das Papier. Der zuckt die Schultern, er hat die
Richtung verloren. Plötzlich sinkt das Flugzeug im Gleitflug zu Boden, ehe ich mich noch anschnallen kann, saust der Apparat senk-
recht herunter und bohrt sich mit der Spitze in den Acker. Ich fliege
mit dem Kopf gegen die Bordwand und bleibe betäubt liegen. Als ich
wieder zu mir komme, sehe ich Menschen, nicht in Leipzig sind wir
gelandet, sondern in Niederbayern, in Vilshofen. Die Bauern helfen
uns, das Flugzeug ist nur leicht beschädigt. „Können wir weiter nach
Berlin fliegen?" frage ich den Piloten. „Nein." „Was sollen wir tun?"
„Ich getraue mich, nach München zurückzufahren, aber für Sie
übernehme ich nicht die Verantwortung." „Ich fahre auf eigene Verantwortung mit." Wir landen abends auf dem Flugplatz Schleißheim. Am nächsten Morgen fliege ich zu früher Stunde mit anderem
Flugzeug und anderem Piloten. Der Himmel bewölkt sich, Strichre-
gen näßt unsere Gesichter, Stunden um Stunden fliegen wir, ohne
daß Leipzig zu sehen ist, ich denke an den Sturz von gestern und
schnalle mich fest. Minuten später senkt sich das Flugzeug zur Erde.
Wir landen in einem aufgeweichten Lehmacker, sausen etliche Meter vorwärts, an einer Böschung überschlägt sich der Apparat, ich
hänge im Gurt, das Flugzeug über mir, der Pilot ist herausgeklettert,
aus Mund und Nase strömt Blut. „Nichts Schlimmes", ruft er und
zieht mich unter dem Flugzeug hervor. Wir sehen in der Nähe ein
Dorf, von allen Seiten laufen Bauern herbei, sie kümmern sich nicht
um uns, in ihren Händen tragen sie Flaschen, Kochtöpfe, Eimer, große und kleine Gefäße, um das Benzin, das aus dem Tank fließt, auf-
zufangen, denn Benzin ist in dieser Zeit kostbarer als Gold, kostbarer
als Menschen. Der Pilot und ich stolpern in unseren schweren Flie-

geranzügen zum Dorf, wir finden ein Gasthaus, legen uns auf die Bänke und schlafen, vom Schreck erschöpft, sofort ein. Ich muß Stunden geschlafen haben, als ich aufwache, dämmert der Abend. Ich sehe wie durch einen Nebel Bauern um den Wirtshaustisch sitzen, ich stehe auf, an der Tür erblicke ich einen Gendarmen. „Nix, Franzos", ruft er und bedeutet mir, daß ich das Zimmer nicht verlassen darf. „Ich bin kein Franzose." Aus der Tasche ziehe ich meinen Ausweis und reiche ihn dem Gendarmen. Seine Augen weiten sich, er macht mir ein Zeichen, ich folge ihm auf den Korridor. „So, der Herr Toller sans. Des dürfen wir fei nöt den Bauern sagn. Die moana, Sie san a Franzos, wenn die wüßten, daß Sie einer von die Roten san, die täten Eahna auf der Stell totschlagen. Hier in Wertheim sans alle schwarz." – Ich fahre mit der Kleinbahn nach Ingolstadt. „Fährt heute noch ein Zug nach München?" frage ich den Bahnvorsteher. „Des scho." „Ich fahre mit." „Des nöt." „Warum?" „Nur der Landtagszug fährt, und der hält nicht." „Der Zug muß halten." „Und wenns der König von Bayern san, der Zug hält nöt." „Der König von Bayern bin ich nicht." Ich zeige ihm meinen Ausweis. „Dös geht mi an Dreck o." „So", sage ich, stecke meine Hände in die Tasche, packe das Taschentuch, als ob ich eine Waffe umkralle, und sehe ihn scharf an. „Sie werden den Zug zum Halten bringen." Er läßt die hochgezogenen Schultern fallen, die Achselblätter rollen aufgeregt, dann zieht er den Bauch ein, wirft die Brust vor, legt die Hände an seine Mütze und brummt: „Zu Befehl, Herr Toller." Zehn Minuten später steige ich in den Zug nach München, die Konferenz in Berlin habe ich versäumt, wäre ich in Berlin gelandet, hätte ich dort bleiben müssen, zwei Tage später herrscht Krieg zwischen Berlin und München.

Von München nach Hamburg: Am 3. März kommt dort Hannelore Glaser zur Welt. Sie gibt sich als kleines Kind den Spitznamen „Loki" und wird 1942 die Frau von Helmut Schmidt. Thomas Mann bekommt einen Bildband mit Handzeichnungen eines Malers:

Er enthält [...] viel schöne jugendliche Körperlichkeit, namentlich männliche, die mich entzückt. (TM)

Während der vergangenen Tage weilte der deutschösterreichische Staatssekretär des Äußeren, Otto Bauer (SPÖ), zu Verhandlungen über den Zusammenschluss von Deutschösterreich mit dem Deutschen Reich in Berlin. Nach Abschluss der Verhandlungen reist er heute zurück nach Wien. Der Zusammenschluss soll durch einen Staatsvertrag vollzogen werden, über den beide Nationalversammlungen abstimmen, allerdings hat die deutsche Seite vermutlich nicht sehr zielorientiert verhandelt, denn die äußerst desolate wirtschaftliche Situation Österreichs nach dem Krieg ist nicht sehr motivierend, da Deutschland selbst zahlreiche kriegsbedingte Probleme zu lösen hat.

Im Berliner Stadtteil Lichtenberg beginnen die Berliner „Märzkämpfe": Die Spartakus-Gruppe und der Arbeiterrat von Groß-Berlin sind enttäuscht über die politische Entwicklung der Revolution, rufen unter der Parole „Alle Macht den Räten" den Generalstreik aus und beginnen einen Aufstand. Die Ziele sind dieselben wie beim „Januaraufstand": Sturz der Reichsregierung, Anerkennung der Arbeiter- und Soldatenräte und Errichtung einer Räterepublik nach sowjetischen Vorbild.

4. März: In Moskau wird auf Initiative Lenins die Komintern (Kurzform für Kommunistische Internationale), ein Zusammenschluss aller kommunistischen Parteien, gegründet, gleichbedeutend mit der Dritten Internationalen; Lenin hatte die Zweite Internationale mit Ausbruch des Krieges für tot erklärt. In Wien tritt die deutschösterreichische Konstituierende Nationalversammlung zu ihrer Eröffnungssitzung zusammen und in der Tschechoslowakei demonstrieren Sudetendeutsche für das Selbstbestimmungsrecht der Völker (sic!). Militäreinheiten lösen die Kundgebungen gewaltsam auf.

Während Rudolf Steiner immer noch in der Schweiz aktiv ist (Vorträge, Buch), sind seine Mitarbeiter für den „Aufruf" bzw. für die Dreigliederung ebenfalls fleißig: Nachdem in kurzer Zeit über 250 „bedeutende" Unterschriften aus Deutschland, Österreich und der Schweiz zusammengekommen sind, wird am 5. März der „Aufruf an das deutsche Volk und die Kulturwelt" in vielen großen Tageszeitungen und als Flugblatt veröffentlicht. Unter den Unterzeichnern sind z.B. der Bildhauer Wilhelm Lehmbruck, Hermann Hesse und Jakob Wassermann; einer ist besonders wichtig: Professor Wilhelm von Blume, ehemaliger Rektor der Uni Tübingen und Spiritus rector der Verfassung des Landes Württemberg.

Die Weimarer Nationalversammlung beschließt am 6. März die Bildung einer vorläufigen Reichswehr, die bis zur Schaffung der neuen, im V. Teil des Versailler Vertrags (Art. 159 - 213) geregelten Wehrmacht

die Reichsgrenzen schützt, den Anordnungen der Reichsregierung Geltung verschafft und die Ruhe und Ordnung im Innern aufrechterhält.

Unterzeichnet ist das Gesetz von Reichspräsident Ebert, Kriegsminister Reinhardt und Reichswehrminister Gustav Noske. Die Reichswehr soll aus bestehenden „Freiwilligenverbänden" und durch die Anwerbung weiterer Freiwilliger gebildet werden.

Vom 6. bis zum 14. März tagt in Bern eine internationale Vorbereitungskonferenz zur Gründung des Völkerbunds.

Die Verfassunggebende Landesversammlung von Württemberg in Stuttgart wählt am 7. März Ministerpräsident Wilhelm Blos (MSPD) zum Staatspräsidenten. Der 70-Jährige Journalist und Schriftsteller ist ein „Veteran" der Sozialdemokratie.

Wir blicken kurz zurück:

Höre ich nicht, oder sehe ich doch klar, daß tief in unserem Leben jene Sehnsucht lebt und nach Leben drängt, die erkennt, daß unser

Das waren die Worte von Kurt Eisner am 10. Februar in Basel (Vortrag: „Der Sozialismus und die Jugend"), wir erinnern uns. Rudolf Steiner geht darauf am 7. März in seinem Vortrag in Dornach ein und meint, dass die Heilung der augenblicklichen Zustände nur aus dem Impuls der geistigen Welt kommen kann, alles andere ist mehr oder weniger „Kurpfuscherei". (GA 189)

Am nächsten Tag spricht Rudolf Steiner in Zürich vor Arbeitern zum Thema: "Welchen Sinn hat die Arbeit des modernen Proletariers?" Dies ist der Beginn zahlreicher Vorträge vor Arbeitern, u.a. in Bern und Winterthur.

„Fake news" in Berlin: Nach der Erstürmung eines Polizeireviers in Berlin-Lichtenberg kommt es am 9. März zu einem Lynchmord an einem verhassten Kriminalkommissar durch Arbeiterfrauen, die dieser beim Anstehen nach Brot und Kartoffeln belästigt, verhöhnt und mit Zuchthaus und Erschießen bedroht hatte. Alle anderen Beamten bleiben unbehelligt. Einige Stunden später bringt eine Zeitung die von amtlicher Stelle (Garde-Kavallerie-Schützen-Division GKSD und Ministerium des Innern) übermittelte Mel-

94

dung, es seien „60 Kriminalbeamte und viele andere Gefangene von Spartakisten erschossen worden". Der „Vorwärts" wiederholt die Falschmeldung. Für Reichswehrminister Noske, der der Weimarer Nationalversammlung seit ihrer Konstituierung am 6. Februar angehört, ist das eine Steilvorlage. Er ruft rechte Freikorps nach Berlin, die mit den Linken endgültig Schluss machen sollen, und gibt die Anweisung aus:

Jede Person, die mit der Waffe in der Hand, gegen Regierungstruppen kämpfend angetroffen wird, ist sofort zu erschießen.

Da bei der Niederschlagung der Märzkämpfe viele Spartakisten den Tod finden (insgesamt sterben innerhalb einer Woche 1.200 Berliner), wird Noske auch „Bluthund" genannt. Laut seiner 1920 erschienenen Biographie hat er sich diesen Titel selber gegeben. Als andere zögerten, eine unangenehme Aufgabe bzw. Verantwortung zu übernehmen, meinte Noske:

Meinetwegen! Einer muss den Bluthund machen!

Zwischen Held und Bluthund: Gustav Noske, einer der umstrittensten (SPD-) Politiker seiner Zeit!

An seinen Mitschülerfreund Molt schreibt Hermann Hesse am 9. März, seine prekäre pekuniäre Situation und seinen Wunsch nach Schlussstrich verdeutlichend:

Also: ich verkaufe etwa die Hälfte meiner Bibliothek, und für Bücherfreunde ist das eine Gelegenheit, gute Bücher in guten Ausgaben zu erwerben. Nämlich die meisten dieser Bücher sind in den guten Ausgaben vergriffen, sind gar nimmer oder nur in miserablen Holzpapierdrucken zu haben, und dann erst noch doppelt so teuer wie früher. Darum lohnt es sich, jetzt gute Ausgaben noch zu kaufen, denn ebenso gute neue werden wir nicht wieder erleben. Ich erwarte heute meine Frau zurück, zunächst nur für Tage und hoffe in diesen Tagen zu einem Schluß zu kommen über das, was zunächst geschehen soll, namentlich darüber, ob wir die Wohnung hier behalten sollen oder nicht. Sobald sich etwas entschieden hat, packe ich das Notwendigste von meinen Sachen ein, darum eilt mirs auch mit den Büchern. Der Zustand, in dem ich seit einem halben Jahr lebe, hat mich nicht jünger und froher gemacht, so daß ich mich nach einer Klä-

Hermann Hesse wurde bereits im November 1918 von Emil Molt gefragt, ob er nicht im Württemberger Landtag mitarbeiten möchte, da man einen „geistigen Mitarbeiter in unserer neuen Bewegung" brauche, worauf er antwortete:

Mein Dienst und Beruf ist der der Menschlichkeit. Aber Menschlichkeit und Politik schließen sich im Grunde immer aus. Beide sind nötig, aber beiden zugleich dienen ist kaum möglich. Politik fordert Partei, Menschlichkeit verbietet Partei.

Auch nach der Ermordung Kurt Eisners wurde er immer wieder um eine Beteiligung gebeten. Den Rüstungsindustriellen und Diplomaten Dr. Johann Wilhelm Muehlon haben wir schon kennengelernt. Er ist auch mit Hermann Hesse bekannt. Am 10. März bietet er diesem die Mitwirkung in der Regierung an. Hesse schreibt am nächsten Tag zurück:

Ich bin gestern etwas erschrocken. Weniger über die Tatsache des von Ihnen angedeuteten Angebots einer Wirksamkeit in Deutschland, als über die falsche Vorstellung von meiner Person, die dem zugrunde liegt. Es kann für mich von einer solchen Wirksamkeit leider gar nicht die Rede sein, auf welchem Gebiet es auch sei. (HH 1)

Muehlon hat für Hesses Einstellung Verständnis:

Ihre Auffassung, man solle nur das tun, wozu man sich berufen fühlt, ist so sehr meine eigene, dass ich gar nicht versuchen könnte, Sie auf einen fremden Weg abzudrängen.

Muehlon schreibt auch über sein Motiv, wieso er Hermann Hesse gefragt hat:

Es hatte mir etwa vorgeschwebt, Sie könnten Soldaten, Bauern, Arbeitern, die jetzt zu Hause noch mehr der Fürsorge und Zusprache bedürfen als vorher draußen, nicht nur durch die Feder, sondern auch durch persönlichen Umgang helfen, rein menschlich, beruhi-

gend, befreiend, aber auch anderen Leuten nur ohne überhaupt an Grenzen gebunden zu sein. (JB, SLA)

Um Grenzen geht es auch beim ewigen Zankapfel Palästina: Papst Benedikt XV. gibt am 10. März in einem Geheimen Konsistorium, einer Kardinalsversammlung im Vatikan, dem Wunsch Ausdruck, die Pariser Friedenskonferenz möge die heiligen Stätten Palästinas den Christen übergeben.

Der irische Historiker Mark Jones beginnt sein Buch „Am Anfang war Gewalt: Die deutsche Revolution 1918/19 und der Beginn der Weimarer Republik" mit folgendem Ereignis:

Am 11. März 1919 senkte sich eine unheimliche Stille auf den Innenhof des Gebäudes Französische Straße 32 in Berlin-Mitte herab. In einer Ecke des Hofes lag Hugo Levin auf dem kalten Boden und stellte sich tot. Rechts und links von ihm lagen 29 tote Männer, darunter die Leiche seines Bruders Erwin. Mit ihnen zusammen war Hugo Levin wenige Minuten zuvor vor ein Hinrichtungskommando gestellt worden. Die Brüder gehörten zu einer Gruppe von 150 oder mehr Marinesoldaten, die man unter dem Vorwand zu dem Haus in der Französischen Straße gelockt hatte, sie würden dort ihre Entlassungspapiere und ihren restlichen Sold erhalten. Es war eine Falle, aufgestellt von Offizieren der Truppen, die in der Endphase des „Märzaufstandes" in Berlin auf Seiten der Regierung kämpften. Die Männer wurden bei ihrer Ankunft nacheinander festgenommen, und um die Mittagszeit wurden 30 von ihnen, ohne auch nur den Anschein eines militärgerichtlichen Verfahrens, von Offizieren zur Erschießung ausgewählt. Die Auswahl erfolgte auf Grund ihrer äußeren Erscheinung und der Wertsachen, die sie bei sich trugen. Soldaten trieben die Ausgewählten unter Schlägen auf den Innenhof. Wie Levin später aussagte, ahnte er zunächst nicht, was ihm bevorstand, bis er zu seinem Schrecken sah, wie auf der gegenüberliegenden Seite des Hofareals in aller Eile ein Erschießungskommando zusammengestellt wurde. Er und sein Bruder beteuerten laut schreiend ihre Unschuld, als auch schon die ersten Schüsse fielen. Eine Kugel traf ihn in den Arm, worauf er ohnmächtig nach vorne fiel. Als er wieder zu sich kam, blieb er regungslos liegen und stellte sich tot. Die ersten Stimmen, die er vernahm, gehörten den Soldaten, die auf die Männer gefeuert und seinen Bruder erschossen hatten. Was sie sagten, ließ ihm vollends das Blut in den Adern gefrieren: „Der da lebt noch! Der da. Der zweite dort lebt noch!" Jedes Mal, wenn er diese Worte hörte, „krachte ein Schuss". Doch auf ihn wurden die Täter nicht aufmerksam. Er wagte nicht, sich zu rühren, und harrte der Dinge – stundenlang, so kam es ihm zumindest vor. Dann hörte er die Stimmen einiger Männer, die darüber redeten, den toten Männern die Stiefel abzunehmen. Anschließend kehrte wieder Stille ein, bis schließlich ein anderer Mann den Innenhof betrat. Es war ein mit einer Pistole bewaffneter Leutnant. Levin, der das Sichtotstellen nicht mehr aushielt, erhob sich, schaute dem Leutnant in die Augen und bat kniend um Gnade. Der Offizier wandte sich ab und lief davon. Später berichtete Levin seine Erlebnisse in einem Prozess vor einem Militärgericht, das das Massaker untersuchte und die dafür verantwortlichen Offiziere freisprach. Hugo Levin war der einzige der 30 Männer, der den Kugelhagel überlebt hatte. (MJ)

Von Berlin nach Bern: Am Abend findet dort im Grossratssaal des historischen Rathauses ein öffentlicher Vortrag statt zum Thema „Die wirklichen Grundlagen eines Völkerbundes in den wirtschaftlichen, rechtlichen und geistigen Kräften der Völker" – eine Entgegnung auf Wilsons Völkerbund-Vorstellung. Steiner meint, dass ein wirklicher Völkerbund auf neuen Gedanken und Impulsen basieren muss.

Er muss gegründet sein auf [...] den wirklich befreiten ganzen Menschen. (GA 329)

Er hat sich in zwei Memoranden (eines für die Regierung in Berlin, eines für Wien) bereits 1917 neben der Kriegsschuldfrage mit Wilsons zentralem Anliegen auseinandergesetzt und dabei festgestellt:

Wenn jedes Volk ohne Rücksicht auf kulturelle Autonomie anderer seinen eigenen Staat zu errichten versucht, dann kann solche „Völkerbefreiung" nur neues Unrecht schaffen. Das muß vor allem in einem Raum wie Südosteuropa gelten, wo sich verschiedene Ethnien durchmischen und auf engem Raum in multikultureller Vielfalt friedlich koexistieren müssen. Man befreie - so R. Steiner - zuerst den einzelnen Menschen - und mit ihm wird man dann auch die Völker befreien. Die Gestaltung der Verhältnisse, so wörtlich, „wird nur dann in gesunder Weise erfolgen, wenn das Nationale aus der Freiheit und nicht die Freiheit aus dem Nationalen entbunden wird. Strebt man statt des letzteren das erstere an, so stellt man sich auf den Boden des weltgeschichtlichen Werdens. Will man das letztere, so wirkt man diesem Werden entgegen und legt den Grund zu neuen Konflikten." (CS)

Und am 31. Dezember 1918 hatte Steiner im siebten Vortrag des schon erwähnten Kurses „Wie kann die Menschheit den Christus wiederfinden?" prophezeit:

Nie kann aus Unrecht Recht und Glück entstehen. […] Wenn […] die westlichen Nationen in ruhiger, kalter Überlegung aus Vorsicht, Interesse oder Rachegefühl Deutschland langsam töten und diese Tat Gerechtigkeit nennen, indem sie ein neues Leben der Völker, einen ewigen Frieden der Versöhnung und einen Völkerbund verkünden, so wird Gerechtigkeit nie wieder sein, was sie ist, und niemals wieder wird die Menschheit froh werden, trotz allen Triumphen. Ein Bleigewicht wird auf dem Planeten liegen, und die kommenden Geschlechter werden mit einem Gewissen geboren werden, das nicht mehr frei ist. Die Kette der Schuld, die jetzt noch zerschnitten werden kann, wird unzerreißbar und unendlich den Leib der Erde umschnüren. Der Zwist und Streit der künftigen Epoche wird bitterer und vielspältiger sein als je zuvor, weil er mit dem Gefühl gemeinsamen Unrechts getränkt ist. (GA 187)

Die Geschichte wird ihm Recht geben.

Rudolf Steiner hält Wilson für einen weltfremden Lehrmeister und karikiert ihn und seine Frau in der kleineren Kuppel des ersten Goetheanums als Kentauren. Auch der französische Ministerpräsident Clemenceau spricht recht abfällig über Wilson und sein Programm:

> *Mr. Wilson ödet mich mit seinen 14 Punkten an, selbst der Allmächtige hat nur 10.*

Herrmann Hesse ist wohl öfters mit Leuten von der Völkerbundskonferenz und mit deutschen Politikern zusammen und wird auch von diesen immer wieder vergeblich gefragt, sich mit „einzumischen". An den Schweizer Literaturkritiker und Biographen Carl Seelig schreibt er am 12. März:

> *[...] Jetzt in praktischen Dingen am Aufbau zu beginnen, hat für unsereinen keinen Sinn. Nachher vielleicht. Inzwischen ist es unsere Sache, unbekümmert das Unsere zu tun und das zu leben und zu arbeiten, was in uns liegt.*

Weiter schreibt er:

> *Ich sehe die Dinge in Deutschland für den Augenblick als hoffnungslos an und glaube, es wird eine gute Weile großes Durcheinander sein und der blutigste Teil der Revolution wird erst kommen. (JB)*

Da sollte Hesse ja auch Recht behalten. Immer wieder ist er damit zugange, seine Berner Bibliothek zu veräußern:

> *[...] Noch mehr Bücher loszuwerden, um Raum zu gewinnen, wäre mir zwar lieb, aber Geld brauch ich zur Zeit nicht mehr, und will noch etwas warten. Ob ich je wieder eine so große Bibliothek werde brauchen können, wie ich sie hatte, ist mir sehr zweifelhaft. Zunächst jedenfalls werde ich, da ich für eine längere Weile mich als Junggeselle einrichte, den Raum dafür nicht haben. Ich glaube nicht, dass das Entbehren der Bücher schwer sein wird, es war ein gewisser Luxus, und Luxus gibt man leicht auf, wenn man ein Ziel hat und weiß, warum. [...] (Brief an Carl Seelig, JB)*

Am 12. März erklärt die deutschösterreichische Konstituierende Nationalversammlung in Wien: Deutschösterreich ist ein Bestandteil des Deutschen Reiches.

Am 13. März, während in Dornach die erste öffentliche Eurythmieaufführung stattfindet, enden in Berlin die „Märzkämpfe" mit der kampflosen Einnahme Berlin-Lichtenbergs durch Regierungstruppen - mehr als 1.200 Menschen haben ihr Leben verloren, darunter auch der kommunistische

Parteigründer und -führer und Redakteur des KPD-Organs „Rote Fahne", Leo Jogiches - er wird auf Befehl des „Bluthundes" am 10. März verhaftet und auf dem Weg zum Untersuchungsrichter von einem Kriminalwachtmeister durch einen Schuss in den Hinterkopf ermordet. Derweil gibt der „Bluthund", Reichswehrminister Gustav Noske, vor der Weimarer Nationalversammlung einen Bericht über die Kämpfe gegen die „Hyänen der Revolution" in Berlin und Lichtenberg ab. Alfred Döblin, der eine Kassenarztpraxis in der Frankfurter Allee in Lichtenberg hat, schreibt 1928 rückblickend:

> *Ich war damals in Lichtenberg und habe diesen Putsch und die grausigen, unerhörten, erschütternden Dinge der Eroberung Lichtenbergs durch die weißen Truppen miterlebt. Um dieselbe Zeit, wo in unserer Gegend die Granaten und Minenwerfer der Befreier ganze Häuser demolierten, wo viele in den Kellern saßen und dann, schrecklich, wo viele füsiliert wurden auf dem kleinen Lichtenberger Friedhof in der Möllendorfstraße - man muss die Leichen da vor der Schule liegen gesehen haben, die Männer mit den Mützen vor dem Gesicht, um zu wissen, was Klassenhass und Rachegeist ist -, um dieselbe Zeit wurde im übrigen Berlin lustig getanzt, es gab Bälle und Zeitungen. (Wikipedia)*

Balsam: Am 14. März wird in Brüssel zwischen dem Deutschen Reich und den Alliierten ein Abkommen über die Lebensmittelversorgung und die Schifffahrt unterzeichnet. Danach kann die deutsche Handelsschifffahrt wieder aufgenommen werden.

Am selben Tag bekommt ein junger Hauptmann das Kommando über die Sicherheitskompanie 32 übertragen, die in Friedrichshafen-Löwental stationiert ist. Sein Name: Erwin Rommel.

Die seit der Ermordung Eisners über die bürgerliche Presse verhängte Zensur wird am 15. März aufgehoben.

Am 16. März findet im Münchner „Odeon" eine Trauerfeier für Kurt Eisner statt. Heinrich Mann und Minister Hans Unterleitner halten die „Gedenkrede". Heinrich Mann lobt:

> *Die hundert Tage der Regierung Eisners haben mehr Ideen, mehr Freuden der Vernunft, mehr Bewegung der Geister gebracht, als die*

fünfzig Jahre vorher. Sein Glaube an die Kraft des Gedankens, sich in Wirklichkeit zu verwandeln, ergriff selbst Ungläubige.

Bruder Thomas erfährt davon in der Presse und durch seinen Freund Ernst Bertram. Er empfindet dabei „Übelkeit". Und Hermann Hesse bemerkt am selben Tag:

[...] Seit 1914 arbeitet in unserm guten Deutschland kein Mensch mehr das, was er kann und soll und wozu Gott ihn geschaffen hat. Die Dichter machten es genau wie die Arbeiter – sie schmissen alles, was ihnen sonst heilig war, mit Freuden weg und nahmen dafür Flinten und Fahnen auf die Schulter, selig über das Totschießen und die große Zeit. Und seit der Revolution, wo man auf einmal, um einige Jahre zu spät, erkannt hat, dass etwas Vernunft und Besinnung doch nichts geschadet hätten, jetzt arbeitet erst recht niemand mehr, und Arbeiter, Gelehrte und Dichter sind damit beschäftigt, ihren Nachbarn Vernunft und Politik zu predigen. [...]

Lieber Ugel, ich habe in diesen Jahren einen ganz anderen Krieg miterlebt als Ihr, aber halt auch einen Krieg, und es ist möglich, daß auch ich noch bis zu einem gewissen Grad politisch werde, angeboten wird es mir täglich. Über den Zarathustra übrigens habe ich kein Wort von Dir gehört.

Was aus mir, Mia, dem Haus, den Kindern wird, weiß ich noch immer nicht. Mia ist augenblicklich in Basel. Ich brauche monatlich über 1000 Franken, das sind zur Zeit 3000 Mark, und die deutsche Regierung bewilligt mir monatlich 150 Mark. Die Hanswurste in Berlin sind noch genau wie früher. [...] hoffe, mich dann bald ins Privatleben zurückziehen zu können. [...] (Hesse an seinen Jugendfreund Ludwig Finckh, den er „Ugel" nennt.)

In der 18. Ausgabe der Wochenzeitung „Süddeutsche Freiheit. Zeitung für das neue Deutschland" vom 17. März erscheint ein Artikel zur Sozialen Dreigliederung von Rudolf Steiner im Zusammenhang mit dem Aufruf „An das Deutsche Volk und an die Kulturwelt". Herausgeber der Zeitung ist der SPD-Politiker Gustav Klingelhöfer. Am gleichen Tag schließen deutsche und britische Regierungs- und Wirtschaftsvertreter in Rotterdam ein Abkommen über die Lieferung von 30.000 Tonnen Kalisalz aus dem Deutschen Reich nach Großbritannien; dies soll dem Deutschen Reich dringend benötigte Devisen zum Wiederaufbau der deutschen Industrie bringen. (Balsam)

Und Ernst Ludwig Kirchner schreibt an die Arztgattin Helene Spengler:

> *… Lasen Sie die übelwollende Bemerkung in der Davoser Zeitung, in der ich als Revolutionär hingestellt werde? […] Ich und Revolutionär sind Kontraste …* (KMD)

Mit Wirkung vom 17. März ist (der rote) Paul Hahn der zentrale Befehlshaber der Sicherheitstruppen in Württemberg.

Am 17. und 18. März finden die 2. und 3. Sitzung des Bayerischen Landtages statt. Dort wird der von Kardinal von Faulhaber so gehasste bisherige Kultusminister Johannes Hoffmann zum Ministerpräsidenten des Freistaats Bayern gewählt, außerdem billigt der Landtag ein „vorläufiges Staatsgrundgesetz", ein „Gesetz zur Ermächtigung der Regierung zu gesetzgeberischen Maßnahmen", ein „Notgesetz über die Weiterführung des Staatshaushalts" sowie eine Reihe weiterer dringlicher Gesetze. Ferner beschließt er die Aufhebung des Adels: Der bayerische Adel wird aufgehoben und bayerischen Staatsangehörigen wird auch verboten, die Verleihung eines Adelstitels eines anderen Staats anzunehmen. Daraufhin vertagt sich der Landtag.

Am 18. März findet die Uraufführung der Oper Gaudeamus von Engelbert Humperdinck im Rahmen einer Humperdinck-Festwoche am Theater in Darmstadt statt. Sie wird von Flugblattaktionen linker Studenten gegen eine „Burschenschaftsoper" begleitet.

Auch für seinen Schulkameraden Emil Molt ist ein ordentlicher Teil von Hesses Büchern vorgesehen:

> *Mit den Büchern sieht es nun so aus: ich habe für 1500 Franken Bücher für dich reserviert, die ich dieser Tage packen und dir senden lasse. Etwa die Hälfte dieser Bücher eignet sich sehr gut auch für Eure Fabrik-Bibliothek.* (Brief vom 19. März, JB)

Ihm ist es ziemlich eilig, weil er fest entschlossen ist, sich von seiner Frau Mia für längere Zeit zu trennen. Es zieht ihn mit Macht ins Tessin, und von dort aus kann er die Bücherverkäufe nicht mehr so gut organisieren.

Am selben Tag beschließt die Vollversammlung der Seeleute in Hamburg, die von den Alliierten geforderte Auslieferung der deutschen Handelsflotte zu verhindern. Zwei Tage später, am 21. März, dann die Rolle rückwärts: eine neue Vollversammlung beschließt mit 1770 zu 804 Stimmen, die Schiffe nicht am Auslaufen zu hindern.

20. März: Mit dem huelga de La Canadiense (einem 44-tägigen Generalstreik in Katalonien) setzt die Gewerkschaft Confederación Nacional del Trabajo den Achtstundentag in ganz Spanien durch. An den Kammerspielen in Hamburg wird das Drama "Der arme Vetter" von Ernst Barlach uraufgeführt. Darin geht es um das verzweifelte Bemühen, die Sinnhaftigkeit des Lebens zu finden.

„Bürgermeister Schröder" und „Bürgermeister von Melle" verlassen am 21. März als erste Schiffe den Hamburger Hafen Richtung Liverpool. Die badische Nationalversammlung in Karlsruhe verabschiedet die Verfassung des Freistaats Baden. Damit erhält Baden als erster deutscher Staat der Weimarer Republik eine Verfassung.

Der in den ungarischen Nachkriegswirren aus der Haft freigelassene Kommunist Béla Kun ruft in Ungarn die Föderative Ungarische Sozialistische Räterepublik aus. Mihály Károlyi war als Präsident der Republik zuvor wegen eines Entrüstungssturms in der Bevölkerung, ausgelöst durch die Abtretung magyarisch besiedelter Gebiete an Nachbarstaaten, zurückgetreten. Nach der Oktoberrevolution 1917, als die „Bolschewiki" in Russland die Macht übernahmen, ist dies weltweit die zweite kommunistisch ausgerichtete Regierung eines souveränen Staates. Die ungarische Republik trägt (wie bald die Slowakische Räterepublik) den Zusatz „Räte" anstatt „Sowjet". Der Name Sowjetrepublik bürgerte sich erst 1922/23 mit der Gründung der Sowjetunion ein. (Zu diesem Zeitpunkt gab es die Ungarische Räterepublik längst nicht mehr.) In Deutschland, bzw. beim Proletariat in Deutschland schlägt die Nachricht laut Erich Mühsam wie eine Bombe ein:

> *Der Name Bela Khun wurde neben denen Lenins und Trotzkis zum Kampfruf für die Massen.* (EM 2)

Von Thomas Mann kommen überraschende Töne. Er ist begeistert und schreibt in sein Tagebuch:

21. März: Rudolf Steiner will nach Stuttgart kommen, aber wegen des Manuskripts des Buches „Die Kernpunkte der sozialen Frage" vertröstet er Emil Molt auf Anfang April (per Telegramm). So lange wollen die Dreigliederer nicht warten; sie entschließen sich daher, die Unterzeichner des Aufrufs in Stuttgart im großen Stadtgartensaal zu versammeln. Hans Kühn begrüßt die Versammlung, dann sprechen der Kommerzienrat Emil Molt und Dr. Carl Unger, zuletzt Prof. Dr. Wilhelm von Blume. Seine Ansprache im Wortlaut:

Ich bin kein Anthroposoph und kein Theosoph, ich kenne Dr. Steiner nicht, ich habe ihn weder gesprochen noch gehört, ja nicht einmal gesehen. Es ziehen Gedanken durch die Welt wie elektrische Ströme und leuchten auf da und dort in den Gehirnen. Wie kam es, dass in dem Gehirn eines Professors des Staatsrechts ähnliche Gedanken aufsteigen wie in dem Gehirn Dr. Steiners? Er sagt: „Das wirtschaftliche Leben kann nur gedeihen, wenn es als selbständiges Glied des sozialen Organismus nach seinen eigenen Kräften und Gesetzen sich ausbildet." Lassen Sie mich eine Frage stellen: Welche Aufgaben haben die Eisenbahnen? Sie werden sagen: „Dem Verkehr zu dienen." Warum hat der preußische Staat die Eisenbahnen verstaatlicht? „Um sie für militärische Zwecke in seine Hand zu bekommen." Welchem Zweck dienen sie heute? „Nun, sie bringen Einnahmen, von denen der Staat lebt, und manche Eisenbahnen werden gebaut, weil ein Abgeordneter an dem Ort wohnt, zu dem sie führt." Ist das der Zweck der Eisenbahn? „Nein!" Also ist da irgend etwas nicht ganz in Ordnung. Und in der Tat, indem der Staat die Eisenbahnen an sich brachte, machte er sie den Zwecken dienstbar, die ihnen eigentlich wesensfremd sind. [...] (HK)

Am 21. März wird Walter Gropius Direktor der ehemaligen Großherzoglich Sächsischen Hochschule für bildende Kunst in Weimar, vereinigt sie mit der bereits 1915 aufgelösten Kunstgewerbeschule und gibt ihr einen neuen

Namen: Staatliches Bauhaus in Weimar. Das offizielle Gründungsdatum ist der 1. April.

22. März: Rudolf Steiner in einem Vortrag in Dornach:

Es ist heute das objektive Kapital dasjenige, welches über die Erde hin arbeitet. Die menschliche Persönlichkeit ist eigentlich da ausgeschaltet, wo das Kapital recht wirtschaftet. Bald ist einer unten, bald oben, bald ist alles verloren, bald ist alles wieder gewonnen, und die Aktien wirken für sich, arbeiten immer mehr und mehr für sich. (GA 190)

Wie wahr ist der letzte Halbsatz 100 Jahre später geworden, wo die Mehrzahl der Aktien nicht mehr von Menschen, sondern von komplexen Algorithmen gehandelt wird.

In München driftet Thomas Mann immer weiter nach links; er begründet das in seinem Tagebuch mit der „gottverlassenen Ententepolitik":

Meine Teilnahme wächst für das, was am Spartacismus, Kommunismus, Bolschewismus gesund, menschlich, national, anti-ententistisch, anti-politisch ist. (RH)

23. März: Benito Mussolini schließt verschiedene gegen die Sozialisten gerichtete Kampfgruppen unter der organisatorischen Leitung von Roberto Farinacci zusammen und gründet die Fasci di combattimento, die faschistische Bewegung in Italien. In Berlin demonstrieren mehrere tausend Menschen „gegen Deutschlands Zerstückelung" und gegen einen „Vergewaltigungsfrieden".

23. März: Der letzte Monarch Österreich-Ungarns, Karl I. verlässt mit seiner Familie Österreich und begibt sich ins Exil in der Schweiz. Stefan Zweig wird zufällig (!) Augenzeuge dieses Grenzübertritts, als er sich, gerade von Buchs (schweizerische Grenzstation) kommend, in Feldkirch (österreichische Grenzstation) befindet, und beschreibt die Situation folgendermaßen:

Schon beim Aussteigen hatte ich eine merkwürdige Unruhe bei den Grenzbeamten und Polizisten wahrgenommen. Sie achteten nicht besonders auf uns und erledigten höchst lässig die Revision: offenbar warteten sie auf etwas Wichtigeres. Endlich kam der Glocken-

schlag, der das Nahen eines Zuges von der österreichischen Seite ankündigte. Die Polizisten stellten sich auf, alle Beamten eilten aus ihren Verschlägen, ihre Frauen offenbar verständigt, drängten sich auf dem Perron zusammen; insbesondere fiel mir unter den Wartenden eine alte Dame in Schwarz mit ihren beiden Töchtern auf, nach ihrer Haltung und Kleidung vermutlich eine Aristokratin. Sie war sichtlich erregt und fuhr immer wieder mit dem Taschentuch an ihre Augen.

Langsam, ich möchte fast sagen, majestätisch rollte der Zug heran, ein Zug besonderer Art, nicht die abgenutzten, vom Regen verwaschenen gewöhnlichen Passagierwaggons, sondern schwarze, breite Wagen, ein Salonzug. Die Lokomotive hielt an. Eine fühlbare Bewegung ging durch die Reihen der Wartenden, ich wußte noch immer nicht warum. Da erkannte ich hinter der Spiegelscheibe des Waggons hoch aufgerichtet Kaiser Karl, den letzten Kaiser von Österreich und seine schwarzgekleidete Gemahlin, Kaiserin Zita. Ich schrak zusammen: der letzte Kaiser von Österreich, der Erbe der habsburgischen Dynastie, die siebenhundert Jahre das Land regiert, verließ sein Reich! Obwohl er die formelle Abdankung verweigert, hatte die Republik ihm die Abreise unter allen Ehren gestattet oder sie vielmehr von ihm erzwungen. Nun stand der hohe ernste Mann am Fenster und sah zum letztenmal die Berge, die Häuser, die Menschen seines Landes. Es war ein historischer Augenblick, den ich erlebte – und doppelt erschütternd für einen, der in der Tradition des Kaiserreichs aufgewachsen war, der als erstes Lied in der Schule das Kaiserlied gesungen, der später im militärischen Dienst diesem Manne, der da in Zivilkleidung ernst und sinnend blickte, „Gehorsam zu Land, zu Wasser und in der Luft" geschworen. Ich hatte unzählige Male den alten Kaiser gesehen in der heute längst legendär gewordenen Pracht der großen Festlichkeiten, ich hatte ihn gesehen, wie er von der großen Treppe in Schönbrunn, umringt von seiner Familie und den blitzenden Uniformen der Generäle, die Huldigung der achtzigtausend Wiener Schulkinder entgegennahm, die, auf dem weiten grünen Wiesenplan aufgestellt, mit ihren dünnen Stimmen in

Der „ehemalige Träger der Krone", wie Karl I. jetzt offiziell genannt wird, widerruft seine Erklärung vom 11. November 1918 - dort hatte er unter Druck auf jeden Anteil an den Staatsgeschäften verzichtet, aber unter dem

108

starken Einfluss seiner Frau, Kaiserin Zita, nicht abgedankt. Diese äußerte damals:

> *Niemals! Ein Herrscher kann seine Herrscherrechte verlieren. Das ist dann Gewalt, die eine Anerkennung ausschließt. Abdanken nie – lieber falle ich hier an Ort und Stelle mit dir – dann wird eben Otto kommen und selbst, wenn wir alle fallen sollten – noch gibt es andere Habsburger!*

Und die Kaiserin Zita, die vollständig Zita, Kaiserin von Österreich, gekrönte Königin von Ungarn, Königin von Böhmen, Dalmatien, Kroatien, Slawonien, Galizien, Lodomerien und Illyrien, Königin von Jerusalem, Erzherzogin von Österreich, Großherzogin der Toskana und von Krakau, Herzogin von Lothringen und Bar, von Salzburg, Steyer, Kärnten, Krain und der Bukowina, Großfürstin von Siebenbürgen, Markgräfin von Mähren, Herzogin von Ober- und Niederschlesien, von Modena, Piacenza und Guastalla, von Auschwitz und von Zator, Teschen, Friaul, Ragusa und Zara, gefürstete Gräfin von Habsburg und Tirol, von Kyburg, Görz und Gradisca, Fürstin von Trient und Brixen, Markgräfin von Ober- und Niederlausitz und Istrien, Gräfin von Hohenems, Feldkirch, Bregenz und Sonnenberg, Herrin von Triest, von Cattaro und auf der Windischen Mark, Großwojwodin der Woiwodschaft Serbien, Infantin von Spanien, Prinzessin von Portugal und von Parma hieß, hat nun endgültig die meisten dieser Titel verloren. Karl I. protestiert mit der Rücknahme seiner Erklärung aber gegen seine Absetzung als Herrscher, was als „Feldkircher Manifest" in die Geschichtsbücher eingeht. In die Schweiz reist er in Zivilkleidung ein.

Ja, obwohl es laut Stefan Zweig vom Standpunkt der Logik aus das Törichteste ist, nach Österreich zurückzukehren,

> *… nach diesem Österreich, das doch nur noch als ein ungewisser, grauer und lebloser Schatten der früheren kaiserlichen Monarchie auf der Karte Europas dämmerte,*

tut er es.

Und als er aus den blanken und sauberen schweizerischen Waggons in die österreichischen umsteigen muss, stellt er Erschreckendes fest:

Er bezieht ein eigentlich unbewohnbares Häuschen, vielmehr ein Schlösschen in Salzburg am Kapuzinerberg, das er bereits 1917 gekauft hat.

Max Beckmann beendet das Ölbild „Die Nacht", an dem er seit August im vorherigen Jahr gearbeitet hat. Beckmann betrachtete den Großen Krieg anfangs als nationales Unglück, glaubte aber auch:

Beckmann brach dann - nach einem Jahr Lazarett-Dienst - zusammen, weil er den entsetzlichen Anblick all der Verwundeten nicht mehr verkraftete. Sein Entsetzen verarbeitete er in der „Nacht": eine kleine, enge Kammer, drei Männer sind eingedrungen; sie foltern, vergewaltigen, töten und verschleppen ein Kind, schauen dabei teilnahmslos. Die Körper und Glieder der Opfer sind extrem verrenkt. Kein Wunder, fielen doch in die „Malzeit" außer dem Krieg auch der Spartakusaufstand sowie die Ermordung der beiden Ls.

Steiner telegraphiert an Molt, dass er erst Anfang April nach Stuttgart kommen könne, das Manuskript des Buches („Die Kernpunkte der sozialen Frage") sei in etwa zehn Tagen druckfertig.

Der deutsche Bildhauer und Grafiker Wilhelm Lehmbruck erfährt die Nachricht nicht mehr. Alma Mahler-Gropius beschreibt, weshalb:

Der erste Spartakistenaufstand Berlins tobte unter den Fenstern. Lehmbruck sah hinunter. Er sah, wie die Weiber Pferden den Bauch aufschlitzten, ihnen den Schädel spalteten und sich um das Hirn balgten, das sie dann in Blechkannen zum Fraß davonschleppten. Sein Ekel vor der Menschheit wuchs ins Gigantische; es ging nach Hause und ... öffnete den Gashahn, steckte den Schlauch in den Mund und war in wenigen Minuten dort, wo er sein wollte.

Lehmbruck scheidet im Alter von 38 Jahren aus dem Leben.

Der Tag bringt aber auch erfreuliches Balsam: der erste ausländische Lebensmitteldampfer trifft im Hamburger Hafen ein, die „West Carnifax" aus den USA.

Am 26. März läuft die Kriegsflotte der ehemaligen Doppelmonarchie Österreich-Ungarn in den Hafen von Venedig ein.

Am 28. März nimmt die Weimarer Nationalversammlung gegen die Stimmen der USPD das Gesetz über die Schaffung einer vorläufigen Reichsmarine an. Sie soll Reichswehrminister Gustav Noske unterstellt werden.

Wegen des für den 1. April ausgerufenen Generalstreiks verhängt die deutsche Reichsregierung am 31. März den Belagerungszustand über das Ruhrrevier. Es ist der zweite Putschversuch der Spartakisten.

Die MSPD zählt aktuell etwas über eine Million Mitglieder.

Oskar Maria Graf beginnt (wieder), Säufer zu werden. Er beschreibt sich selbst folgendermaßen:

Es war wirklich merkwürdig mit mir. Ständig schwankte ich zwischen diesem Wechsel: Entweder sich vor der Welt vergraben - denn eigentlich hatte ich zu Zeiten fast so etwas wie Furcht vor ihr - oder sich von ihr ins Ungefähre tragen lassen. Jedes Ereignis -

ob's nun das Wildern des Hünen, die Idee für ein Gedicht, die auftauchende Reaktion, die verpfuschte Revolution oder die Teppiche waren - ergriff mich sofort derartig, daß ich es mit einer fast drolligen Vehemenz in mir zu verarbeiten suchte. Gleich entwarf ich Pläne, gleich baute ich aus, stellte die waghalsigsten Überlegungen an und machte Programme. Das blieb so von Jugend auf. Schon daheim überlegte ich oft und oft, wie ich mir verhaßte Menschen vernichten könnte, es gab da ganz genau zurechtgelegte Mordpläne auf meinen Bruder Max, auf den Briefboten oder auf diesen und jenen Bauern. Später richteten sich diese ausgeklügelten Absichten auf den Meister oder auch auf eine politische Persönlichkeit. Es war doch auch meistens so: War der Träger einer feindlichen Sache weg, fiel diese Sache selber zusammen. Brachte ich Max um, gab es keine Prügel mehr; räumte ich den Briefträger weg, verklatschte mich niemand mehr; wenn keine Bauern mehr waren, konnte man in ihren Gärten und auf ihren Feldern machen, was man wollte; hörte der Meister auf, war es mit dem Schinden zu Ende; und endlich, schoß ich Ludendorff nieder, so mußte der Krieg aufhören; knallte man die Reaktionäre nacheinander weg, war die Reaktion erledigt. Nichts einfacher als diese Einsicht. So hitzig konnte ich mich in meine Pläne versenken, daß ich manchmal wirklich schon meinte, ich stünde mitten im Ausführen. Alle Widerstände schienen mir lächerlich, alle Bedenken wichen, und was nach einer solchen Tat kommen sollte, beschäftigte mich nicht weiter. Stunden, ja Tage und ganze Wochen frönte ich einem solch eigentümlich-scharfen Nachdenken. Plötzlich aber schob sich irgend etwas anderes in meine arbeitenden Gedanken, ein Eindruck, ein gelesenes Buch, ein Erlebnis, ein Ärger, und rätselhaft schnell verflogen die eben noch gefaßten Entschlüsse, alles ging wieder von vorne an. Ich kam mir hin und wieder buchstäblich vor wie der selige Tartarin von Tarascon. Unablässig stand ich im abenteuerlichsten Hinundherwogen der Geschehnisse, die kleinsten Dinge wurden groß und unheimlich, aufregend, romantisch und gewaltig, im nächsten Au-

*genblick aber schon wieder lächerlich und sinnlos, dumm und lang-
weilig.* (OMG)

Nun kommt also wieder die Phase des Vergrabens. Und des Trinkens:

*Also fing ich an, Säufer zu werden. Das Leben in der Holländervilla
war dazu wie geschaffen. Dort verlief der Tag stets so: Das Frühstück war gewissermaßen eine stärkende Vorbereitung, durch so-
undso viele Tassen starken Kaffee und genügende Unterlagen kam
man ins Wache und zu sich. Meist war's schon elf Uhr, und der
langweilige Vormittag diente dazu, mit dem Auto in die Stadt zu
fahren und die während der vergangenen Nacht kaputtgeschlage-
nen Dinge, wie antike Spiegel, chinesische Vasen, alte Zierkrüge,
Porzellan Miniaturbilder, Leuchter und dergleichen neu zu kaufen.
Marietta besuchte noch die verschiedenen Modegeschäfte, kaufte
ebenfalls alles mögliche, und zum Schluß wurde bei Böttner, einem
vornehmen Frühstückslokal in der Theatinerstraße, ein ausgiebiger
Lunch eingenommen, der stets ziemlich lange dauerte. Angeheitert
fuhren wir alsdann wieder zurück nach Nymphenburg zum Mittag-
essen. Die raffiniertest zubereiteten Speisen gab es, und langsam
fing das Trinken an. Ich habe nie wieder einen bewanderteren
Weinverabreicher und Trinker angetroffen als unseren Gastgeber. Er
war ein wirkliches Genie darin, er vollbrachte wahre Wunderleis-
tungen. Eine ganz bestimmte Skala von Weinen, von denen jeder die
Stimmung mehr steigerte, wurde durchprobiert. Da kamen erst die
leichten, dann moussierende, seltsam erheiternde, endlich schwere-
re und volle und schließlich wieder welche, die alle Hemmung in einem lösten. Es war wunderbar, wie dieses sorgfältig ausgedachte
Durcheinander der Getränke in jedem wirkte. Von der angenehmen
Behaglichkeit glitt man in die Sentimentalität und Sangeslust, Me-
lancholie wechselte mit einem heftigen Drang, seinen ganzen Zy-
nismus brillieren zu lassen, man geriet allgemach in einen gewissen
Schwebezustand, aber das Hirn war ungeheuer lebendig, die Gedanken jagten gleichsam in eine immer kühnere Klarheit, jeder wurde witzig, schlagfertig und sprudelnd gesprächig, Zoten flogen auf,
erfinderische Grobheiten zerschwirrten, messerscharf wurde*

die Unterhaltung, hitzige Ereiferung und lächelnde Überlegenheit besiegten einander abwechselnd, alles Ordinäre und alles Tiefsinnige kam zum Vorschein - es schien, als schwimme man in einem lauwarmen, immerzu prickelnden Wasser und würde fort und fort von den hohen Wellen auf und nieder getragen. Manche Nachmittage waren auch eintönig. Keiner wußte mit seiner Zeit was anzufangen, faul zerlag man etliche Stunden auf dem Sofa und las gleichgültig, willenlos wartete man auf neue Trinksensationen, Kaffee wurde in Mariettas Turmzimmer getrunken, sie trug Gedichte vor, es kam irgendein Besuch, und man diskutierte, oder der Holländer klimperte ein wenig auf dem Flügel, Davringhausen versuchte ein Bild zu malen, ich unterhielt die Hausfrau. Es kam auch vor, daß man mit dem Auto in der Gegend herumfuhr, aber eigentlich war alles nur ein Warten auf das nächste Gelage.

Und dann formuliert er zwei interessante Sätze:

Ständiges Sattsein, Sorglosigkeit und ein Reichtum, der sofort jeden Wunsch erfüllen kann, sind die verheerendsten Willensvernichter. Ich verlebte wahre Katzenjammerstunden und brachte doch nie einen ändernden Entschluß auf. (OMG)

Der „Holländer", bei dem sich Graf trinkenderweise aufhält, ist Anthony van Hoboken, ein niederländischer Musikwissenschaftler und bedeutender Musiksammler. Bekannt ist er für die Erarbeitung des ersten umfassenden Verzeichnisses aller Kompositionen Joseph Haydns (das noch heute gültige „Hoboken-Verzeichnis"). Da er einer traditionsreichen, wohlhabenden Rotterdamer Kaufmanns-, Bankiers- und Reederfamilie entstammt, ist er zeitlebens finanziell ohne Sorgen. Und Marietta ist seine derzeitige Lebensgefährtin.

Das Kapitel „Im Sturm und im Sumpf" beendet Graf mit den Worten:

Der Sumpf hatte mich geschluckt. So verlief der März, und der April brachte die ersten wärmeren Tage. (OMG)

Intermezzo 3   Woodrow Wilsons 14 Punkte

Als **14-Punkte-Programm** werden die Grundzüge einer Friedensordnung für das vom Ersten Weltkrieg erschütterte Europa bezeichnet, die der amerikanische Präsident Woodrow Wilson am 8. Januar 1918 in einer programmatischen Rede vor beiden Häusern des US-Kongresses umriss. (Wikipedia)

Kurzform

1. Offene, keine Geheimdiplomatie
2. uneingeschränkte Schifffahrt auf internationalen Gewässern
3. Aufhebung aller wirtschaftlichen Schranken
4. starke Demobilisierung der Armeen
5. unparteiische Ordnung der kolonialen Ansprüche
6. - 8. Räumung der russischen, belgischen, französischen Gebiete
9. Grenzen Italiens nach Sprachzugehörigkeit
10. Autonomie für die Völker Österreich-Ungarns
11. Rumänien, Serbien und Montenegro sollen geräumt, die besetzten Gebiete zurückgegeben werden
12. Souveränität der Türkei - Autonomie für die von Türkei besetzten Gebiete im Osmanischen Reich
13. ein unabhängiges Polen
14. Gründung eines Völkerbundes

Thomas Woodrow Wilson (ein Vorname und zwei Nachnamen), zuhause in den Staaten selbst übler Rassist, wollte die zwischenstaatlichen Beziehungen auf eine neue Basis stellen. Die Völker (oder Staaten??) sollten nicht mehr geheim, sondern offen miteinander umgehen (Punkt 1) und v.a. zum Schutz von kleineren Staaten einen Verband eingehen (Punkt 14). Das sind eher vage, allgemeine Punkte, wie auch im wirtschaftlichen Bereich (freie Schifffahrt und freier Handel, Punkte 2 und 3). Konkret und außenpolitisch wird die Neuordnung Europas: Räumung der besetzten Gebiete (Punkte 6, 7, 8, 11, 12 und 13) und Neuordnung (Punkte 9, 10, 12 und 13). Ein weiterer

Punkt (5) spricht die Neuordnung der Kolonien an, ein letzter die Demilitari-
sierung (Punkt 4).

Die Idee ist gut, die Idee ist schön. Allerdings gibt es viel „aber…". Wilson
selbst ahnte schon, dass er viele Hoffnungen nicht erfüllen wird.

> *Dem Chef seiner Informationsagentur gesteht er unterwegs* [als er
> nach Paris reist]*, die alten Ungerechtigkeiten, deretwegen sich die
> Welt nun an Amerika wende, würden noch eine Weile bestehen:
> „Was ich zu sehen meine – mit ganzem Herzen hoffe ich, mich zu ir-
> ren –, ist eine Tragödie der Enttäuschungen."* (erster-weltkrieg-
> woodrow-wilson-kolonialismus, in zeit.de)

Manche Punkte widersprechen sich auch: Zum Beispiel das Selbstbestimmungsrecht der Völker, für Wilson ein wichtiger Teil des Programms, ist
nicht mit allen Punkten des Programms konfliktlos kompatibel.

Die Sieger-Kolonialmächte waren noch lange nicht bereit, ihren Untertanen
auf anderen Kontinenten so etwas wie Selbstverwaltung oder gar Selbstbe-
stimmung zuzugestehen, d.h. das konnte gar nicht umgesetzt werden.

Rudolf Steiner bezeichnet die 14 Punkte Wilsons in einem Vortrag als „vier-
zehn Gedankenleichen des Westens" (GA 188). Und im 7. Vortrag am 15.
März in Dornach erwähnt er, dass er die internationale Sozialistenkonferenz
in Bern besucht hat (er nennt sie interessanterweise „Völkerbunds-
Konferenz") und führt aus:

> *Wenn Sie jetzt aufmerksam die Zeitentwickelung verfolgen, dann
> werden Sie finden, daß durch die ganze Menschheit im Grunde ge-
> nommen ein gewisser Zug geht, der wenig geeignet ist, die Gedan-
> ken auf das hinzulenken, was die laut vernehmlichen Tatsachen, die
> sich in der Welt abspielen, selbst verlangen. Es besteht im allgemei-
> nen eine gewisse Abneigung der Menschen gegen Gedanken, die
> nicht in altgewohnter Weise laufen. Aber vielleicht niemals lag es so
> nahe als gerade heute, zu fragen: Wie kommt es, daß die Menschen
> eigentlich so wenig eingehen wollen auf Gedanken, die sie nicht
> schon gedacht haben? - Sehen Sie, man erlebt ja heute, ich möchte
> sagen, durch die ganze Zeitentwickelung gehend, ein Grundphäno-
> men. Ich habe schon öfter aufmerksam darauf gemacht, wie sich*

dieses Grundphänomen vor Jahren ausgesprochen hat. Man könnte eine nette Sammlung anlegen von Reden europäischer Staatsmänner aus dem Frühling und Frühsommer des Jahres 1914, und man würde in den Ausführungen dieser Reden so ziemlich das gleiche finden, was zum Beispiel in einer Rede des deutschen Reichstages von seiten des Staatssekretärs Jagow dazumal gesagt worden ist. Es lautete ungefähr so: Durch die Bemühungen der europäischen Kabinette ist es gelungen, solche befriedigenden Verhältnisse zwischen den Großmächten Europas herzustellen, daß der Friede für lange Zeiten hinaus in Europa gesichert ist. In verschiedenen Variationen konnte man bei diesen Lebenspraktikern - so nennen sich diese Leute - diese Rede immer wieder und wiederum finden. Das war dazumal. Und wenige Wochen nachher begann jener Weltbrand, der jetzt nur in eine Krisis eingetreten ist. Was erleben wir jetzt anderes innerhalb der Absichten, der Maßnahmen, der so recht der heutigen Zeit angehörigen Menschen? Ich habe in den letzten Tagen einiges mitgemacht von der sogenannten Berner „Völkerbunds-Konferenz“. Die Leute haben dort auch Verschiedenes geredet. Unter diesem Verschiedenen war im Grunde genommen alles von demselben Kaliber gegenüber dem, was die vorstehenden Ereignisse sind, wie die Reden der europäischen Staatsmänner vom Frühling und Frühsommer des Jahres 1914. Diese Menschen reden in den altgewohnten Gedankengeleisen. Sie reden dasjenige, was sie seit Jahren zu reden gewohnt sind. Sie haben im Grunde genommen wirklich nichts, aber auch gar nichts aufgenommen von den aus den Tiefen des Weltendaseins heraus sprechenden Lehren der letzten viereinhalb Jahre.

Und dann erläutert er, wieso es mit dem Völkerbund nicht funktionieren kann:

In Bern drüben redeten, wie die Staatsmänner vom Frühling und Frühsommer 1914 von dem Weltfrieden geredet haben, so jetzt die verschiedenen, wie man sagt „international“ denkenden Menschen von dem kommenden Völkerbund. Sie wissen, der Gedanke des Völkerbundes ist entstanden aus dem Kopfe Woodrow Wilsons heraus. In jener Rede vom Januar 1917 hat Wilson diesen Gedanken vom

Völkerbund geäußert. Er hat ihn hingestellt als das, was erstrebt werden müsse, damit die Menschen in der Zukunft nicht wiederum zu so furchtbaren, grauenvollen Katastrophen kommen wie diejenigen, in die die Menschen der Gegenwart hineingetrieben worden sind. Er hat das Streben nach diesem Völkerbund als etwas absolut Notwendiges bezeichnet. Er hat zu gleicher Zeit gesagt, und das ist das Wichtige: Die Verwirklichung dieses Völkerbundes ist an eine bestimmte Voraussetzung geknüpft; ohne daß diese Voraussetzung erfüllt werde, könne von der Begründung eines solchen Völkerbundes überhaupt nicht gesprochen werden. Die notwendige Voraussetzung zur Begründung eines solchen Völkerbundes ist aber, daß dieser Krieg ausgehe ohne den Sieg der einen Partei über die andere. Denn niemals könne in einer Welt ein Völkerbund verwirklicht werden, wenn auf der einen Seite ein entscheidender Sieg, auf der anderen Seite eine entscheidende Niederlage sei. Nun, das ist die Voraussetzung, ohne die Wilson nicht vom Völkerbund sprechen wollte. Dasjenige, was sich erfüllt hat, ist das genaue Gegenteil von dem, was Wilson als die Voraussetzung zum Völkerbund bezeichnet hat. Dennoch werden die Menschen den Völkerbund heute so, wie Wilson im Januar 1917 über ihn als eine Hypothese gesprochen hat, begründen. Das heißt eben gerade in seinem Denken der Wirklichkeit ganz fernstehen, sich anklammern an einen Gedanken und gar nicht die Möglichkeit haben, mit diesem Gedanken in die Wirklichkeit unterzutauchen, die Wirklichkeit zu erfassen, einzubeschließen in seine Gedanken diese Wirklichkeit. Das aber ist das Allernotwendigste für die Gegenwart. Den Leuten fällt gar nicht ein, daß sie nicht bei ihren Gedanken stehenbleiben dürfen, sondern daß sie vor allen Dingen heute nötig haben, von diesen Gedanken aus in die Wirklichkeit hineinzuschauen.

Korrektur: Wilson hat die erwähnte Rede im Januar 1918 gehalten.

April

„Es lebe das freie Baiern!
Es lebe die Räterepublik!
Es lebe die Weltrevolution!"

- Flugblatt vom 7. April: An das Volk der Baiern

Die eigentliche Geburtsstunde der Waldorfschule,

und die erste und zweite Räterepublik.

Der April bringt nicht nur die ersten wärmeren Tage, sondern auch Literaten an die Macht. Bald!

Wie bereits erwähnt, ist der 1. April der offizielle Gründungstermin des Bauhauses in Weimar. In der sowjetrussischen Parteizeitung „Prawda" erscheint ein aufsehenerregender „Offener Brief" an den sowjetischen Regierungs- und Parteichef Wladimir I. Lenin über die „unglaublichen Bedingungen", unter denen die Intelligenz unter dem Sowjetsystem leben muss. Aprilscherzartig gründen Raoul Hausmann und Johannes Baader eine dadaistische Republik in Berlin-Nikolassee und verbreiten das Gerücht, dass sämtliche Villenbesitzer der dortigen feinen Gegend enteignet werden sollen.

Und, wenn auch verrückt und unglaublich, so doch kein Aprilscherz: Gustav „Gusto" Gräser hält in München einen Vortrag über den „Kommunismus des Herzens", Oskar Maria Graf schildert, wie es da zugeht:

Wir gingen auseinander und trafen uns abends in der Gräser-Versammlung alle an einem Tisch, der Zimmerherr mit seiner Freundin, Tautz, Achenbach, Schorsch und ich. Der Saal war ziemlich voll. Geraucht sollte nicht werden. Wir rauchten. Es ging auch bereits laut zu. Vorne saßen schwärmerische Mädchen mit Gretchenfrisur, alte Jungfern, Wandervögel, idealistische Sonderlinge und dergleichen. Auch biedere Biertischler, Parteigesichter, typische Spartakus-Gestalten und anderes Volk war da. „Was soll denn der Quatsch! ... Der Kerl muß ausgeräuchert werden!" polterte mein Zimmerherr. „Solche Grasfresser verwirren bloß!" „S-s-st! ... S-s-st!" mahnten die vorderen immer wieder und warfen böse Blicke auf uns. Gusto Gräser kam hereinmarschiert und stieg aufs Podium. „Ziegenbock!" plärrte wer. Alles lachte. Andere wieder entrüsteten sich. Gräser machte eine halb segnende Armbewegung und fing seine monotone Predigt an. Ein unverständliches Sammelsurium von Zitaten und verschrobenen Meinungen ergoß sich über die Anwesenden, begleitet von Beifall, Gelächter, Hohnrufen und Klatschen. Vom Geist der Gewaltlosigkeit fing der Apostel an. „Ach was Geist! Schnaps brauchen wir!" schrie ich lausbübisch. Unser Tisch fing zu lachen an. Der Lärm wurde stärker. Gusto Gräser redete unbeirrt weiter. „Grasfressen und faulenzen ist sinnwidrig!" stichelte ich abermals. „Jawohl! Diktatur des Proletariats!" sekundierten einige am Tisch. Schon stimmten die anwesenden Spartakisten bei. Die Wandervögel gurrten wütend, die Jungfern und Mädchen zischten gehässig. »Nieder mit der Natur! Es lebe die Technik!« schrie mein Zimmerherr. „Spartakus marschiert." „Wir sind keine Menschen mehr"-, rief Gräser, das andere ging unter. „Nein, Viecher!" warf ich ins Toben. „Der große Mittag kommt!" salbaderte der Apostel abermals. „Auf dem Lokus!" schrie Tautz. Nichts hörte man mehr, nichts als ein verworrenes, schimpfendes Redegeräusch. Jeder trompetete jetzt seine Meinung aus. Drollig war es, Gräser stand machtlos oben und schüttelte nur noch ab und zu den Kopf. Ein fanatischer Spartakist stieg auf den Tisch und hielt die übliche Propagandarede: „Proletarier! Die Weltrevolution marschiert! Schließt die Reihen um Spartakus! Nieder mit der Bourgeoisie und mit dem verräterischen mehrheitssozialistischen Gesindel! Die Macht kann nur mit Gewalt erobert werden! Hoch Liebknecht! Hoch Rosa Luxemburg und Lenin!" Alles stimmte bei und ging lachend auseinander. „Sehr unterhaltlich! Wunderbar!" hörte man von allen Seiten. Wir gingen mit Schorsch auf sein Atelier und warteten Gräser ab. (OMG)

Gusto Gräser war übrigens bereits 1905 bei einem Vortrag von Rudolf Steiner in Zürich, bei dem es sicherlich anders zuging. Steiner vermerkt nämlich etwas despektierlich in einem Brief an Marie von Sivers, seiner späteren Frau, die er mit „Mein Liebling" anredet:

Gras war auch wieder da.

Heißt: es war nicht das erste Mal. Im Moment hat sich Gusto jedoch bei Oskar Maria Grafs Freund, dem Maler Georg „Schorsch" Schrimpf - ohne vorher zu fragen - einquartiert; noch einmal Graf:

Um Schorsch waren stets die merkwürdigsten Leute. Allein traf ich ihn nie. Ein halbfertiges Ölbild stand auf seiner Staffelei im Atelier, er hatte die Arbeit liegen gelassen, und der Naturapostel Gusto Gräser logierte bei ihm. Der war gekommen und nicht mehr weggegangen. Die meiste Zeit lag er faul auf dem Diwan, klagte, er sei krank,

Ja, und nach dem misslungenen Vortrag waren sich alle einig, Gusto muss raus aus Schorschs Wohnung!

fen. Stets verfolgte ihn ein Rudel Kinder. Wir erfuhren, daß er sich in einem Ziegenstall eingenistet hatte.

Gusto Gräser ist nicht der einzige Sonderling, der München unsicher macht:

Es tauchten um jene Zeit massenhaft solche Sonderlinge auf. Einer trug einen langen Zopf und Strohhut, sehr enge, karierte Hosen und eine ebensolche Joppe. Er suchte die Menschenaufläufe und lispelte dann jedem ins Ohr: »Christus sind wir! Seid ruhig, ihr Menschenkinder! Hämmert nicht euer eigenes Kreuz!« Und ebenso hurtig verschwand er wieder. Ein anderer – sehr verwahrlost gekleidet, mit bezwickertem, bissigem Gesicht – saß meistens in den Cafes herum und rechnete. Auf lange, weiße Blätter malte er Tabellen, und wenn ihn wer ansprach, erklärte er ihm schnaufend, wenn jeder täglich nur neunzig Gramm Roggenbrot und zehn Gramm Fleisch äße, wäre kein Elend mehr. Besonders wütend war er gegen die Konditoreiwaren. Stand er vor einer solchen Anlage, dann schimpfte er drauflos: „Da, da, Herr Nachbar, da! ... Sehn Sie's nicht ein! ... Dieser Luxus ist unser Ruin ... Der Zuckerbäcker ist der größte Verbrecher ... Gegen die muss man vorgehn ...“

Christenmenschen predigten in Versammlungen, Nacktkulturanhänger verteilten ihre Kundgebungen, Individualisten und Bibelforscher, Leute, die den Anbruch des tausendjährigen Reiches verkündeten, und Käuze, die für Vielweiberei eintraten, eigentümliche Darwinisten und Rassentheoretiker, Theosophen und Spiritisten trieben ein harmloses Unwesen. Einmal nachts ging ich über den Stachus. Ein magerer Mensch schoß auf mich zu, steckte mir hastig einen Zettel zu und lief eilends in der trüben Dunkelheit weiter. Ich trat unter eine Laterne und besah den Wisch. Nichts weiter stand darauf als: „Der Jude spricht dazwischen! Deutsche, besinnt euch!“ (OMG)

Dagegen sind die Vorträge von Rudolf Steiner nahezu wohltuend und erhebend. Er will nach Stuttgart kommen und überbrückt die Wartezeit in der Schweiz mit Vorträgen in Basel (2., 9. April), Dornach (4. April) und Münchenstein (10. April).

Während die französische Abgeordnetenkammer in Paris die Regierung am
3. April auffordert, sich bei der Friedenskonferenz dafür einzusetzen, „dass
Deutschland weder eine Armee noch eine militärische Organisation noch
irgendeine Art der Bewaffnung beibehalten darf", tritt in Deutsch-Österreich
das „Gesetz vom 3. April 1919 betreffend die Landesverweisung und die
Übernahme des Vermögens des Hauses Habsburg-Lothringen" in Kraft. Das
später kurz Habsburgergesetz genannte Gesetz betrifft die Rechte der Familie Habsburg-Lothringen und deren Zweiglinien in Österreich nach dem Ende
des Ersten Weltkriegs und der Auflösung Österreich-Ungarns.

Außerdem werden in der Republik Deutschösterreich Adelstitel und -privi-
legien aufgehoben und die Todesstrafe im *ordentlichen* Verfahren abgeschafft. Es gibt allerdings eine Ausnahme: Sie existiert noch nach *standes-
rechtlicher* Ordnung - für den Fall des Aufruhrs oder des „besonders gefahr-
drohenden Umsichgreifens" schwerer Verbrechen. Das Standrecht basiert
auf der Annahme, dass ein *ordentliches* Gerichtsverfahren aus Mangel an
Zeit oder Gelegenheit nicht durchführbar sei und eine Bestrafung des Täters
in Form des „Kurzen Prozesses" wegen der Bedeutung der Tat – oder als
abschreckendes Beispiel für andere – deshalb nötig sei.

Am 4. April nimmt das britische Unterhaus in London eine Gesetzesvorlage
zur rechtlichen Gleichstellung der Frau an; im belgischen Spa wird das Abkommen über den Durchzug polnischer Truppen durch das Deutsche Reich
unterzeichnet, so dass ab Mitte April zwei Monate lang polnische Truppen
von Westen über Koblenz, Gießen und Kassel sowie über Frankfurt am Main,
Bebra, Erfurt und Leipzig in ihre Heimat zurückziehen können.

Am gleichen Tag fährt Johannes Hoffmann nach Berlin, um sich mit Gustav
Noske zu beraten; vermutlich geht es um die Aufstellung von Truppen gegen
die Revolution. Ein anderer Gustav fordert in einer Vertreterversammlung
der „Arbeiter-, Angestellten- und Beamten-Ausschüsse" die „Proklamation
der Räterepublik" - Gustav Klingelhöfer.

Um die Räterepublik geht es auch in einer Stellungnahme zur politischen
Situation, die die kommunistische Partei Bayerns unter der Führung von
Eugen Leviné, der aus Berlin nach München abkommandiert worden ist, am
5. April veröffentlicht:

[...] Ich habe den Eindruck, als lege man in München zuviel Wert auf die große Politik, als beschäftige man sich zu sehr mit der Frage einer großen Zukunft und vernachlässige darüber das gegenwärtig Notwendige, das dazu bestimmt ist, jene Zukunft einmal zu tragen. Gewiß, wir stehen auf dem Boden des Rätesystems, aber wir haben die Voraussetzungen noch zu schaffen, die dieses System gewährleisten. Diese Voraussetzungen bestehen noch nicht, und wenn Genosse Levien im bayerischen Rätekongreß die Forderung nach einem Rätesystem erhebt und grundsätzlich vertritt, so ist er doch wohl mit mir der Meinung, daß die Proklamierung einer Bayerischen Räterepublik unter den gegenwärtigen politischen Verhältnissen im Reich ein Wahnsinn ist und wahnsinnige Folgen haben müßte. (MA)

Und doch wird genau dies zwei Tage später passieren!

Immerhin genehmigt die deutsche Reichsregierung in Weimar am nächsten Tag, dem 6. April, einen Gesetzentwurf, der die Verankerung des Rätesystems in der Verfassung vorsieht. Hin- und Rückflug von Berlin nach Weimar kosten übrigens zur Zeit 700 Mark. Am selben Tag kommt der Schauspieler, Regisseur, Hörspiel- und Synchronsprecher Heinz Schimmelpfennig in Berlin zur Welt.

Der am 31. März von den Spartakisten ausgerufene Generalstreik in Württemberg bricht am 7. April zusammen. Die Arbeit wird überall wieder aufgenommen.

In der 21. und letzten Ausgabe vom 7. April erscheint in der Zeitung „Süddeutsche Freiheit. Zeitung für das neue Deutschland" ein Artikel „Die Räte geistiger Arbeiter" von Moritz Geiger. Darin stellt er fest:

Was uns not tut, ist die Gemeinschaft von Geistigen, bei denen der Geist aus dem Herzen und nicht nur aus dem Kopfe stammt, aus dem Charakter und nicht aus der Schulung, aus dem Rückgrat und nicht aus der Regsamkeit. Wir brauchen Weise, nicht Vielwissende, die Wahrheit Suchende, nicht die Wahrheit Besitzende, Schaffende, nicht Machende. Aus Gemeinschaften des Geistes, die solchen Herzens sind, fremd allem Hochmut, sachlich, suchend und verantwortungsbewußt, kann die innere Führung der neuen Zeit entstehen –

Warum es die letzte Ausgabe ist, ist unklar. Wahrscheinlich ist, dass der Herausgeber Gustav Klingelhöfer erst anderweitig benötigt und dann inhaftiert wird. Und das hängt damit zusammen, was an diesem 7. April noch passiert: Nachdem Bremen, Baden und Braunschweig schon mal mehr oder weniger kurz Räterepublik waren, wird heute in München die (erste) Räterepublik Bayern ausgerufen, der 7. April zum Nationalfeiertag erklärt und die dritte Phase der Revolution eingeleitet. Der Zeitungsaufruf „An das Volk in Baiern!" informiert die Bevölkerung von den Ereignissen:

> *Die Entscheidung ist gefallen. B a i e r n i s t R ä t e r e p u b l i k. Das werktätige Volk ist Herr seines Geschickes. Die revolutionäre Arbeiterschaft und Bauernschaft Baierns, darunter auch all unsre Brüder, die Soldaten sind, durch keine Parteigegensätze mehr getrennt, sind sich einig, dass von nun an jegliche Ausbeutung und Unterdrückung ein Ende haben muss. Die Diktatur des Proletariats, die nun zur Tatsache geworden ist, bezweckt die Verwirklichung eines wahrhaft sozialistischen Gemeinwesens [...] Zum Zeichen der freudigen Hoffnung auf eine glückliche Zukunft für die ganze Menschheit wird hiermit der 7. April zum Nationalfeiertag erklärt [...] Es lebe das freie Baiern! Es lebe die Räterepublik! Es lebe die Weltrevolution!*
> (An das Volk der Baiern, Flugblatt vom 7. April 1919)

Baiern wird nun wieder mit „i" geschrieben, anstatt mit dem durch König Ludwig I. eingeführten „y". Der Bruch mit der Monarchie ist endgültig und soll nach außen hin durch die neue Schreibweise sichtbar werden. In der Nacht haben sich alle möglichen Vertreter im ehemaligen Schlafzimmer der Königin im Wittelsbacher Palais zusammengesetzt und Ämter verteilt; statt Minister gibt es jetzt „Volksbeauftragte", und Gustav Landauer wird einer davon - es ist sein 49. Geburtstag.

Die bayerische Regierung des Ministerpräsidenten Johannes Hoffmann flieht zunächst nach Nürnberg, dann nach Bamberg. Bamberg war im Winter bereits als Ort für die Nationalversammlung im Gespräch, unterlag aber der Stadt Weimar.

Nun kann Hoffmann die eilig improvisierte und noch bestehende In-frastruktur für seine Zwecke nutzen. (RH)

Hoffmann ruft also aus Bamberg Truppen des Reichs und aus Württemberg zur Niederschlagung der Rebellion zu Hilfe. Und er macht deutlich:

Die Regierung des Freistaates Bayern ist nicht zurückgetreten. Sie hat ihren Sitz von München verlegt. Die Regierung ist und bleibt die einzige Inhaberin der Gewalt in Bayern und ist allein berechtigt, rechtswirksame Anordnungen zu erlassen und Befehle zu erteilen.

Doch die führenden Protagonisten in München sind nun die Literaten Erich Mühsam, Gustav Landauer und Ernst Toller, und die Räterepublik geht deshalb auch als „Literaten- und Kaffeehausrepublik" in die Geschichte ein. Protagonist Nummer 1, Erich Mühsam, obwohl er „fast bei jedem Schritt der Revolution mit dabei war" (MA), hat keinen Posten. Gegen Protagonisten Nummer 2, Gustav Landauer, gibt es zunächst Bedenken, da er Jude und Literat und kein Bayer ist. Dann kann er jedoch ahnend feststellen:

Ich bin nun Beauftragter für Volksaufklärung, Unterricht, Wissenschaft, Künste und noch einiges. Läßt man mir nun ein paar Wochen Zeit, so hoffe ich etwas zu leisten; aber leicht möglich, daß es nur ein paar Tage sind, und dann war es ein Traum.

Die erste Amtshandlung von Landauer besteht darin, die Prügelstrafe an bayerischen Schulen abzuschaffen. Ihm liegt nicht so sehr an Gewalt. So ruft er z.B. auch, als er bedrängt wird, das Wort Klassenkampf in den Aufruf mit aufzunehmen:

Vier Jahre hindurch befand sich das deutsche Volk im Blutrausch. Sollen wir diesen Blutrausch fortsetzen? Kommt es nicht darauf an, wieder nüchtern, wieder menschlich zu werden? (VW)

Stolz und glücklich schreibt er gleich morgens ein Telegramm an seine beiden Töchter, die bei Verwandten außerhalb der Stadt untergekommen sind (Landauers Frau ist im vergangenen Jahr verstorben):

An meinem Geburtstag wird Räterepublik ausgerufen heute ist Nationalfeiertag ich bin Volksbeauftragter für Volksaufklärung, früherer Kultusminister. Innige Wünsche Euer Vater. (VW)

128

Und Protagonist Nummer 3? Ernst Toller wird am 8. April Nachfolger von Niekisch, der bereits am zweiten Tag entnervt aufgibt, an der Spitze der Räte.

Victor Klemperer meldet nach Leipzig:

> *Man muß die schöne Gemütsruhe des Münchner Bürgertums miterlebt haben, um den gelungenen Handstreich der Rätepartei nicht allzusehr zu bewundern. Ahnungslos waren die Bürger und alle Gemäßigteren diesmal nicht, das tuschelte überall seit Wochen, im April käme „es". Aber der gute Bürger dachte eben, er habe sich lange genug aufgeregt, und einmal müsse der Mensch auch „sei Ruh" haben. Also kümmerte man sich um Butter und Eier statt um Mühsam und Landauer. (VK)*

Er registriert und formuliert auch einen stärker werdenden Antisemitismus:

> *Wirklich haben die Juden es hier nicht besser als die Preussen; sie teilen mit ihnen das Schicksal, an allem schuld zu sein, sie sind, je nachdem, die Kapitalisten und die Bolschewisten. Ich glaube, wenn man einen echten Spartakus fragt, ob Noske ein Preuss oder ein Jud sei, antwortet er: „Beides." Und fragen Sie einen Münchner Kleinbürger, ob Levien Jud oder Preuss sei, so bekommen Sie die gleiche Antwort: „Beides". Und übrigens stimmt es beidemal nicht. ... Am Odeonsplatz hielt ein Automobil, die Insassen verlasen, verteilten Flugblätter über die Diktatur des Proletariats; gleich brüllte ein Chorus: „Juden, Saujuden!" Aber ein Soldatentrupp marschierte an, Infanteristen und Matrosen gemischt, Gewehre geschultert und auch leichte Maschinengewehre: da stob alles auseinander, nahm auch abwartend Deckung in Hausfluren ... Vor der geschlossenen Universität lärmten Studenten, ebenfalls antisemitisch genug; ... (VK)*

Thomas Mann hat übrigens den Abend mit seinem Freund Ernst Bertram verbracht, gemeinsam lasen sie einen Text von Adalbert Stifter und philosophierten über Gott und die Welt.

Und der amerikanische Journalist Ben Hecht ist dabei, als Ernst Toller sich einen Dienstsitz sucht. Allerdings klingt sein Text so unglaubwürdig (z.B. berichtet er von einem Dichter Rudi Heise, den außer ihm niemand kennt...), dass auch sein Bericht über Erich Mühsam im Februar wohl mindestens übertrieben ist. Er soll wohl nicht Informationen über den Atlantik schicken, sondern das amerikanische Volk unterhalten. Tatsächlich wird das Hauptquartier im geräumigen Badezimmer des Palasts eingerichtet, mit ein paar Bohlen über der Badewanne und großem Tisch und Stühlen. Diese und viele weitere Einzelheiten sind in dem minutiös recherchierten Buch „Träumer" (VW) nachzulesen. In Manns Tagebuch ist am Dienstag, den 8. Mai, nachzulesen, wie die zensierten Zeitungen neuerdings aussehen:

> *Die Nachrichten* [vermutlich die „Münchner Neue Nachrichten", Anm. d. Verf.]*, aller Nachrichten bar, erscheinen ohne Mitwirkung der Redaktion mit expressionistischen Holzschnitten „Brüderlichkeit" und „Beschlagnahme der bürgerlichen Wohnungen" auf der ersten Seite, einer Drohung an Offiziere, Studenten „u. andere Bürgersöhne" mit dem Revolutionsgericht und russisch-verzückten Beiträgen von Mühsam u.a.* (TM)

Dazu passt eine Beschreibung, die Tilla Durieux liefert:

> *Erich Mühsam war Literat und Antiliterat, er gründete allerlei Vereinigungen - nicht Vereine - für die Ärmsten der Armen, für die, die noch unterhalb der Arbeiterklasse standen. Er gab eine Zeitschrift heraus, die den Namen „Kain" führte, denn er liebte Kain mehr als Abel, den er einen glatten Burschen nannte. Seine zahlreichen Gedichte sind sehr schwer verständlich, aber von glühender Menschenliebe erfüllt. Seine politischen Zukunftspläne aber hätten nur mit engelhaften Idealisten zur Durchführung kommen können.* (TD)

Derweil gehen die Reaktionen aus Bamberg weiter: Die Regierung Hoffmann verhängt über Städte, die sich der Räterepublik angeschlossen haben, eine Lebensmittelsperre.

Am 9. April wird dann in Braunschweig die Räterepublik ausgerufen, der zweite Versuch. Gleichzeitig beginnt in der französischen Schwarzmeerflotte ein Aufstand gegen die Intervention in Sowjetrussland. Hintergrund: Nach Kriegsende entsandte die Regierung Clemenceau Teile der französischen Mittelmeerflotte in das Schwarze Meer, um im Russischen Bürgerkrieg die antibolschewistischen Kräfte zu unterstützen. Nach und nach kamen immer mehr alliierte Kräfte dort zusammen, bis Mitte Februar haben die unter französischem Oberbefehl stehenden alliierten Truppen in der Ukraine und Südrussland die Stärke von 150.000 Mann erreicht, allein 50.000 Franzosen und Griechen im Raum Odessa, Cherson und Sewastopol. Die Soldaten sind aber zum einen kriegsmüde, zum anderen unterstützen viele die Bolschewiken. So kommt es zum besagten Aufstand. 100 Jahre später soll die Region um Sewastopol, die Halbinsel Krim, wieder eine nicht ungefährliche Rolle spielen.

Außerdem tritt noch die (erste) deutsche Sozialisierungskommission, die sich mit Möglichkeiten der Verstaatlichung wichtiger Industrieunternehmen befasst, wegen unüberbrückbarer Meinungsunterschiede mit dem Wirtschaftsministerium zurück. Kurz zuvor ist zwar ein Gesetz zur Sozialisierung des Kohlebergbaus verabschiedet worden, es wird aber nicht umgesetzt.

In der Nacht auf den 10. April hat Thomas Mann gut geschlafen, dank Einnahme von Codein/Opium. Am Tag wird in Süd-Mexiko der mexikanische Revolutionär Emiliano Zapata von Regierungssoldaten ermordet.

Kurios, zumindest aus heutiger Sicht: Die belgische Abgeordnetenkammer in Brüssel nimmt einen Gesetzentwurf zur Wahlrechtsreform an. Danach wird das einfache gleiche Wahlrecht ab dem 21. Lebensjahr für Männer eingeführt. Bei den Frauen wird nur Witwen und Müttern gefallener Soldaten das Wahlrecht zuerkannt. Linksliberale und Sozialisten hatten die Einführung des Frauenwahlrechts heftig bekämpft. Die Klerikalen hatten es befürwortet, weil sie sich davon die Sicherung ihrer parlamentarischen Mehrheit erhofften.

Es kommt zur dritten und letzten großen Streikwelle im Ruhrgebiet, dem Aprilstreik. Die Zahl der Teilnehmer wächst von etwa 160.000 Bergarbeitern (am 1. April) bis zum Höhepunkt am 10. April auf 307.000 Streikende, was drei Viertel der Belegschaften entspricht. Dabei haben sich die Ziele seit Januar mehr und mehr verschoben: Während am Anfang die Forderung nach der Sozialisierung im Vordergrund stand, werden jetzt Lohn- und Arbeitszeitfragen wichtiger. Dazu kommen die Anerkennung der Räte, die Auflösung der Freikorps, die Einführung von Sechsstundenschichten im Bergbau sowie das Verlangen nach Entwaffnung der Polizei. In Württemberg ist die Bewegung etwas schwächer, es gibt aber vom 31. März bis zum 6. April auch einen Generalstreik.

Am 11. April vertröstet Rudolf Steiner Emil Molt noch mal ein paar Tage.

Obwohl sich Paul Klee 1906 kritisch gegenüber Revolution und Sozialismus geäußert hat, schließt er sich am 12. April in München der Räterepublik an, wo er als Mitglied des Rats bildender Künstler und des Aktionsausschusses Revolutionärer Künstler Münchens aktiv wird. Dort engagiert sich z.B. auch Schorsch Schrimpf. Klee malt - in seinem Atelier im Schlösschen an der Werneckstraße - unter anderen das Ölbild „Sumpflegende", welches die Nationalsozialisten als entartete Kunst an einer DADA-Wand aufhängen, und um das es 26 Jahre lang (bis 2017) Auseinandersetzungen über die Besitzverhältnisse geben wird.

In Dresden ermorden Kriegsbeschädigte den sächsischen Kriegsminister Gustav Neuring von der MSPD. Und im Depot des Moskauer Rangierbahnhofs findet der erste kommunistische Subbotnik (freiwillige Arbeit ohne Bezahlung) statt.

Bei Tagesanbruch am Palmsonntag (13. April) putschen Teile der Münchner Garnison gegen die Räteregierung, verhaften mehrere Mitglieder des Zentralrates und erlassen am Morgen eine Proklamation, in der zur Unterstützung der nach Bamberg geflohenen sozialdemokratischen Regierung unter Johannes Hoffmann aufgerufen wird. Josef Hofmiller ätzt in seinem Tagebuch:

> *Es seien Plakate angeklebt „von der gesamten Garnison Münchens",*
> *daß sie sich hinter die Regierung Hofmann stelle. Das ist sehr*
> *hübsch seitens dieser kostümierten Strolche, die noch vor einer Wo*
> *che den Schutz der Regierung und des Landtags mit großem Pathos*
> *abgelehnt haben; damals stellten sie sich hinter die Räteregierung.*
> *Sollte die Bamberger Regierung ihre Löhnung um 50 Pfennig für den*
> *Tag erhöht haben?* (VW)

Hofmiller spottet also nicht nur über die Räteregierung, sondern auch über ihre Gegner. Und die Bamberger haben Überläufern tatsächlich Geld versprochen, allerdings nicht nur 50 Pfennig, sondern 300 Mark pro Mann.

Nach schweren Straßenkämpfen mit den Kommunisten wird von diesen der Münchner Hauptbahnhof erstürmt und damit der *Palmsonntagsputsch* sowie die eintägige *Diktatur der Münchner Garnison* beendet und die zweite – kommunistische – Phase der Münchner Räterepublik sowie die vierte (und letzte) Phase der Revolution eingeleitet. Beteiligt an der Niederschlagung war ein junger Matrose, an seinem 23. Geburtstag! Der am 13. April 1896 in München-Schwabing geborene Rudolf Egelhofer - in manchen Quellen (u.a. Erich Mühsam) auch Eglhofer genannt – diente als Schiffsjunge bei der kaiserlichen Marine, desertierte jedoch im Juni 1913 – 17jährig - von der SMS Viktoria Luise, erkrankte im September 1913 in Italien, kam nach einer Strafe wieder zur Marine, und diente ab 1914, u.a. als Marineinfanterist in Flandern. 1917/18 war er in Haft, zuletzt im Festungsgefängnis Köln-Müngersdorf; dort wurde er im November 1918 befreit. Ende 1918 traf er mit 600 bewaffneten Matrosen in München ein. Nach dem Mord an Eisner engagiert sich Egelhofer sofort in der revolutionären Soldatenratsbewegung und tritt der KPD bei. Und ab diesem Palmsonntag ist er Stadtkommandant in München. Ein Stadtkommandant ist in Kriegszeiten die höchste militärische, richterliche und zivile Instanz einer Stadt.

Noch während der Kämpfe rufen die Betriebs- und Soldatenräte im Hofbräuhaus die „Kommunistische Räterepublik" aus, die nach sowjetischem Vorbild eine „Diktatur des Proletariats" als Ziel hat und die von Ernst Toller, Erich Mühsam und Gustav Landauer proklamierte „Räterepublik Baiern" - von den Kommunisten als „Scheinräterepublik" verunglimpft - ablöst.

Am gleichen Tag heißt es in Amritsar, dem spirituellen Zentrum der Sikhs im indischen Bundesstaat Punjab:

> *Es werden keine Prozessionen oder Menschenaufläufe erlaubt. Alle Versammlungen sind zu beschießen.*

So lautet die Anweisung des Gouverneurs der Provinz Punjab, Sir Michael O'Dwyer. Nach offiziellen, vermutlich zu niedrigen Angaben werden von den britischen Kolonialtruppen 379 gewaltlose Demonstranten getötet und 1200 verletzt - Sikhs, Muslime und Hindus, Männer, Frauen und Kinder gleichermaßen. Das Massaker in einem von Mauern umgebenen Park geht als „Massaker von Amritsar" in die Geschichte der Unabhängigkeit Indiens ein. Fast

21 Jahre später wird der Sikh Udham Singh Michael O'Dwyer erschießen und in seinem Gerichtsverfahren sagen: „Er war es. Er war der wirkliche Schuldige, der den Geist meines Volkes zerstören und unterdrücken wollte und deswegen hat er es verdient." Singh wird für diese Tat hingerichtet werden und Königin Elizabeth II. im Oktober 1997 einen Kranz am Ort des Massakers niederlegen.

Zurück nach Deutschland: In der Republik Baden findet erstmals im Deutschen Reich eine Volksabstimmung statt, der Münchner Stadtkommandant Rudolf Egelhofer ordnet am 14. April die Entwaffnung des Bürgertums an. Bürger, die innerhalb von zwölf Stunden ihre Waffen nicht abgegeben haben, sollen erschossen werden. Zugleich wird das Proletariat bewaffnet. Es darf keine Zeitung mehr erscheinen, ersatzweise gibt es ab dem nächsten Morgen die „Mitteilungen des Vollzugsrates der Betriebs- und Soldatenräte". Außerdem wird in München vom Vollzugsrat ein Generalstreik ausgerufen, der erst am 22. April wieder abgebrochen wird.

Rudolf Steiner verabschiedet sich am 14. April für eine gewisse Zeit von den Schweizer/Dornacher Freunden und Mitgliedern in Richtung Stuttgart (bleibt aber noch bis zum 19. April in Dornach):

> *Damit möchte ich für diesmal Abschied nehmen. Dieser Ort hier soll aber eine solche geistige Wichtigkeit haben, daß, wenn es einmal notwendig werden sollte und mir noch möglich wäre, auf einem ganz abgezehrten, halbtoten Gaul hierherzureiten, um zu arbeiten, ich mich auch nicht scheuen würde, auf einem abgezehrten, halbtoten Gaul hierherzureiten. Es können aber an anderen Orten Aufgaben kommen, die meine Rückkehr verzögern. Trotz alledem aber auf ein Wiedersehen in unserem Geiste, namentlich auch in dem Geiste, den ich heute noch bei diesem letzten Zusammensein ein wenig geschildert und Ihren Herzen dargestellt habe.*

Der Abschied fällt ihm nicht leicht, da er ahnt, dass am noch unvollendeten Goetheanum-Bau ohne ihn nicht viel läuft. 1913 hat man in Dornach mit dem Bau des Doppelkuppelgebäudes als Zentrum eines (mittlerweile) weltweit tätigen Netzwerks anthroposophisch engagierter Menschen begonnen.

Der Bayerische Ministerpräsident Hoffmann ruft die Reichsregierung sowie die württembergische Landesregierung um Hilfe zur Niederwerfung der Räterepublik; Reichswehrminister Noske bittet daraufhin die württembergische Regierung um ein Eingreifen, da die Reichswehrgruppen und Freiwilligenverbände Preußens in Berlin und im Ruhrgebiet bei den dortigen Unruhen gebunden sind. Paul Hahn verspricht ihm ca. 4-500 Mann und erhält am 15. April folgende Vollmacht:

> *Der Befehlshaber der württembergischen Sicherheitstruppen, Herr Hahn, ist von der bayerischen Staatsregierung ermächtigt, mit Truppen bayerisches Gebiet zu betreten.*
>
> *Hoffmann, Ministerpräsident (PH)*

Gleichzeitig werden in Ulm von Hahn unterschriebene Flugblätter gedruckt und über Südbayern abgeworfen:

> *Die Lage erforderte sofortiges Handeln. Die bayrische Regierung sollte in einem Flugblatt die bayrische Bevölkerung auf unser Kommen als „gerufene Helfer" einstellen. Da dies unterblieb, verfaßte ich selbst dieses Flugblatt und unterschrieb es mit „Hoffmann", Ministerpräsident, für die bayrische Volksregierung. (PH)*

Und die militärische Unterstützung der Bayern wird vorbereitet:

> *Das Bayrische Freikorps Epp hatte sich außerhalb Bayerns gebildet und wurde nun in Ulm vollends aufgestellt und ausgerüstet aus den württembergischen Depots vom Stiefel bis zur bespannten Batterie.*
>
> *Der Soldatenrat Ulms half bei dieser nicht geringen Arbeit in hervorragender Weise mit, die von allen Seiten zuströmenden bayrischen Freiwilligen einzukleiden, unterzubringen und zu verpflegen. Hier zeigte sich die positive und klare Einstellung der württembergischen Soldatenräte vom Kompagnierat bis zum Landesausschuß. Mögen auch Entgleisungen einzelner oder der Gesamtheit der Soldatenräte vorgekommen sein - als es not tat, den Staat zu schützen vor seinen Feinden von links - den Spartakisten, als es die Räteherrschaft für Württemberg, ja vielleicht für ganz Deutschland abzuwenden galt,*

da haben die Soldatenräte Württembergs ihre Pflicht getan und klare Stellung genommen g e g e n die Räterepublik. (PH)

Die Weimarer Nationalversammlung beschließt am 15. April, den 1. Mai zum allgemeinen Nationalfeiertag zu erheben. Der Antrag der USPD, auch den 9. November als Jahrestag der Ausrufung der Republik zum allgemeinen Feiertag zu erklären, wird abgelehnt. Der Möchtegern-Maler Adolf Hitler wird zum Ersatzmann im „Bataillons Rat" der Soldatenräte der Münchner Räterepublik gewählt, d.h. er unterstützt aktiv die Räterepublik und die sozialistische Regierung. Vermutlich trägt er sogar die rote Armbinde der Revolution, wie alle Soldaten der Münchner Garnison. Er schweigt später über diese Zeit. Bleiben wir in München: Rudolf Egelhofer wird am 16. April Kommandeur der Münchner Roten Armee der nunmehr von KPD-Mitgliedern wie Eugen Leviné und Max Levien dominierten Räteregierung, – und gibt seinen bisherigen Posten (Stadtkommandant von München) deshalb ab, nach nur vier Tagen Amtszeit. Ihm zur Seite gestellt wird der Pazifist Ernst Toller.

Der ziert sich zunächst, nachdem aber jemand meint:

Oana muß sein Kohlrabi herhalten, sonst gibt`s an Saustall, und wennst nix vastehst, wirst es lerna, die Hauptsach is, dich kennen wir,

stellt er sich der Verantwortung.

Als solcher ist er der Befehlshaber der „Roten Armee" im Münchner Westen, sein Stellvertreter ist Gustav Klingelhöfer. Gustav Landauer dagegen, der sein Amt des „Beauftragten für Volksaufklärung" aus der 1. Räterepublik auch in der 2. Räterepublik ausübt, erklärt seinen Rücktritt von all seinen politischen Funktionen und Ämtern - es ist nicht mehr seine Welt! Er verabschiedet sich von der Regierung in einem Brief:

Ich habe mich um der Sache der Befreiung und des schönen Menschenlebens der Räterepublik weiter zur Verfügung gestellt ... Sie haben meine Dienste bisher nicht in Anspruch genommen. Inzwischen habe ich Sie am Werke gesehen, habe Ihre Aufklärung, Ihre Art, den Kampf zu führen, kennengelernt. Ich habe gesehen, wie im Gegensatz zu dem, was Sie „Scheinräterepublik" nennen, Ihre Wirklichkeit aussieht. Ich verstehe unter dem Kampf, der Zustände schaf-

fen will, die jedem Menschen gestatten, an den Gütern der Erde und der Kultur teilzunehmen, etwas anderes als Sie. Der Sozialismus, der sich verwirklicht, macht sofort alle schöpferischen Kräfte lebendig: in Ihrem Werk aber sehe ich, daß Sie auf wirtschaftlichem und geistigem Gebiete, ich beklage, es sehen zu müssen, sich nicht darauf verstehen. Es liegt mir fern, das schwere Werk der Verteidigung, das Sie führen, im geringsten zu stören. Aber ich beklage aufs schmerzlichste, daß es nur noch zum geringen Teil mein Werk, das Werk der Wärme und des Aufschwungs, der Kultur und der Wiedergeburt ist, das jetzt verbreitet wird. (ET)*

Die Aufgabe, mit den schätzungsweise 20.000 kaum ausgebildeten, schlecht bewaffneten und höchst unterschiedlich motivierten Soldaten und Arbeitern innerhalb weniger Tage die Verteidigung Münchens gegen die heranrückende Übermacht der „weißen" Truppen – die von der Bamberger SPD-Führung unter Johannes Hoffmann zu Hilfe gerufenen Reichswehrverbände und Freikorps – zu organisieren, ist für den jungen Matrosen Egelhofer nicht lösbar. Lediglich Ernst Toller, einer der Frontabschnittskommandeure, hat zunächst militärischen Erfolg: Er durchbricht ohne großen Kampf den Ring aus preußischen, württembergischen und bayerischen Regierungstruppen (Weiße Garde), die gegen München marschieren. So gewinnen die revolutionären „Roten" quasi kampflos die „Schlacht" im Dachauer Moos.

Den Befehl des Kommandeurs Egelhofer, die gefangengenommenen Offiziere vor ein Standgericht zu stellen und zu erschießen, zerreißt Toller.

Die Offiziere sollen sich von der Menschlichkeit und Brüderlichkeit der Kommunisten überzeugen. Sie sollen sehen, dass all die Gerüchte, die sich im Land verbreiten, von den meuchelmordenden, brutalen, skrupellosen Kommunisten nicht wahr sind. [...] Toller lässt die Offiziere ziehen. Wenige Tage später werden sie wieder gegen die Roten kämpfen. (VW)

Das ist die eine Folge seines Handelns. Die andere: Er bekommt Ärger, u.a. wegen der eigenmächtigen „Großmut", was die kommunistischen Herrscher als Hochverrat interpretieren.

Derweil bekommt der junge Hauptmann Rommel den Befehl, mit zwei Sicherheitskompanien gegen Lindau vorzugehen, um „die Lindauer Sicherheitskompanie zu entwaffnen, die Waffen- und Munitionslager zu besetzen, die Entwaffnung der Arbeiter durchzuführen und die Hauptagitatoren gegen die Regierung Hoffmann sofort in Schutzhaft zu nehmen", wie er in seinem späteren Bericht schreibt. Hintergrund: Lindaus Arbeiter- und Soldatenräte hatten sich am 7. April der Ausrufung der bayerischen Räterepublik angeschlossen. Eine großzügige Sozialisierung sei durchzuführen, der Kapitalismus und die Macht der Bürokratie zu brechen, wie Lindaus Rätevorsitzender Oskar Groll diesen Schritt begründete.

Am 17. April stirbt Guido von List; er war ein österreichischer Esoteriker und Autor sowie ein populärer Vertreter der völkischen Bewegung und gilt als Begründer der rassistisch-okkultistischen „Ariosophie". Er integrierte Elemente der Theosophie in seine Anschauungen, was zu einer Synthese aus Theosophie und germanischer Mythologie führte.

Hermann Hesse siedelt Mitte des Monats allein ins Tessin um, in den USA gründen mehrere Filmstars, darunter Charlie Chaplin, Douglas Fairbanks und Regisseur David Wark Griffith die Film Produktions- und Verleihgesellschaft United Artists.

Victor Klemperer schreibt am 17. April in sein „Revolutionstagebuch", dass es, da die Zeitungen zensiert sind, viele Gerüchte hin und her gibt, aber:

> *Eines nur ist bei all diesem Wechsel der Bilder und Nachrichten, der romanartig genau zu dem herrschenden tollsten Aprilwetter paßt, vollkommen unveränderlich: die stoische Ruhe, mit der das Münchner Bürgerehepaar stundenlang im Fenster liegt, so unbewegt, als gehöre es zur Architektur des Hauses. Immer wieder: das eigentliche München sieht dem Revolutionsspiel fremder närrischer Gesellen zu. Und freilich: jetzt kann es nichts anderes mehr tun als zusehen, es ist ganz hilflos.*

Am selben Tag lernt Klemperer noch Gustav Landauer kennen,

> *der einige Tage das Schicksal und speziell das geistige Schicksal Münchens – er selber hoffte: Bayerns – bedeutet hat. Nur die lang herabfallenden Haare verrieten den Sonderling; sonst macht der*

hagere Mann mit dem ergrauten Vollbart weder revolutionären noch proletarischen Eindruck; die großen braunen Augen blicken viel eher gütig als fanatisch, Stimme und Ausdrucksweise sind von geschliffener Milde. „Wenn sie die Zukunft der Universität kennenlernen wollen (sagt er etwas schwermütig), dann wenden Sie sich an Herrn Hoffmann. Hier geht es ja nicht mehr lange so weiter. Und ich kann nichts verfügen, Herr Levien müßte ja alles unterschreiben. Diese Menschen fassen ihre Republik rein materialistisch auf, sie haben auch nur noch die engste Stadtrepublik, das ganze Land ist gegen sie ... Ich dagegen, ich wollte auf den Geist wirken." (VK)

Am 18. April wird die deutsche Delegation offiziell zur Entgegennahme der Friedensbedingungen nach Versailles eingeladen.

Rommels Plan für die Nacht vom 18. auf den 19. April: Unter anderem ein Angriff auf das rote Lindau über den Seehafen: „Eine Flotille" – so Rommels Bericht, „bestehend aus bewaffneten Motor- und Dampfbooten sollte gleichfalls um 1 Uhr vor Lindau eintreffen, den Hafen anlaufen und die Blockade übernehmen."

Doch es kommt anders. Teile der Soldaten in Weingarten und Friedrichshafen weigern sich, gegen „die bayerischen Brüder in Lindau" zu marschieren, und ein Friedrichshafener Arbeiter begibt sich per Fahrrad auf den Weg zur Inselstadt, um dort die Räte rechtzeitig zu warnen. Deren geplante Überrumpelung platzt dadurch und die Inselstadt kann rundum mit Waffen gesichert werden, bevor Rommels Truppen mit Unterstützung etlicher bewaffneter Bauern aus dem Umland am Festlandufer eintreffen.

Rommels kleiner Bodenseeflotte ergeht es ähnlich:

Hauptmann Jacobi versuchte am 19. abends Punkt 1 Uhr mit seiner Flotille die Einfahrt in den Lindauer Hafen. Auf 200 Meter angekommen, wurde er von den Hafenpostierungen angeschossen und erwiderte sofort das Feuer. Nach einer halben Stunde versuchte er erneut die Einfahrt in den Hafen. Es entwickelte sich ein kurzes Feuergefecht. Auf das hin beschränkte sich die Flotille, Lindau von See her abzusperren. Verluste sind bei dem Unternehmen nicht zu verzeichnen.

Militärisch ist der spätere Generalfeldmarschall Hitlers also erfolglos – allerdings erreicht er bei den Verhandlungen mit den Rätevertretern auf der Inselbrücke, dass noch am selben Tag eine Volksversammlung beschließen solle, wie die Inselstadt künftig regiert werden soll. Diese beschließt mit großer Mehrheit das Ende der Rätedemokratie, und dass sich Lindau der SPD-geführten Landesregierung Hoffmann anschließt. (Lindauer Zeitung v. 17.01.2008)

Am 19. April erobert polnische Kavallerie die von Sowjets besetzte litauische Hauptstadt Wilna. Der polnische Staatspräsident Pilsudski erlässt anschließend eine Proklamation, in der er die Einsetzung einer polnischen Zivilverwaltung im eroberten litauischen Gebiet bekanntgibt. Sowjetrussland wertet die Eroberung Wilnas durch Polen als Kriegsfall.

Am Abend dann Steiners Abschiedsansprache in Dornach. Steiner bekommt auch viel Post, z.B. von Else Lasker-Schüler. Diese hat ihren nierenkranken Sohn Paul in Zürich zu einem Spezialisten gebracht und benötigt jetzt Geld. Sie lebte

so hin wie ein Haselnussstrauch,

schreibt sie Steiner und fragt, ob er jemand wisse, der ihr 2.000 – 3.000 Franken leihen könne; demnächst käme sie durch eine „Gesamtausgabe" und das Schauspiel „Die Wupper" zu Geld und könne es dann zurückzahlen. Da Steiner ihr niemanden nennt, verkauft sie schweren Herzens mit farbigen Aquarellen gestaltete Postkarten, die ihr der unvergessene Freund, der im ersten Kriegsjahr gefallene Franz Marc geschrieben hat. Ihre gesammelten Werke gibt übrigens der uns schon bekannte Verleger Paul Cassirer heraus.

Ostersonntag, 20. April: Rudolf Steiner trifft endlich in Stuttgart ein. Am selben und am darauffolgenden Tag finden Besprechungen im kleinen Kreis statt: mit Marie Steiner, Emil Molt, Hans Kühn, Carl Unger und Emil Leinhas. Dieser beschreibt das Kommen Rudolf Steiners:

Er erschien frisch und ohne eine Spur von Anspannung. Nach all dem chaotischen und nervösen Getriebe [...] wirkte die Gegenwart Rudolf Steiners durch die Sicherheit und Festigkeit, die von ihm ausging, unmittelbar beruhigend und klärend. Wenn er sprach, erlebte man sofort eine klare und feste Orientierung. Man konnte nicht anders als Vertrauen fassen. Er stand den schweren Ereignissen der Zeit mit großem Ernst und großer Sorge, zugleich aber auch mit einer völlig überlegenen Ruhe und Gelassenheit gegenüber. Sein ganzes Interesse schien nur darauf gerichtet, zu erforschen, was in der nun einmal entstandenen Lage von uns getan werden müsse, um wirklichkeitsgemäß und lebenspraktisch einzugreifen und den weiteren Verlauf der Ereignisse, soweit das noch möglich sein würde, in gesunde Bahnen zu lenken. (PS)

Auf Kühns Aussage, dass eher die Proletarier die Ideen der Dreigliederung gutheißen würden, betont Rudolf Steiner die Wichtigkeit, auch bürgerliche Kreise zu gewinnen, um eine einseitige Ausrichtung der Dreigliederungsbewegung zu verhindern. Steiner erhält ein Vorab-Exemplar des Buches „Kernpunkte der sozialen Frage".

Am nächsten Tag beginnen viele anstrengende Tage mit Vorträgen und Diskussionen, Einzelgesprächen, Zeitschriftenartikeln usw. usf. Er selber äußert:

In der Wirklichkeit kämpft man nicht gegen Begriffe und Ideen, in der Wirklichkeit hat man zu kämpfen gegen Kräfte und Menschen. (GA 330)

Wir schauen nach Bayern: Bayerische und württembergische Regierungstruppen besetzen im Kampf gegen die Rote Armee Augsburg, in München schreibt Victor Klemperer am 20. April in sein Tagebuch:

… Nun soll auch der Geist wieder zu seinem Rechte kommen, Levien will Landauer als Kultusminister neben sich dulden. Ich frage, wie der idealistische Landauer neben dem notorisch gehirnerweichten brutalen „Kriegsminister" amtieren könne. Die Antwort lautete, in Rußland wirke ja auch segensreich Gorki neben Lenin, in der Räterepublik sei jeder frei in seiner Sphäre! (VK)

Klemperer schreibt aber auch:

[...] wenn Mair Franz im Englischen Garten Fasanen schießt, glaubt Huber Xaver am Feilitzschplatz, die Weißen machten einen Putsch, und schießt auch, und schon läutet der Posten auf der nahen Erlö-

Er kenne Kleinkinder, schreibt Klemperer, deren erste gesprochene Laute „knatta, knatta, knatta" seien, die sie den permanenten Maschinengewehren auf den Straßen abgelauscht hatten. Es ist komisch und grauenvoll zugleich. Was macht das mit den Kindern, die diese Geräusche am Anfang ihres Lebens mehr als alles andere beeindrucken?

Klaus Mann, lesewütiges, frühreifes Kind am Beginn der Pubertät, der Eisner zum tragischen Helden seines frühen Theaterstücks gewählt hatte, hat später viel darüber nachgedacht und geschrieben: über die erschütternde Wirkung, die es für ihn und für seine Generation hatte, in dieser Zeit in München aufgewachsen zu sein. Völlig egal, ob man sich dafür interessierte, ob es einen im Inneren angehen sollte. Man hatte keine Wahl. Es ging jeden an. (VW)

Und es habe einen Einfluss auf die Entwicklung von Moral, schreibt er. Im Moment jedoch schreibt das zweite, meist „Eissi" genannte gerade mal zwölfjährige Kind von Katia und Thomas Mann, während diese auf die Geburt des sechsten Kindes warten, eine Streitschrift gegen die Religion. Der Vater seinerseits schreibt nach vierjähriger Kriegs-Unterbrechung an seinem „Zauberberg" weiter. (Und in Großbritannien soll 2018 das erste Baby als erstes Wort nicht „Mama" oder „Papa", sondern „Alexa" gesagt haben.)

Kurzer Ausflug von München nach Belgrad: In der Hauptstadt des Königreichs der Serben, Kroaten und Slowenen (Jugoslawien) beginnt der viertägige Gründungsparteitag der Sozialistischen Arbeiterpartei Jugoslawiens.

Das Warten hat ein Ende: Am Ostermontag, den 21. April, kommt der seit ein paar Tagen überfällige Michael Thomas Mann zur Welt, das jüngste Kind von Katia und Thomas. Er wird später von der Familie Bibi genannt. Michael Mann wird ein deutsch-amerikanischer Musiker und Literaturwissenschaftler werden, 1949 als einziges Familienmitglied am Begräbnis seines Bruders Klaus in Cannes teilnehmen - der durch eigene Hand aus dem Leben geschieden war – und in der Neujahrsnacht 1977 an der Einnahme einer tödlichen Mischung von Alkohol und Barbituraten (Schlafmitteln) sterben. Vater Thomas hat bis zu diesem Tag die bisher jüngste Tochter Elisabeth immer nur Kindchen genannt, ab jetzt heißt sie Lisa. Und der Vater wundert sich, dass er für den Jungen nicht solche Gefühle hat wie für Lisa; immerhin findet er ihn nach ein paar Tagen *„weniger häßlich"*!

Währenddessen stehen im Ruhrgebiet wegen der Streiks über die Ostertage vielerorts die Räder still. Die Straßenbahnen bleiben im Depot, die Fahrkartenschalter der Bahnhöfe sind geschlossen, den Bürgern wird das Gas gesperrt, spätestens um 22 Uhr sollen alle Lichter gelöscht sein. Die „räderlosen" Ostertage werden für Spaziergänge genutzt, die Droschkenkutscher verzeichnen Vollbeschäftigung. Pferde sind auch in Berlin im Einsatz: In Berlin-Karlshorst wird die erste Pferderennsaison nach dem Ersten Weltkrieg eröffnet.

Auf Hallig Hooge, von Föhr mit dem Segelboot über das Wattenmeer gekommen, verbringt Emil Nolde seine Osterwoche(n). Tagsüber malt er im Freien, nachts, wenn nur das Rauschen des Meeres zu hören ist, entsteigen seiner Phantasie groteske Gestalten, die er in Aquarellen, Tuschpinselzeichnungen oder Druckgrafiken sammelt.

Während am 22. April München angeblich von Weißen Truppen umgeben ist, findet im Zentrum eine Truppenschau der Roten Armee statt; auch der junge Klaus Mann besucht sie zusammen mit einem Freund. Die Regierung der Vereinigten Staaten von Amerika erkennt das Protektorat Großbritanniens über Ägypten an, in Stuttgart findet morgens eine Besprechung mit auswärtigen Vertretern der Dreigliederungsbewegung statt (Prof. von Blume, Hummel, Polzer-Hoditz, Stein, Fed, Heissler, Schuler, Meebold, Benzinger); Rudolf Steiner ist der Meinung:

> *Vertrauen können wir nur erwerben, wenn wir nicht daran denken, mit denen gemeinsame Sache zu machen, die im alten Deutschland Politik gemacht haben.*

Abends im Stadtgartensaal führt Rudolf Steiner - auf einer öffentlichen Versammlung der Unterzeichner des „Aufrufs" unter Vorsitz von Prof. von Blume - aus:

> *Es handelt sich darum, aus den gescheiten Gedanken und Ideen zu den einfachen Wirklichkeitsgedanken und Wirklichkeitsideen zurückzukehren. Ich bin der Überzeugung, dieser Aufruf wird aus dem*

Grunde nicht verstanden, weil ihn die Leute nicht einfach genug nehmen.

Es wird ein „Bund für die Dreigliederung des sozialen Organismus" gegründet mit siebenköpfigem Arbeitsausschuss (Emil Molt, Prof. von Blume, Hans Kühn, Carl Unger, Emil Leinhas, Max Benzinger, Theodor Binder). Dieser organisiert in Zukunft Steiners Vorträge, lädt wichtige Persönlichkeiten dazu ein, verteilt Handzettel-Einladungen, sorgt für das Stenografieren und Verteilen der Vorträge an die schnell größer werdende Zahl von „Ortsgruppen", die von der Zentrale in Stuttgart wöchentlich durch Rundschreiben unterrichtet werden. Es wird sogar eine Geschäftsstelle in der Nähe von Emil Molts Firma eingerichtet, um die Korrespondenz des „Bundes" zu erledigen. Die Mitarbeiter des „Bundes" waren überwiegend junge Anthroposophen (oder von der Anthroposophie Begeisterte) mit Kriegserfahrungen und dem Willen zum Neuanfang. Prof. von Blume beendet den Abend mit den Worten:

Nun darf ich schliessen mit dem Ausdruck derselben Hoffnung - ich will nicht sagen Freudigkeit, - aber Hoffnungsbereitschaft, die die Ausführungen des Herrn Dr. Steiner getragen hat. Wir dürfen uns keinem Pessimismus hingeben, sonst sind wir verloren. Aber wir wollen es auch nicht. Und heute kommt alles an auf diesen Willen. Wir haben verlernt, richtig zu denken. Wir haben noch mehr verlernt, richtig zu wollen. Ja, wir haben überhaupt das Wollen verlernt gehabt, wir müssen es wieder lernen! Und es wird gehen. Wir heissen Euch hoffen!

Ab dem 23. April hält Rudolf Steiner auch Vorträge vor Arbeitern, z.B. vor Arbeitern der Bosch-Werke (im Saal der Brauerei Dinkelacker) oder im Daimler-Werk von Untertürkheim. Gleich am 23. April spricht er vor ca. 1.000 Beschäftigten der Waldorf-Astoria-Belegschaft – im Tabaklagerraum (in der Hackstraße), und zwar um 11 Uhr, also während der Arbeitszeit:

.. auf den materiellen Gebieten, auf den äußerlichen Wirtschaftsgebieten teilen sich heute die Menschen in zwei Klassen: in die Klasse der Bürgerlichen, die mit dem Adel verschmolzen ist, und in die Klasse der Proletarier. Der Proletarier weiß heute, weil er klassenbewußt

geworden ist, was er zu fordern hat. Er ist Proletarier. Er hatte nicht die Wahl. Er wurde durch den Wirtschaftsprozeß in das Proletariat hineingeworfen. [...] Die Sache liegt ja so, daß dieses Geistesleben in der neueren Zeit gleichzeitig heraufgekommen ist mit der Entwickelung der modernen Technik, mit der Entwickelung des seelenverödenden Kapitalismus. Da ist auch ein neueres Geistesleben heraufgekommen, aber ein solches Geistesleben, das nur ein Klassen-Geistesleben ist. [...] Und wir stehen heute vor der Notwendigkeit, nicht dieses vom Bürgertum übernommene Wissen weiter zu pflegen, sondern uns für ein freies Wissen zu entscheiden, das sich nur entwickeln kann, wenn Vorurteile überwunden werden. [...] Wir müssen sehen lernen, daß das Geistesleben emanzipiert werden muß, daß es freigestellt werden muß auf sich selbst, damit es nicht mehr ein Diener der Staats- und Wirtschaftsordnung ist, sondern ein Diener dessen, was das allgemeine menschliche Bewußtsein an Geistesleben hervorbringen kann; damit das Geistesleben nicht für eine Klasse da ist, sondern für alle Menschen gleich.

Sehr verehrte Anwesende, Sie arbeiten heute von morgens an, so weit Ihre Arbeit reicht, in der Fabrik. Sie gehen aus der Fabrik heraus und gehen höchstens vorbei an den Bildungsanstalten, die für gewisse Menschen errichtet sind. In diesen Bildungsanstalten werden die fabriziert, die bisher die herrschende Klasse waren, die die Regierung geführt haben und so weiter. Ich frage Sie: Hand aufs Herz, haben Sie eine Ahnung davon, was da drinnen getrieben wird? Wissen Sie, was da drinnen vorgeht? Nichts wissen Sie! Da zeigt sich unmittelbar anschaulich die Scheidung der Klassen. Da ist der Abgrund. Was in dem Aufruf angestrebt wird, ist, daß alles, was auf geistigem Boden getrieben wird, alle angeht, und daß der geistige Arbeiter der ganzen Menschheit verantwortlich ist. Das können Sie nicht erreichen, wenn Sie nicht das geistige Leben befreien und auf sich stellen. (GA 330)

Für den Augenzeugen Herbert Hahn war es ein lustiges Bild:

Rudolf Steiner spricht auf Einladung Molts. Der Unternehmer Emil Molt gehört in Stuttgart dem Initiativkreis der Dreigliederungsbewegung an und versucht in seiner Zigarettenfabrik Ideen der Bewegung in die Tat umzusetzen. Hier wurde, als erster in Württemberg, ein Betriebsrat gewählt. Seit Neujahr 1919 erscheinen die „Waldorf-Nachrichten" und schaffen 14-täglich eine betriebsinterne Kommunikation. Sehr zum Leidwesen des württembergischen Unternehmerverbandes, aber zur Freude des Stuttgarter Arbeiterrates propagiert Molt die Vergesellschaftung seines Betriebes. Trotz dieser Umtriebe bleibt er im besten Sinne Patriarch seines Unternehmens. Zum Vorsitzenden des Betriebsrates lässt er sich selbst wählen und die Waldorf-Nachrichten hält er durch ihre Verbreitung in den Kreisen der württembergischen Intelligenz auch für eine gelungene Werbung. Und er will Bildungschancen für alle, für Jungen und Mädchen, für Reiche und für die Armen, da er Bildung für eine Voraussetzung für die Überwindung der Armut hält.

Zurück zu Rudolf Steiner: Herbert Hahn und Emil Leinhaus berichten beide, dass Rudolf Steiner die Belegschaft tatsächlich erreichte, dass man spürte, dass er sich ganz verbunden hat mit den Arbeiterinnen und Arbeitern – und das nicht aus taktischen Gründen, sondern weil es seine Natur war.

Die Versammlung in der Lagerhalle fasst eine Resolution:

146

Im Laufe der nächsten Tage und Vorträge kommen mehr als 10.000 Unterschriften zusammen.

Selbstverständlich denkt die von der SPD geführte Regierung unter Ministerpräsident Wilhelm Blos nicht daran, auf diese Forderung einzugehen. Als dann das „Arbeiterkomitee für soziale Dreigliederung" zur Wahl von „wilden" Betriebsräten aufruft – das Betriebsrätegesetz ist noch in Vorbereitung –, formiert sich der Widerstand der Arbeitgeber, aber auch Führer der Gewerkschaften warnen vor „wilden", d.h. noch nicht legalisierten Betriebsräten.

Wichtig für unsere Geschichte ist dieser Vortrag am 23. April aber noch aus einem anderen Grund:

Der eigentliche Geburtstag der (Waldorf-) Schule ist der 23. April 1919,

schreibt Emil Molt in seinen Erinnerungen:

Anschließend an jenen ersten Arbeitervortrag Rudolf Steiners in der Waldorf-Astoria hatten wir eine Betriebsratssitzung zusammen mit Dr. Steiner, in der ich von der Absicht, eine Schule zu gründen, etwas sagte und die Bitte aussprach, er möge die Einrichtung und Leitung der Schule übernehmen. Als finanzielle Grundlage hatte ich vom Reingewinn aus dem Jahr 1918 den Betrag von 100 000 Mark zurückgestellt. Ich war stolz auf diese große Summe und wurde etwas belämmert, als Dr. Steiner in aller Seelenruhe meinte: „Das ist ja ein ganz netter Betrag."

Und einige der Arbeiter, die von Steiners Vortrag berührt wurden, kommen zu Herbert Hahn, der ihnen Kurse gibt, und sagen:

„Die Kurse, die wir bekommen, sind recht, und wir sind dankbar für sie. Wir sind aber schon ein wenig alt. Könnten nicht unsere Kinder von den ersten Jahren an in der Art unterrichtet werden, die wir jetzt kennengelernt haben? Könnte nicht solch eine Schule entstehen, wie die, von der wir gestern gehört haben?" Und so wurde dann die Frage nach einer neuen Schule an Rudolf Steiner herangetragen. (Christoph Lindenberg: Waldorfschulen)

Abends hält Rudolf Steiner noch einen Vortrag für Mitglieder, und zwar den zweiten Vortrag des Zyklus „Geisteswissenschaftliche Behandlung sozialer und pädagogischer Fragen" (GA 192).

Am 24. April findet die zweite Komitee-Sitzung des Bundes mit den auswärtigen Vertretern statt, außerdem ein Vortrag vor den Arbeitern der Bosch-Werke im Saal der Brauerei Dinkelacker.

Ostkarelische Bauern und finnische Freischärler erobern die Stadt Olonez in Sowjetrussland und bilden eine provisorische Regierung, die so lange im Amt bleiben soll, bis eine Nationalversammlung aufgrund des Selbstbestimmungsrechts (sic!) über das Schicksal Ostkareliens entscheidet.

Die Regierung Hoffmann verhängt am 25. April über das rechtsrheinische Bayern von Bamberg aus das Standrecht, die provisorische Landesversammlung von Vorarlberg beschließt die Durchführung einer Volksabstimmung über den Anschluss an die Schweiz.

Am selben Tag spricht Rudolf Steiner in Stuttgart-Untertürkheim für die Belegschaft der Daimlerwerke:

Auf jedem Platz lag der „Aufruf an das deutsche Volk". Alles war intensiv vorbereitet worden. Die Zuhörer sorgten ihrerseits dafür, dass Rudolf Steiner überall willkommen war. Die Menschen waren begeistert. Rudolf Steiner zeigte sich als beschwingter Volksredner, wie wir ihn zuvor nicht gekannt hatten. Zunächst wirkte er auf manche etwas radikal, doch wurde er dabei nie leidenschaftlich. Der Vorwurf politischer Demagogie wurde zu unrecht gegen ihn erhoben, denn er stand in tiefstem Ernst immer über der Situation. Das Geheimnis seiner Redekunst lag darin, dass er sich, wie kein anderer, auf das jeweilige Niveau seiner Zuhörer einstellen konnte und sich ihrer Sprache zu bedienen wusste. Da zwischen den Vorträgen jeweils die internen Sitzungen mit den Initianten und noch öffentliche Vorträge und solche vor den anthroposophischen Mitgliedern stattfanden, staunte man über die Leistungsfähigkeit Rudolf Steiners. Wer war dieser Redner, der sich so menschlich nah und mit den Nöten der Bevölkerung zutiefst vertraut zeigte, und doch selbstverständlich von den geistigen Welten sprechen konnte, die seinem

Hans Kühn beschreibt Steiner nun so detailreich, gleichzeitig auch liebevoll und bewundernd, dass es gestattet sei, ihn weiter zu zitieren. Man erfährt hier so viel über den Menschen Steiner:

Rudolf Steiner war damals 58 Jahre alt. Seine Gestalt und sein Auftreten waren sehr markant. Nicht nur fiel er auf durch den in jeder Situation getragenen schwarzen Gehrock und seine schwarz-seidene Künstlerschleife, sondern noch mehr durch sein scharfes Profil und seine unbeschreiblich gütigen Augen, die unter starken Brauen in einem seltsamen Glanze erstrahlten. Sie waren dunkelbraun und hatten einen goldenen Schimmer.

Der Blick war offen auf alles gerichtet, was ihn interessierte. Bei seinen Vorträgen, die er stets behutsam mit sonorer Stimme begann, um gegen das Ende immer kraftvoller und rascher zu werden, so dass die Stenographen Mühe hatten, nachzukommen, konnte man diese Augen aufblitzen sehen. Seine Sprache hatte einen leicht österreichischen Einschlag, war aber so durchgestaltet und deutlich artikuliert, dass keine Silbe verlorenging. Selbst wenn seine Stimme durch Heiserkeit anfänglich belegt erklang, wurde sie im Laufe des Abends immer freier. Müdigkeit war dabei niemals zu bemerken. Auch nach den Vorträgen war er immer frisch und offen für lange Diskussionen. „Dieser Mann ist die Ruhe selbst", sagten die Leute. Er ging langsam mit ziemlich kleinen Schritten, den Fuss mehr vorsichtig vorschiebend als schreitend. Seine Haltung war sehr aufrecht, die Gestalt schmal und schlank. Die Körpergrösse mag etwa 1,75 m betragen haben, war also keineswegs so überragend gross, wie es schien. Rudolf Steiners Antlitz war sehr eindrucksvoll. An seiner grossen runden Stirn traten manchmal die verästelten Adern hervor. Die Nase war an der Wurzel tief eingeschnitten. An den äusseren Augenwinkeln sah man feine Fältchen. Er hatte tief schwarzes, glänzendes und ziemlich langes glattes Haar, von dem ihm oft eine Strähne über die Augen fiel, wenn er im Vortrag energisch seinen Kopf zurückwarf, dann strich er sie wieder hinters Ohr.

Auf dem Rednerpult entwickelte er wundervoll harmonische Gesten, stets nach der Seite. Es wäre undenkbar gewesen, ihn, wie die selbstbewussten Politiker es zu tun pflegen, mit einer Hand in der Tasche und mit der andern oder mit einem Zeigefinger suggestiv auf das Publikum einreden zu sehen. Um nicht in Versuchung zu kommen, diese schlechten Gewohnheiten nachzuahmen, hatte er sogar seine Hosentaschen zugenäht. Das Taschentuch steckte er in die innere Brusttasche. Um den Hals hing ein schwarzes Schnürchen mit einem Zwicker daran, den er aber nur für die Ferne, wie ein Lognon, benützte. Oft musterte er vor seinem Vortrag damit das Publikum, und es entging ihm nichts, er wusste, wer da war und wer fehlte. Überhaupt verfügte Rudolf Steiner über eine enorme Beobachtungsgabe. Er sagte, man müsse nach jeder Begegnung wissen, was für eine Krawatte die Herren oder was für eine Bluse die Damen getragen hätten. Stets hatte er eines seiner Büchelchen bei sich, das er in der Westentasche trug, darin fand man später mit seiner klaren sauberen Handschrift eine Fülle der grössten Weisheiten eingetragen oder eine kurze Disposition zu manchen Vorträgen, alles in Stichworten. Er benötigte diese Gedächtnisstütze, wenn es sich um weitentfernt liegende Themen handelte, obwohl er ein übermenschliches Gedächtnis hatte, das ihm erlaubte, die kompliziertesten, zum Beispiel mathematischen oder philosophischen Begriffe in freier Rede vorzutragen. Ganz selten holte er sein Notizbuch hervor, um etwa ein Zitat wörtlich vorzulesen. Seine Abmachungen hielt er, allerdings ohne Notizen, aufs pünktlichste ein. Er hatte nie einen Privatsekretär und ging stets selbst ans Telephon. Rudolf Steiner war nicht nur wissenschaftlich auf allen Gebieten auf der Höhe seiner Zeit, sondern auch sehr belesen. Stets wusste er das Neueste in den Buchhandlungen zu finden und an der für ihn wichtigen Stelle aufzuschlagen. Auf Reisen hing eine grosse Ledertasche über seinen Schultern. Darin hatte er einige Bücher oder Manuskripte und meh-

rere Zeitungen, denn er orientierte sich stets nach verschiedenen Gesichtspunkten über die Ereignisse des Tages. Auch kam er – wenn er nicht mit dem Auto abgeholt wurde – eine halbe Stunde vor Abgang des Zuges zum Bahnhof. Zumeist trug er einen runden schwarzen Velourshut.

Trotzdem dieser Mann so überlastet war wie kaum ein anderer – seine Bücher schrieb er oft in der Nacht -, war er nie in Hast und nahm sich für jedermann genügend Zeit, wenn er nicht gar zu sehr überlaufen wurde. Seinen Rat gab er, wo er konnte, aber niemals drängte er sich auf. [...] Sehr freigebig reichte er seine Hand zum Gruss, ja er pflegte allen, die ihn bedienten, aus sozialen Gründen die Hand zu geben, selbst im Hotel oder Restaurant beim Kommen und Gehen. Diese Hand wurde aber auch gern ergriffen, sie war auffallend warm und trocken. Dabei war es eine kräftige Hand, die den Meisssel zu führen wusste. In der Jugend hatte er auch mähen gelernt. Es war nicht die Hand eines Ästheten, eher die eines Bildhauers, mit breiten Fingerspitzen.

Im täglichen Leben war Rudolf Steiner oft schweigsam. Er redete nur, wenn es einen tieferen Sinn hatte, dann allerdings kamen die grössten Weisheiten wie selbstverständlich zum Vorschein. Sass er einem Besucher gegenüber, so hörte er aufmerksam zu, oft den Kopf etwas neigend. Wippte er mit einem überschlagenen Bein auf und ab, so konnte man annehmen, dass er eine bestimmte Äusserung erwartete. Er hatte schmale Lippen, die er zwischendurch bei anstrengenden Reden oft energisch zusammenpresste. Das unterstrich ein kräftiges Kinn, welches von den Künstlern meist zu klein dargestellt wird. Der Kehlkopf muss ganz besonders ausgebildet gewesen sein, das verriet der Wohlklang seiner Stimme.

Ich hörte einmal Rudolf Steiner in der Stuttgarter Liederhalle vor dreitausend Menschen sprechen, selbstverständlich damals ohne Lautsprecher, wobei überall jedes Wort verstanden wurde. Er musste sich gegen die Unterstellung jüdischer Abstammung zur Wehr setzen und sah sich genötigt – seinen Taufschein unwillig in der Luft

*schwenkend – einiges aus seiner Jugend zu erzählen, denn er war
katholisch getauft.* (HK)

Nach dem Vortrag vor den Daimler-Leuten findet ein erstes Gespräch über
Methodik und Didaktik der neuen Pädagogik statt. Teilnehmer: Rudolf Stei-
ner, Herbert Hahn, E. A. Karl Stockmeyer und Emil Molt; Hahn nennt die
Besprechung das „Quellengespräch", Molt die „erste Lehrerkonferenz". Die
Suche nach Schulräumen ist schwierig.

Anfangs hofften wir,

schreibt Emil Molt in seinen Erinnerungen,

*es würde uns irgendein staatliches Gebäude überlassen werden. Die
Hoffnung täuschte. Ich musste mir selbst helfen. Die Frage wurde
brennend; denn die Schule sollte mit dem neuen Schuljahr im September eröffnet werden. Ich war mir klar, dass ich persönlich als
Käufer des Schulhauses auftreten musste, weil der Firma ein Haus-
erwerb nicht zugemutet werden durfte.*

Um seinen Entschluss zu verwirklichen, setzt Emil Molt seine persönliche
und seine wirtschaftliche Existenz aufs Spiel. Er sichert der Waldorfschule
Grund und Boden und den finanziellen Bestand. So konnte er sich zu Recht
als Vater der Schule erleben (schreibt Johannes Tautz im Nachwort von
Molts Erinnerungen), der mit seiner Schöpfung geistig immer mehr zusam-
menwuchs, zumal er nach dem Willen Rudolf Steiners Mitglied des Lehrerkollegiums war. Vor allem in der Zeit nach Rudolf Steiner Tod und in erhöh-
tem Maß in den Jahren der deutschen Diktatur wirkte er – gemeinsam mit
seiner Frau Berta – als Schützer und Förderer seiner Schule.

Von Stuttgart nach München: Die bayerische Hauptstadt wird am 27. April
von Regierungstruppen und Freikorpsverbänden eingeschlossen.

Am selben Tag wird ein Telegramm voller (rhetorischer?) Fragen an die
kommunistische Räterepublik geschickt:

*Haben Sie Arbeiter- und Gesinderäte in den Stadtteilen geschaffen,
die Arbeiter bewaffnet, die Bourgeoisie entwaffnet, die Lager mit
Kleidung und anderen Erzeugnissen verwendet, um den Arbeitern
und besonders den Landarbeitern und Kleinbauern sofortige und*

umfassende Hilfe zu leisten, haben Sie die Fabriken und die Reich-
tümer der Kapitalisten in München sowie die kapitalistischen land-
wirtschaftlichen Betriebe in seiner Umgebung enteignet, die Hypo-
theken und Pachtzahlungen für die Kleinbauern aufgehoben, die
Löhne für Landarbeiter und ungelernte Arbeiter verdoppelt oder
verdreifacht, das gesamte Papier und alle Druckereien zum Druck
populärer Flugblätter und Zeitungen für die Massen beschlagnahmt,
den Sechsstundentag mit zwei- oder dreistündiger Beschäftigung in
der Verwaltung des Staates eingeführt, den Wohnraum der Bour-
geoisie in München für die sofortige Einweisung von Arbeitern in die
Wohnungen der Reichen beschränkt, alle Banken in Ihre Hände ge-
nommen, Geiseln aus der Bourgeoisie festgesetzt, für die Arbeiter
größere Lebensmittelrationen als für die Bourgeoisie eingeführt und
die Arbeiter ausnahmslos sowohl für die Verteidigung als auch für
die ideologische Propaganda in den umliegenden Dörfern mobili-
siert? Die schnellste und umfassendste Durchführung dieser und
ähnlicher Maßnahmen bei eigener Initiative der Arbeiter, Landarbei-
ter- und, gesondert von ihnen, der Kleinbauernräte wird Ihre Stel-
lung festigen. Es ist notwendig, der Bourgeoisie eine außerordentli-
che Steuer aufzuerlegen und in der Lage der Arbeiter, Landarbeiter
und Kleinbauern sofort und um jeden Preis eine faktische Verbesse-
rung herbeizuführen. Die besten Grüße und Wünsche für den Erfolg.

Unterzeichnet ist der „Gruß" schlicht mit „Lenin". (RH)

Zurück in Stuttgart: Zwei Tage nach dem Beschluss des Betriebsrats entwickelt Rudolf Steiner nach einem Vortrag gegenüber Emil Molt, E. A. Karl Stockmeyer und Herbert Hahn ein Schulkonzept.

Das Schauspiel „Die Wupper" von Else Lasker-Schüler wird am Deutschen Theater in Berlin unter der Regie von Max Reinhardt uraufgeführt.

Am 28. April erscheint das Buch „Die Kernpunkte der sozialen Frage". Abends findet ein Vortrag im überfüllten Saal des Stuttgarter Gustav-Siegle-Hauses statt.

Die Satzung des Völkerbundes, die insgesamt aus 26 Artikeln besteht, wird am 28. April durch die Vollversammlung der Friedenskonferenz von Versailles angenommen.

Im Deutschen Reich wird die Sommerzeit eingeführt - am 15. September werden die Uhren wieder zurückgestellt.

29. April: Arbeiter beantragen in der Vollversammlung des Arbeiterrates von Groß-Stuttgart, Rudolf Steiner solle vor der Vollversammlung über die Sozialisierungsfrage sprechen.

Die deutsche Friedensdelegation trifft in Versailles ein, währenddessen wird es in Bayern brutal: Am 29. April wird in München die Diktatur der Roten Garde oder Armee errichtet. Die oberste Gewalt übt der junge Matrose Rudolf Egelhofer aus. In die Kämpfe gegen die Münchner Räterepublik greifen mehrere Freikorps ein, in denen sich viele rechtsgerichtete ehemalige Kaiserliche Soldaten zusammengeschlossen haben.

Victor Klemperer ahnt das nahe Ende und schreibt am 30. April:

> *Heute hat es endlich den Anschein, als sollten wir endlich aus dieser Hölle der Lächerlichkeit und Sinnlosigkeit befreit werden, die wir seit dem 7. und deren untere Regionen wir seit dem 13. April bewohnen. Gestern abend war besonders starker Alarm, zu den schon üblichen Glocken und Gewehrschüssen fügten sich Dampfsirenen der Fabriken, deutliches Rollen von Eisenbahnzügen, die offenbar Verstärkungen hinausbrachten (denn sonst geht ja kein Zug mehr, und über Dachau hinaus nimmt auch die Post längst nichts mehr an), ferne Kanonenschläge, die die Nacht über anhielten und auch am Tage vernehmbar blieben.*

Und er führt aus,

> *der Gemütszustand der Münchner Majorität bestehe heute in einer abgespannten Ergebenheit. Man sagt sich, auf ernstliche Abhilfe sei nicht zu hoffen, es werde so oder so fortgewurstelt werden. Die Anschauung ist sehr deutlich erkennbar aus zwei Wurzeln gewachsen. Einmal: man glaubt gar nicht mehr an die Kraft und nur noch sehr wenig an den guten Willen der Regierung Hoffmann „draußen". All-*

Er schreibt auch, dass niemand mehr so recht die Machthaber kennt, weil sie auf einzelnen Posten alle sechs bis zwölf Stunden wechseln. (Ganz ähnliche Verhältnisse wie 100 Jahre später in den USA. Allerdings regiert dort kein Dichter, sondern ein Unternehmer und Entertainer.) Klemperer kritisiert auch, dass über München wahre Schauergeschichten verbreitet werden, die allesamt nicht wahr sind (fake news):

Es sollte bei uns schon entsetzlich viel Blut geflossen, es sollten Häuser in Flammen aufgegangen sein, und die Kommunisten sollten mit der Kommunisierung der Bürgerfrauen und -mädchen begonnen haben. An alledem ist (bis heute wenigstens) kein wahres Wort; bis heute haben sich die Kommunisten unnützer Bestialitäten enthalten. (VK)

Kommunisierung der Bürgerfrauen und -mädchen! Wer denkt sich denn so etwas aus! Klemperer findet das unerfreulich.

Haben Sie […] Geiseln aus der Bourgeoisie festgesetzt […]?

fragt Lenin. Ja, haben sie. Immer wieder werden Geiseln genommen, und meist wieder freigelassen. Am 30. April jedoch kommt es zu einem folgenschweren Ereignis. Tilla Durieux befindet sich in diesen Tagen gerade in der Klink von Prof. Sauerbruch in der Nussbaumallee:

Sauerbruch verordnete mir absolute Bettruhe. […] Gegen Abend kam Toller plötzlich zu mir. Er war so aufgeregt, wie ich ihn noch nie gesehen, und verlangte Sauerbruch zu sprechen. Als die Nonne, die ich nach dem Professor schickte, das Zimmer verlassen hatte, eröffnete mir Toller, dass alles verloren sei und ihm nur die Flucht übrig bleibe. Ich gab ihm alles Geld, das ich augenblicklich bei mir hatte, und sagte ihm, ich würde alles für ihn tun, was in meiner Macht

155

Just in dieser Stunde werden im Luitpoldgymnasium in München, das als
Kaserne der Roten Armee dient, 10 Personen erschossen; unklar ist, ob es
sich um Geiseln (wie es in den meisten Quellen heißt) handelt, oder um
Gefangene, die aus den unterschiedlichsten Gründen dort festgehalten
wurden – z.B. ein Prof. Berger, weil er ein Plakat der Räteregierung abgeris-
sen hatte, aber auch 7 oder 8 gefangene Mitglieder der Thule-Gesellschaft,
die beim Sturm des Hotels „Vier Jahreszeiten" durch die räterepublikanische
Militärpolizei am 26. April verhaftet worden waren. Das Hotel „Vier Jahreszeiten" ist die noble Unterkunft der Thule-Gesellschaft.

Es ist durchaus von Bedeutung, ob es willkürliche Geiseln sind oder verhaf-
tete Kriminelle, denn im zweiten Fall wäre es unter das Standrecht gefallen,
das die Bamberger Regierung Ende April über München verhängt hat. Wie
dem auch sei, durch diese (Un-) Tat sollen die vorrückenden Regierungstruppen vor einem weiteren Vormarsch abgeschreckt werden. Am gleichen
Tag erobern jedoch die bayerischen Regierungs- und Reichstruppen Dachau
(zurück), den stärksten Stützpunkt der revolutionären Münchner Roten
Armee.

Ernst Toller, der ein paar der zurückgelassenen, noch nicht erschossenen
„Gefangenen" befreit hat, will

156

dem Assistenten des Professor Sauerbruch und flehe ihn an, die Leichen sofort abholen zu lassen. Er hat es nicht getan.

Am nächsten Tag, nach dem Sieg der Weißen, erzählen Plakate und Zeitungen, man habe die Leichen verstümmelt aufgefunden, die abgeschnittenen Geschlechtsteile in Kehrichtfässern entdeckt. Als zwei Tage später die Wahrheit verkündet wurde, in den Fässern hätten Fleischteile geschlachteter Schweine gelegen, niemand sei verstümmelt worden, hatte die erbärmliche Lüge ihre Wirkung getan. Hunderte armer unschuldiger Menschen büßten sie mit unmenschlichen Leiden und grausamem Tod. (ET)

Alternative Fakten, fake news oder einfach ein Irrtum mit grausamen Konsequenzen!

Am letzten Apriltag erlässt auch noch der Deutsche Museumsbund eine Erklärung „An unsere Gegner", in der er sich gegen die Entfernung von Kunstschätzen aus deutschen Museen durch die alliierten Siegermächte wendet.

Und Rudolf Steiner nimmt im Sitzungssaal des Innenministeriums an einer Sitzung des Unterausschusses IV der Württembergischen Sozialisierungskommission teil. Es ist nichts über die Sitzung bekannt, sie muss aber „ergebnislos" gewesen sein. Am gleichen Tag findet eine Besprechung mit dem württembergischen Arbeitsminister Dr. Lindemann statt. Rudolf Steiner bittet:

Geben Sie mir vier Wochen Zeit, aber arbeiten Sie mir nicht entgegen, dann werden Sie sehen, was mit den Arbeitern, die dann verstehen werden, wie in gesunder Weise an dem Herankommen der Zukunft gearbeitet werden muss, in aller Ruhe verhandelt werden kann.

Der Arbeitsminister meint:

Sie sind auf dem Holzwege, mit diesen Leuten ist nichts zu machen. Die hören in Ihren Vorträgen die Rosinen, die für sie gebraucht werden können und überhören dasjenige, was ihnen entgegen ist. (CL)

Darauf entgegnet Steiner:

Nun ja, diese Leute nehmen sich ihre Rosinen aus meinen Vorschlä-gen. Aber sind denn in diesen Vorschlägen nicht auch Rosinen für Sie und Ihre Anhänger? Sie und diese Anhänger nehmen aber nichts von diesen Rosinen. Sehen Sie, da liegt die Sache.

So geht der April zu Ende - ein April, der in Deutschland mit Generalstreik, Räterepublik und Bergarbeiterausstand für größere Unruhe sorgte als der November 1918.

Intermezzo 4   Räte - Republik

Arbeiter- und Soldatenräte, was sind das?

Vorbilder waren die Sowjets (der russische Name für Räte), die es seit 1905 gab. Der erste Arbeiter- und Soldatenrat hatte sich am 4. November 1918 gebildet, als Folge des Kieler Matrosenaufstandes. In den nächsten Tagen folgten viele weitere Städte.

Das Prinzip des Rätesystems, der Räterepublik

Das Rätesystem ist eine Regierungsform, die ohne Parteien auskommt. Jeder Betrieb und jeder Bezirk wählt mehrere Personen aus seinen Reihen in einen Rat, dieser wiederum schickt seine Vertreter in die nächst höhere Ebene. Ganz oben steht ein „Zentralrat". Er ist Gesetzgeber, Regierung und Gericht in einem. Es gibt keine Gewaltenteilung. Es ist ein „Gegenmodell" zur repräsentativen parlamentarischen Demokratie.

Entscheidung gegen das Rätesystem

Vom 16. bis 20. Dezember 1918 fand im Preußischen Landtag in Berlin der Reichsrätekongress statt. Unter den 489 gewählten Delegierten der reichsweit aktiven Arbeiter- und Soldatenräte gab es folgende Verteilung: Ungefähr zwei Prozent der Delegierten gehörten zum bolschewistischen Spartakusbund um Karl Liebknecht und Rosa Luxemburg – zehn der Rätevertreter. Weitere 86 Teilnehmer, also knapp 18 Prozent, bekannten sich zur linken Abspaltung der SPD, der USPD. Die weit überwiegende Mehrheit - drei Fünftel - waren auf Vorschlag der SPD gewählt worden – ein Wahlergebnis, von dem die SPD 100 Jahre später nur träumen kann. Beim Rest handelte es sich um Linksliberale und um Einzelkandidaten, die ohne Unterstützung einer Partei die Abstimmungen in den Räten gewonnen hatten.

Dieser Reichsrätekongress lehnte den Antrag der USPD ab, das Rätesystem in der Verfassung der Republik festzuhalten und den Räten die legislative und exekutive Gewalt zuzugestehen. Die Mehrheit entschied sich für eine parlamentarische Demokratie, und somit gegen das Rätesystem.

Weitere Räterepubliken

Dennoch entstanden immer mehr Arbeiter- und Soldatenräte. Weil keine tief greifenden gesellschaftlichen Veränderungen sicht- und spürbar waren, kam es zu Radikalisierungen (Spartakus-Aufstand im Januar) und zur Bildung von Räterepubliken, in München, aber auch in anderen deutschen Städten wie Bremen oder Würzburg. Die Räte verloren nach der Wahl am 19. Januar 1919 an Einfluss und nach der Verabschiedung der Weimarer Verfassung völlig ihre Legitimation.

Niederschlagung der Räte

Die Menschen in der deutschen Wirtschaft und Industrie hatten Angst vor einer Sozialisierung und bekämpften die Räterepubliken entschieden. Am Ende wurden die Räte gewaltsam niedergeschlagen, von Freikorps, bezahlt mit Mitteln aus einem von der Industrie geförderten antibolschewistischen Geldfonds. Im Herbst lösten sich die letzten Arbeiterräte auf.

Heutige Bedeutung

Die Arbeiterräte sind gewissermaßen Vorläufer der Betriebsräte und schließlich auch der Personalräte, d.h. der Arbeitnehmervertretungen im Rahmen der betrieblichen Mitbestimmung.

Frauenräte

Es gab Initiativen, auch Frauenräte einzuführen. Anita Augspurg und Lida Gustava Heymann z.B. regten dies zumindest für eine Übergangszeit an, allerdings hatten sie auch bei den fortschrittlicheren Kräften kaum Unterstützung, so dass es beim Versuch blieb.

Mai

„Wo aber Gefahr ist, wächst das Rettende auch."

– *Friedrich Hölderlin*

Der weiße Terror wütet in München, das Kinderhilfswerk „Save the children" wird gegründet, die erste Waldorfschule nimmt Gestalt an.

1. Mai: Im Deutschen Reich finden die ersten Maifeiern nach der Revolution statt. Oskar Maria Graf schildert das Problem:

> *Zur Feier des ersten Mai rüsteten die drei sozialistischen Parteien [sic]. Die Mehrheitssozialisten wollten den üblichen Umzug und Versammlungen, die Unabhängigen dasselbe und die Kommunisten Kampf bis auf den letzten Blutstropfen.* (OMG)

Balsam und ein Grund zum Feiern: aus Danzig kommt die Information, dass sich die polnische Regierung nach Verhandlungen mit den Behörden des Deutschen Reichs verpflichtet hat, sofort 90.000 Tonnen Speisekartoffeln in das Deutsche Reich zu liefern. Ob auch Thomas Mann einen Grund zum Feiern hat, bleibt unklar. Er vermerkt in seinem Tagebuch:

> *Geschlechtliche Nacht.*

Daraus schließen einige Autoren, dass er zum ersten Mal seit langem wieder Sex mit Katia hatte. Das kann - 10 Tage nach der Geburt von Bibi - bezweifelt werden.

Gar nicht feierlich jedenfalls geht es im übrigen München zu: Während sich in der Stadt eine Bürgerwehr gegen die Herrschaft der Roten Armee bildet, rücken Reichswehrtruppen bis vor die Stadtgrenzen heran, und zum Teil schon hinein.

> *Es sind preußische und süddeutsche Corps, in Stahlhelmen, gut aussehend, wohl discipliniert.* (TM)

Der junge Rudolf Egelhofer, einer der prominentesten Vertreter der kommunistischen Räteherrschaft, wird an diesem Tag in seinem Versteck in der Wohnung der Ärztin Dr. Menzi in der Maximilianstraße entdeckt und festgenommen.

2. Mai: Reichswehrtruppen und Freikorps unter der Leitung des Obersten Franz Ritter von Epp besetzen nach heftigen Kämpfen München und zerschlagen die Herrschaft der Roten Armee. Als deren letzte Stellung kann am Abend das „Mathäserbräu" erobert werden. Die Zerschlagung der Räte-Republik durch die „Weißen" unter dem eifrigen General von Epp findet den Beifall von Thomas Mann, und der *„hätte nichts dagegen"*, wenn man die Roten *„als Schädlinge erschösse"*. Und genau das geschieht dann auch: Gus-

tav Landauer war bei Else, der Witwe von Kurt Eisner in Großhadern untergekommen. Dort wurde er verhaftet und zunächst nach Starnberg zum Gruppenkommando West gebracht; von dort wird er gemeinsam mit drei verhafteten Starnberger Arbeiterräten zum Zuchthaus Stadelheim überstellt, wo sich unter anderem Mannschaften der Freikorps Epp, Lützow (dieses wird noch eine unrühmliche Rolle spielen) und Liftl aufhalten. Vor der Einlieferung in das Gefängnis wird Landauer von einem „unbekannten" Offizier erklärt, er werde sofort erschossen. Landauer wird schwer misshandelt und niedergeschlagen. Als er sich wieder aufrichtet, wird ihm von einem später nicht mehr zu ermittelnden Soldaten in die linke Schläfe geschossen. Da er noch Lebenszeichen zeigt, werden noch zwei weitere Schüsse abgegeben. Landauers Kleidung wird geplündert. (Freiherr von Gagern wird im September 1919 zu einer Geldstrafe von 500 Mark wg. Misshandlung verurteilt; ein an der Beraubung der Leiche beteiligter Soldat wird im März 1920 wg. gefährlicher Körperverletzung und Hehlerei zu fünf Wochen Gefängnis verurteilt.)

Ernst Toller hört von einem Zeugen folgendes:

Unter Schreien: „Der Landauer! Der Landauer!" bringt ein Trupp bayerischer und württembergischer Soldaten Gustav Landauer, auf dem Gang vor dem Aufnahmezimmer schlägt ein Offizier dem Gefangenen ins Gesicht, die Soldaten rufen dazwischen: „Der Hetzer, der muss weg, derschlagts ihn!" Landauer wird mit Gewehrkolben an der Küche vorbei in den Hof gestoßen, Landauer sagt zu den Soldaten: „Ich bin kein Hetzer, ihr wisst selbst nicht, wie verhetzt ihr seid." Im Hof begegnet der Gruppe der Freiherr von Gagern, mit einer schlegelartigen Keule schlägt er auf Landauer ein, unter den Schlägen des Majors sinkt Landauer zusammen, er steht jedoch wieder auf und will zu reden anfangen, der Vizewachtmeister schießt auf Landauer, ein Schuß trifft ihn in den Kopf, Landauer atmet noch immer, da sagt der Vizewachtmeister: „Das Aas hat zwei Leben, der kann nicht kaputt gehen."

Ein Sergeant vom Leibregiment ruft: „Ziehen wir ihm doch den Mantel 'runter", der Mantel wird ihm ausgezogen. Da Landauer immer

> *noch lebt, legt man ihn auf den Bauch, unter dem Ruf: „Geht zurück,*
> *dann lassen wir ihm noch eine durch", schießt der Vizewachtmeister*
> *Landauer in den Rücken, da Landauer immer noch zuckt, tritt ihn*
> *der Vizewachtmeister mit Füßen zu Tode, dann wird ihm alles her-*
> *untergerissen und seine Leiche ins Waschhaus geworfen.*

Erich Mühsam schreibt Gustav Landauer zu Ehren ein Gedicht. Und Oskar Maria Graf bilanziert:

> *Die Räterepublik war zu Ende. Die Revolution war besiegt. Das*
> *Standgericht arbeitete emsig.*
>
> *An die Generäle von Oven und Möhl richtete der ehemalige Arbeiter*
> *und nunmehrige sozialdemokratische Reichswehrminister Gustav*
> *Noske folgendes Telegramm: „Für die umsichtige und erfolgreiche*
> *Leitung der Operationen in München spreche ich Ihnen meine volle*
> *Anerkennung aus und der Truppe herzlichsten Dank für ihre Leis-*
> *tung." (OMG)*

Dreister kann man diese Brutalitäten kaum schönreden! Tatsache ist, die Räterepublik ist zu Ende. Der deutsch-britische Journalist Sebastian Haffner, der eigentlich Raimund Pretzel hieß, bemerkte:

> *Die deutsche Revolution von 1918 war eine sozialdemokratische Re-*
> *volution, die von den sozialdemokratischen Führern niedergeschla-*
> *gen wurde: ein Vorgang, der in der Weltgeschichte kaum seinesglei-*
> *chen hat. (Sebastian Haffner: Der Verrat)*

Auch im Ruhrgebiet kehrt (Friedhofs-) Ruhe ein: Am 2. Mai ist die Streikbewegung dort endgültig beendet.

Der deutschösterreichische Kabinettsrat verabschiedet eine Protesterklärung an die Pariser Friedenskonferenz gegen die Annexion Südtirols durch Italien, die „Frankfurter Zeitung" veröffentlicht Stellungnahmen von Thomas Mann und Alfred Kerr über die Zukunft der deutschen Literatur nach dem Weltkrieg. Am gleichen Tag liest Bert Brecht seinen Freunden aus seinem jüngsten Theaterstück Baal vor, Thomas Mann liest die Erzählung „Der Namenstag" von Anton Tschechow. Rudolf Steiner hofft, dass durch die Dreigliederungsarbeit „Stuttgart vor den Schrecknissen Münchens" bewahrt bleibt. (CL)

Außerdem findet an diesem 2. Mai eine Besprechung über die Veröffentlichung der Aufzeichnungen des Generalobersten Helmuth von Moltke über den Kriegsausbruch statt; dieser hatte sich 1915 in Bad Homburg mit Rudolf Steiner getroffen. Dabei schüttete er ihm sein Herz aus und schilderte Steiner in allen Einzelheiten den Beginn des ersten Weltkrieges. Steiner weiß, dass von Moltke dies auch schriftlich fixiert hatte. Da die Unterzeichnung des Versailler Friedensvertrages für Ende Juni anberaumt ist, drängt die Zeit: Am 2. und 3. Mai setzt sich Rudolf Steiner schriftlich und telegraphisch mit der Witwe von Helmuth von Moltke, Eliza von Moltke in Verbindung, um von ihr die Erlaubnis zur Veröffentlichung der Aufzeichnungen zu bekommen. Eliza von Moltke ist eine „esoterische Schülerin" Steiners und lud ihn seit 1903 einmal im Jahr in die Familie ein. Dabei wurde öfters auch Musik gemacht, Eliza begleitete ihren Cello spielenden Mann am Klavier. Nach einigem Bedenken stimmt Eliza von Moltke zu, Rudolf Steiner schreibt in einem Brief an sie, dass eine Abschrift der Aufzeichnungen ihres Mannes abgeholt werde. Anschließend wird eine kleine Broschüre mit den Aufzeichnungen von Moltkes gedruckt. Rudolf Steiner dazu:

> *Nach der Kenntnis des Inhalts ist es unmöglich, von den Deutschen die Unterschrift einer Anerkennung der alleinigen Kriegsschuld zu verlangen.*

Wechseln wir das Thema und schauen nach Bayern:

3. Mai: „Die Reinigung von dem roten Gesindel" beginnt, wie es eine Zeitung formuliert, die nun wieder erscheinen kann. Es ist Terror einer grausamen Soldateska, was die Münchner in den nächsten Tagen erleben. Willkürliche Erschießungen, furchtbare Folterungen und Morde werden begangen.

Oskar Maria Graf schreibt:

> *Überall zogen lange Reihen verhafteter, zerschundener, blutig geschlagener Arbeiter mit hochgehaltenen Armen. Seitlich, hinten und vorne marschierten Soldaten, brüllten, wenn ein erlahmter Arm niedersinken wollte, stießen mit Gewehrkolben in die Rippen, schlugen mit Fäusten auf die Zitternden ein. [...] Das sind alle meine Brüder, dachte ich zerknirscht. [...] Sie sind alle Hunde gewesen wie ich, haben ihr Leben lang kuschen und sich ducken müssen, und jetzt, weil*

Oskar Maria Graf kommt genauso in Haft wie sein Freund Schrimpf, Eduard Trautner und andere Mitglieder des Aktionsausschusses. Und der junge Rudolf Egelhofer wird nach schweren Misshandlungen am 3. Mai in der Münchner Residenz, wo er festgehalten wurde, ohne Gerichtsverfahren einfach erschossen.

Am selben Tag kommt in New York Peter („Pete") Seeger zur Welt. Manche Lieder des US-amerikanischen Folk-Musikers und politischen Aktivisten werden auch heute noch vor allem auf Friedens-Demonstrationen gesungen, allen voran „We shall overcome".

Zurück nach München. Ein anderer Akteur der Rätebewegung schleicht sich davon: Adolf Hitler denunziert andere Vertrauensleute aus dem Bataillonsrat vor einem Standgericht der Münchner Reichswehrverwaltung als „ärgste und radikalste Hetzer [...] für die Räterepublik", trägt damit zu ihrer Verurteilung bei und erschleicht sich das Wohlwollen der neuen Machthaber.

Am Abend des 3. Mai findet im Gustav-Siegle-Haus ein öffentlicher Vortrag statt, von dem die „Schwäbische Tagwacht" (regionale Tageszeitung der SPD, erschien von 1890 bis zum Verbot durch die Nationalsozialisten 1933 in Stuttgart) berichtet:

Die Resolution vom Montag, wonach die Regierung gebeten wird, Dr. Steiner zu Rate zu ziehen, wurde wieder mit überwältigender Mehrheit angenommen. (CL 1)

Nicht nur die Waldorfschule ist in Vorbereitung. Auch die Montessori-Pädagogik, 1907 von Maria Montessori in einem Armenviertel Roms eingeführt, kommt in Deutschland an. Am 5. Mai wird im Süden Berlins das erste Montessori-Kinderhaus unter maßgeblicher Beteiligung von Clara Grunwald eröffnet (im Juni 1923 folgt dann die erste Montessori-Schule). Diese antwortet auf die Frage eines Kindes, ob denn auch mal Märchen vorgelesen werden, etwas von guten Feen und dem bösen Wolf:

Nein, wir brauchen keine Märchengeschichten, denn die Entdeckung der Wirklichkeit hält für euch Kinder so viele Wunder bereit. (UH)

Interessant - in der Waldorfschule sind Märchen ein bewusst ausgewählter Erzählstoff der ersten Klasse.

Am Montag den 5. Mai (abends) findet Thomas Mann, dass gegen den nicht nur unnationalen, sondern weltgefährlichen ekstatischen Extremismus eine „Kulturfront" nötig sei, außerdem

daß es sich unter der Militärdiktatur bedeutend freier atmet, als unter der Herrschaft der Crapule. [Halunken, Anm. d. Verf.] (TM)

Zwei Beispiele für den weißen Terror der „Militärdiktatur": Am 5. Mai werden 12 Perlacher Bürger im Biergarten des Hofbräukellers (in Haidhausen) vom Freicorps Lützow auf Verdacht „Linke" zu sein denunziert und ohne gerichtliche Verfahren erschossen. (Ein Prozess im Januar 1926 stellt zwar die Ehre der Gemeuchelten wieder her, doch die Mörder bleiben straffrei.) Am 6. Mai findet eine Versammlung des katholischen Gesellenvereins St. Joseph wegen Theaterangelegenheiten im Vereinslokal „Maxkasino", Augustenstraße 71 in München, statt. Sie wird (fälschlicherweise) als „spartakistisch" denunziert. Auf Grund eines Befehls des Hauptmanns werden die Gesellen durch eine Patrouille verhaftet, weil ein Versammlungsverbot existiert. Der Hauptmann mustert die Verhafteten auf der Straße. Die Leute schreien, sie seien unschuldig; er sagt, das gehe ihn nichts an, und lässt es zu, dass die Leute furchtbar misshandelt werden. Sieben Gefangene werden im Hof des Hauses Karolinenplatz 5 erschossen. Die anderen werden in den Keller eingeliefert. Die Soldaten, zum Teil in angetrunkenem Zustand, trampeln auf den Gefangenen herum, stoßen sie wahllos mit dem Seitengewehr nieder und schlagen derartig um sich, dass ein Gewehr sich verbiegt und dass das Hirn herumspritzt. So töten sie weitere 14 Leute und plündern dann die Leichen aus. Fünf Gefangene werden schwer verwundet. Ein Augenzeuge berichtet:

Die Leichen der Erschossenen schauten fürchterlich aus. Einem war die Nase ins Gesicht hineingetreten, andern fehlte der halbe Hinterkopf,

ein anderer:

*Wenn einer der Verwundeten sich noch regte, wurde auf ihn einge-
schlagen und eingestochen. Zwei Soldaten, die sich umfasst hatten,
führten einen wahren Indianertanz neben den Leichen auf, schrien
und heulten.* (deutsche-revolution.de)

Allein hier 21 unsinnige Opfer der Weißen Blutorgie!

Und Josef Hofmiller bemerkt Interessantes zur Situation der Mehrheitssozialdemokraten:

*Sie trägt auf zwei Achseln, will die Unabhängigen und ihre eigenen
Anhänger zufriedenstellen, die einen nicht vor den Kopf stoßen und
die anderen nicht scheu machen, die einen bei der Stange halten,
die anderen zur Stange zurücklocken, den einen nicht wohl, den anderen nicht weh tun, sie will und will nicht, sie will nicht anstoßen
und stößt doch fortwährend an, bei aller Welt. Sie ist richtig
deutsch: mit aller Welt gutstehen wollen, es mit keinem Menschen
verderben wollen und gerade dadurch es mit aller Welt verderben.*
(JH)

7. Mai (I): In Versailles erhält die vom parteilosen Außenminister Ulrich Graf Brockdorff-Rantzau geleitete deutsche Delegation den Entwurf des Friedensvertrages der Alliierten zur Beendigung des Ersten Weltkriegs ausgehändigt. Er ist letztlich das Werk der „Großen Drei": des US-Präsidenten Woodrow Wilson, des britischen Premierministers Lloyd George und des französischen Ministerpräsidenten Georges Clemenceau. Die Überschrift in den Zeitungen am nächsten Tag lautet: „Der Gewaltfrieden von Versailles". Und irgendwie ist die Hoffnung da, dieser sei verhandelbar. So ruft z.B. der preußische Ministerpräsident Paul Hirsch (MSPD) das Volk auf, sich hinter die Reichs- und Staatsregierung zu stellen, damit der von den Alliierten geplante „Gewaltfrieden in einen wirklichen Frieden der Gerechtigkeit" umgewandelt werden kann. Auch Käthe Kollwitz notiert ins Tagebuch:

Heut sind die Friedensbedingungen heraus. Furchtbar. (UH)

Und ein französischer Marschall ahnt:

Das ist kein Frieden. Das ist ein zwanzigjähriger Waffenstillstand.

Dann, so glaubt er, wäre Deutschland wiedererstarkt und würde sich rächen. Wie Recht er damit hat!

7. Mai (II): Eva Peron kommt zur Welt; sie wird einmal die zweite Frau des argentinischen Präsidenten Juan Peron und damit First Lady, oder vielmehr „Primera Dama", stirbt aber bereits 33-jährig an Gebärmutterhalskrebs. Andrew Lloyd Webber (Musik) und Tim Rice (Libretto) verewigten sie im Musical „Evita" (= spanische Verkleinerungsform von Eva).

7. Mai (III): Rudolf Steiner hält einen Vortrag bei einer Besprechung mit dem Arbeiterrat im Gewerkschaftshaus in Stuttgart.

Nachdem Rudolf Steiner zwei Wochen lang immer wieder seine Dreigliederung vor Arbeitern dargestellt hat, beginnt mit dem 8. Mai die „Betriebsräte-Bewegung". Es gibt insgesamt acht Abende, an denen Steiner mit den Arbeiter-Ausschüssen der großen Betriebe Stuttgarts diskutiert. Dabei wird deutlich, dass er – wenig überraschend - an eine andere Bedeutung denkt als gemeinhin üblich:

> *Eine große Rolle spielte in der Arbeiterschaft damals die Frage der Einrichtung von Betriebsräten. Die „Dreigliederer" beteiligten sich aktiv an dem Versuch der Schaffung solcher Betriebsräte. Sie verstanden diese aber weder im Sinne der Mehrheitssozialdemokratie als Organe des Ausgleichs zwischen „Kapital" und „Arbeit", deren feindlicher Gegensatz hierbei vorausgesetzt und akzeptiert war, noch als revolutionäre Organe des „Kampfs gegen die Bourgeoisie". Vielmehr sahen sie in ihnen Organe der betrieblichen und überbetrieblichen Selbstverwaltung und Zusammenarbeit, in denen Arbeiter und Management - auf dem Boden der Rechtsgleichheit, bei Wahrung von Verantwortungs- und Kompetenzräumen - zusammenwirken sollten. In diesem Sinne trat Rudolf Steiner in Sitzungen mit den Stuttgarter Arbeiterausschüssen auf. (CS)*

Ein wichtiger Hinweis dazu von Steiner:

> *Das zeigt doch, dass es eine gewisse Wichtigkeit hat, nicht bloss wie ein hypnotisiertes Hühnchen immer der Frage nachzulaufen: Wie erlangen wir die Macht? -, sondern sich zu fragen: Was tun wir mit*

der Macht? - Ich muss das immer wieder fragen: Wie handeln wir?
(GA 331)

Außerdem stellt Thomas Mann an diesem 8. Mai in seinem Tagebuch fest, dass gegen die auswärtigen Truppen, die vor kurzem noch gefeiert wurden, nun gehetzt wird.

Am 9. Mai wundert sich Albert Einstein,

dass die Reichsregierung als Reaktion auf die als untragbar bezeichneten Forderungen per amtlicher Verfügung eine Nationale Trauerwoche ausrief. Während des ganzen Weltkriegs hatte es nicht einen einzigen offiziellen Gedenktag für die Todesopfer gegeben, nun sollte vom 10. bis zum 16. Mai jegliches Amüsement im Land ruhen – eine Regelung, die sonst nur am Karfreitag galt. Die symbolische Bedeutung war also evident: Das deutsche Volk beklagte den Kreuzweg, auf den es von den Alliierten geschickt werden sollte. Konkret betrafen die Verbote während der Trauerwoche alle Theater und Lichtspielhäuser, die nur Vorführungen ernsten Inhalts zeigen durften. Kaffeehauskonzerte waren ebenso untersagt wie leichte Muse, Pferderennen und Glücksspiel, das man sogar über den 16. Mai hinaus zu suspendieren gedachte. (AP)

Am 10. Mai wird nach langer Planung in der Freien und Hansestadt Hamburg die erste demokratisch gegründete Universität in Deutschland eröffnet.

Am selben Tag schreibt Rudolf Steiner an die Bildhauerin Edith Maryon in Dornach:

Ich bin in solcher Überarbeit darinnen ... jeden Tag wenigstens ein Vortrag mit daran anschließender Diskussion zu halten, mutet dem alten Organismus viel zu und ich wäre froh, wenn ich dazwischen an unserer künstlerischen Arbeit in Dornach auch noch andere Körperglieder anstrengen könnte als hier nur den Kehlkopf. Doch alles muss eben sein... (CL 1)

Rudolf Steiner ist es wichtig, dass es - um Einseitigkeiten zu vermeiden - neben der wirtschaftlich-sozial orientierten Betriebsräte-Bewegung auch ein Gremium für die geistigen Bestrebungen gibt, einen Kulturrat. Ziel soll sein:

die Freiheit im Geistesleben. Während er in öffentlichen Veranstaltungen die Betriebsrätebewegung befeuert, äußert er sich in drei „volkspädagogisch" genannten Vorträgen vor Mitgliedern ab dem 11. Mai über die Grundlagen einer anthropologisch orientierten Pädagogik für freie Schulen, interessanterweise ohne die bevorstehende Schulgründung zu erwähnen. (AS)

In mehreren deutschösterreichischen Städten finden Kundgebungen für den Anschluss an das Deutsche Reich statt, die Bevölkerung von Vorarlberg entscheidet sich in einer Volksabstimmung für den Anschluss an die Schweiz und Großbritannien und die USA erkennen Finnland an.

Hermann Hesse mietet sich am 11. Mai in Montagnola, einem kleinen Dorf oberhalb von Lugano, vier kleine Räume in einem neobarocken Palazzo, der „Casa Camuzzi". Damit beginnt die zweite Hälfte seines Lebens, er ist - mit knapp 42 Jahren - am Endpunkt seiner Krisenjahre, derjenigen Phase, die Jürgen Below charakterisiert: „Der Vogel kämpft sich aus dem Ei", damit Bezug nehmend auf das 5. Kapitel von Hesses Demian. Hesse hat seine Familie verlassen und beginnt neu.

Am 12. Mai beginnt sich die Meinungsbildung in der Presse gegen die Dreigliederungsbewegung zu wenden. So sieht z.B. die „Schwäbische Tagwacht", die vor einer Woche die Vorschläge Rudolf Steiners als „außerordentlich reichhaltig" bezeichnet hat, darin ein Illusionsgebäude und vermutet, man wolle die Arbeiterschaft „zum Werkzeug für den Bolschewismus" machen. (EK)

Am selben Tag notieren wir einen demonstrativen Akt und ein Zitat für die Geschichtsbücher: Die Weimarer Nationalversammlung macht einen Betriebsausflug und tagt aus Protest gegen die Versailler Friedensbedingungen in der Aula der Berliner Universität. Dort prägt der amtierende Ministerpräsident Philipp Scheidemann die rhetorische Frage:

> *Welche Hand müsste nicht verdorren, die sich und uns in diese Fesseln legt?*

Auch eine Art Protestveranstaltung: Die IFFF, die „Internationale Frauenliga für Frieden und Freiheit", die noch heute existiert und bei den Vereinten Nationen einen Beraterstatus hat, führt vom 12. bis 19. Mai in Zürich ihren 2. Kongress durch - der erste hat mitten im Krieg, im Frühjahr 1915 in Den

Haag unter erschwerten Bedingungen stattgefunden. Maßgeblich beteiligt an beiden ist Anita Augspurg.

13. Mai, Berlin: Der deutsche Reichspräsident Ebert richtet in Berlin einen Aufruf an die US-amerikanische Öffentlichkeit und bezeichnet dort die Versailler Friedensbedingungen nicht nur als Verdrehung, sondern als völlige „Negierung" des vom US-amerikanischen Präsidenten Woodrow Wilson aufgestellten 14-Punkte-Programms.

13. Mai, München: Eugen Leviné,

> *der hagere Mann, aus dessen eingefallenem Gesicht die gebogene fleischige Nase groß hervorspringt,*

wie ihn Ernst Toller beschreibt, wird verhaftet, nachdem er seit dem 2. Mai untergetaucht lebt. Ebenfalls untertauchen muss Toller selbst. Auf seinen Kopf ist eine Belohnung von 10.000 Mark ausgesetzt. Überall in München, ja selbst in ganz Deutschland hängen die Fahndungsplakate. Eine Zeitlang finden sich regelmäßig Arbeiter, die ihn unterstützen; dann haben sie aber immer öfter Angst, weil ihre Wohnungen durchsucht werden. Er wandert von Unterschlupf zu Unterschlupf. Auch Rainer Maria Rilke kann Toller nicht unterbringen. Rilke meint:

> *„Ich bin sehr betrübt, bei mir sind Sie nicht sicher, zweimal schon wurde mein Haus durchsucht [...]." Rilke geht, bald danach wird er aus München ausgewiesen. Die Kämpfe der Politik berührten ihn nie, dass er ein Dichter war, machte ihn der Polizei verdächtig. (ET)*

13. Mai, Stuttgart: Rudolf Steiner, Emil Molt und E.A.Karl Stockmeyer sind beim württembergischen Kultusminister Heymann und verhandeln mit ihm und dem Referenten Reinöhl über die Genehmigung der Waldorfschule als einheitliche Volks- und höhere Schule. Der sozialdemokratische Kultusminister Heymann zeigte sich nach den Angaben Molts erfreut über die Pläne einer ersten „Einheitsschule". So wird die Schule aus taktischen Gründen dargestellt. Das soziale und pädagogische Konzept der Schule findet Anklang, und die Schule wird bald darauf genehmigt, u.a. auch deshalb, weil in Württemberg noch ein Privatschulgesetz aus dem Jahr 1836 gilt, dessen Bestimmungen so weitmaschig sind, dass eine Genehmigung möglich ist (CL). In einem anderen Land wäre die Schulgründung wahrscheinlich gar

nicht möglich gewesen. Am Abend steht für Steiner wieder ein anderes Thema an: Nachdem vor einer Woche die als nationale Schmach erlebten Bedingungen des Versailler Vertrags bekannt geworden sind, hofft Rudolf Steiner bei einem Vortrag im Gustav-Siegle-Haus am Ende:

> *Durch Leiden, Schmerzen und Prüfungen werden wir den Mut, die Kühnheit, das Verständnis finden für einen neuen Aufbau.* (GA 330)

Hölderlin drückte das so aus:

> *Wo aber Gefahr ist, wächst das Rettende auch!*

Und heute sagt man:

> *Die Leber wächst mit ihren Aufgaben.*

Die Mörder Rosa Luxemburgs und Karl Liebknechts werden am 14. Mai - wenn überhaupt - zu äußerst milden Freiheitsstrafen verurteilt. Auch der Leutnant, der gestanden hat, Liebknecht erschossen zu haben, wird freigesprochen. Einem der Täter glückt zwei Tage nach Haftantritt mit Hilfe von Reichswehr-Offizieren die Flucht aus dem Gefängnis.

Während Rudolf Steiner für seine Sicht auf die Betriebsräte Werbung macht, wird am 15. Mai der „Entwurf eines Gesetzes über die Betriebsräte" als „Referentenentwurf" des Reichsarbeitsministeriums unter Gustav Bauer vorgelegt und (endlos) diskutiert. Die Vorgeschichte: Am 23. November 1918 verordnete der Rat der Volksbeauftragten, dass „zur Wahrung der politischen und wirtschaftlichen Interessen der Arbeiter und Angestellten" Betriebsräte zu wählen sind, welche die Aufgaben der (in Deutschland seit 1916 gesetzlich verankerten) Angestellten- und Arbeiterausschüsse zu erfüllen haben. Aufgrund dieser Verordnung ist im Frühjahr und Sommer 1919 die gesamte Arbeiterschaft mit der Bildung von Betriebsräten beschäftigt. Das Gesetz tritt erst mit dem 4. Februar 1920 in Kraft.

Rudolf Steiner kritisiert immer wieder das System der staatlich anerkannten Betriebsräte, bezeichnet sie

> *als „Strohpuppen", mit deren Hilfe der alte Kapitalismus „wiederum aufgepäppelt" werden solle.* (AS)

15. Mai: Der dänische Arbeitgeberverband und die dänischen Gewerkschaftsverbände schließen ein Übereinkommen über die Einführung des

Achtstundentags ab spätestens 1. Januar 1920. Ausgenommen von dieser Regelung sind die Bereiche Seefahrt und Landwirtschaft.

Die Berliner Nachrichtenagentur Wolffs Telegraphen-Bureau (WTB) veröffentlicht am 16. Mai die bis zum 30. April erfassten Kriegsverluste des Deutschen Reichs: 1,7 Millionen Tote, 0,37 Millionen Vermisste, 4,2 Millionen Verwundete, 615 922 Soldaten befinden sich noch in Gefangenschaft. Insgesamt töteten sich in diesem Krieg rund 10 Millionen Männer. Das ist eine Kehrseite des Industrialismus - auch der Krieg findet in industriellem Maßstab statt.

Um 19.30 Uhr spricht Rudolf Steiner in einem öffentlichen Vortrag im Gustav-Siegle-Haus über „Einzelheiten über die Neugestaltung des sozialen Organismus" (GA 330/331). Darin führt er aus, dass es aussichtslos sei, die Sozialisierung von oben herab durchzuführen; es sei der einzige Weg, mit den Arbeitern, die nach dem Rätesystem streben, gemeinsam die Sozialisierung zu verwirklichen. Nach seinen mit großem Beifall aufgenommenen Ausführungen meldet sich der USPD-Führer Siegfried Dorfner zu Wort:

Nun hat Herr Dr. Steiner gezeigt, dass in den Parteien für die Zukunft überhaupt kein Heil zu suchen ist. Er hat gesagt, dass nur starkes Wollen, neue Gedanken und die Tat uns aus dem Chaos retten können. Und Sie, verehrte Anwesende haben Herrn Dr. Steiner zugejubelt. Nun möchte ich Ihnen verraten, dass in der vorigen Woche und in dieser Woche in allen Versammlungen die Proletarier aller Parteischattierungen, Mehrheitssozialisten, Unabhängige Partei und Kommunisten voll und ganz mit Herrn Dr. Steiner einverstanden waren und ihm ebenso begeistert, und noch mehr als Sie zugejubelt haben ... Nun frage ich Sie: Ist das nicht die Brücke? Hätten wir jetzt gar kein Mittel, um jetzt zusammen zu kommen? Wir Arbeiter bieten Euch die Hand an (starker Beifall); stellen wir uns auf den Boden der Dreigliederung und der Klassenkampf wird verschwinden. In Freiheit und Gleichheit wollen wir Brüder sein. Wenn wir so zusammen schaffen, dann geht Deutschland nicht unter, dann gehen wir trotz allem doch noch einer schönen Zukunft entgegen. (starker Beifall) (CL)

Am 17. Mai fordern Separatisten in Speyer, die von der französischen Regierung unterstützt werden, die Proklamation der Pfalz als einen selbständigen neutralen Staat. Am Tag darauf findet dort eine Massenkundgebung für den Verbleib der Pfalz beim Deutschen Reich statt.

Im zweiten „volkspädagogischen" Vortrag am 18. Mai betont Rudolf Steiner, dass der heutige Lehrer nicht in einem Winkel sitzen und vom Leben nichts verstehen dürfe. Er beklagt, dass sich die Schule vom Leben entfernt habe, dass sie ein künstlich isoliertes Gebilde geworden sei.

In der Abschlusssitzung des Frauenkongresses am 19. Mai lautet ein Fazit:

> *Noch nie ist uns so klar geworden, wie in Zürich, dass die Frau wirklich etwas Neues in die Politik hineintragen kann, nicht nur etwas Verbindendes, Versöhnendes, sondern tatsächlich eine neue Art des politischen Denkens, eine neue Ethik, einen neuen Glauben, oder wie man das nennen will. (UH)*

Unda Hörner stellt da die Frage:

> *Alle Männer ferngesteuerte Mordgesellen und die Frauen eine Schar unschuldiger Friedensengel? (UH)*

Und fürwahr gab es in den darauffolgenden 100 Jahren Frauen „an der Macht", die kaum einen Deut besser waren als regierende Männer. Selbst eine Friedensnobelpreisträgerin als Regierungschefin kann tausendfaches Morden an Andersglaubenden nicht verhindern, ja schaut zu. Und die Frage ist vielleicht auch berechtigt, warum Frauen ihre Söhne zu ferngesteuerten Mordgesellen erziehen? Welche Möglichkeiten der Einflussnahme lassen sie da brachliegen? Tatsache ist, dass im Umbruch nach dem Krieg, auf der Suche nach neuen Strukturen abseits der Monarchie auch das Schulsystem vermehrt in den Blick kommt. Viele unterschiedliche pädagogische Strömungen und Ansätze, die z. T. schon vorher entwickelt wurden, fordern nun verstärkt einen Paradigmenwechsel - statt dem bisherigen „Drill" autoritärer Bildungskonzepte soll das Kind im Mittelpunkt stehen, der Lehrer dient als Begleiter und Förderer. Rudolf Steiner fasst den Blick noch weiter. Er bezieht das Vorgeburtliche und das Nachtodliche der „Zöglinge" in seine Überlegungen mit ein. Doch trotz aller Bemühungen findet auch 100 Jahre später in der Regel noch „Ostereier-Pädagogik" statt. Der Lehrer-Osterhase versteckt die Ostereier und hofft, dass die Schülerinnen und Schüler sie finden.

Und Tatsache ist auch, dass viele Frauen gute Ideen haben und die auch umsetzen. Zum Beispiel Mrs. Jebb: In der Royal Albert Hall in London gibt die Britin Eglantyne Jebb die Gründung des Kinderhilfswerks „Save the Children" bekannt. Sie sammelt mit ihrer Schwester Spenden zur Hilfe für die unter den Folgen des Kriegs leidenden Kinder in Deutschland und Österreich (Balsam). Die Hilfsorganisation setzt sich 100 Jahre später u.a. gegen Kinderarbeit bzw. Kindersklaverei ein.

Die estländische Verfassunggebende Nationalversammlung in Reval proklamiert gegen eine russische Stimme den Status von Esti (Estland und Nordlivland) als unabhängige und demokratische Republik. Betont wird der Wille, sich „gegen das bolschewistische und tyrannische Russland" zu verteidigen „bis zum letzten Blutstropfen".

In Weimar treten die Präsidenten der thüringischen Landtage zusammen, um über die Schaffung eines Freistaats Thüringen zu beraten (20. Mai). Und in Paris nimmt die französische Abgeordnetenkammer mit 344 zu 97 Stimmen ein Gesetz an, das den Frauen in Frankreich und Algier das aktive und passive Wahlrecht für die Gemeinderats-, Generalrats- und Bezirksratswahlen verleiht. Dagegen steht fast der gesamte Süden der Vereinigten Staaten dem Frauenstimmrecht ablehnend gegenüber, u.a. „aus Besorgnis vor dem weiblichen Negerelement".

Eine interparlamentarische Handelskonferenz in Brüssel, an der über 200 belgische und ausländische Abgeordnete teilnehmen, spricht sich u.a. für die Internationalisierung der Donau und des Rheins sowie für freie Schifffahrt aus.

Der spanische König Alfons XIII. verleiht per Dekret allen Universitäten des Landes vollständige Autonomie.

Deutsche und verbündete Truppen erobern die seit Januar von Truppen der Moskauer Sowjetregierung besetzte lettische Hauptstadt Riga zurück. Dazu gibt es folgendes grausame Detail: Der deutsch-baltische Theologe Hermann Bergengruen und eine Reihe von weiteren evangelischen Geistlichen werden im Rigaer Zentralgefängnis von den Bolschewiki kurz vor deren Rückzug am 22. Mai ermordet. Bergengruen hatte vor seinem Tod seine überraschend freigelassene Frau in einem heimlichen Brief ermahnt:

Nimm nie die Freude aus dem Leben der Kinder.

Die Getöteten gehören zu einer größeren Gruppe von „baltischen Märtyrern". Auf dem „Rigaer Märtyrerstein" auf dem Großen Friedhof in Riga stehen neben den Namen dieser Märtyrer noch andere Geistliche verzeichnet, die im Lettischen Unabhängigkeitskrieg und im Estnischen Freiheitskrieg in den Jahren 1918 und 1919 unter der bolschewistischen Besatzung getötet wurden. Darunter ist auch Carl Immanuel Philipp Hesse, der Cousin von Hermann Hesse. Dessen grausamer Tod im Dezember 1918 - ihm wurden vor seiner Erschießung die Augen ausgestochen - war das Ende einer langen Reihe von familiären Schicksalsschlägen, die Hermann in eine tiefe Lebenskrise stürzten (Tod des Vaters, Gehirnhautentzündung des Sohnes, zerbrechende Ehe mit Mia).

22. Mai: Rudolf Steiner wendet sich im ersten von sieben Diskussionsabenden mit den Arbeiter-Ausschüssen der Großbetriebe Stuttgarts zum Thema Betriebsräte und Sozialisierung gegen „demokratische Verzierungen des herkömmlichen Kapitalismus". (CL)

Am 23. Mai wird die Frühjahrsausstellung der Akademie der Künste in Berlin eröffnet. Es werden Werke von Lovis Corinth, Georg Kolbe, Käthe Kollwitz, Wilhelm Lehmbruck (der zwei Monaten zuvor gestorben ist) und weiteren Künstlern gezeigt.

Paul Klee malt, gezeichnet von der grausamen Niederschlagung der Räterepublik, das Ölbild „Junger Proletarier" sowie vier Selbstbildnisse (denkender Künstler, empfindender Künstler, abwägender Künstler und formender Künstler). Nach der Zeichnung „Versunkenheit" gestaltet er dasselbe Motiv noch als aquarellierte Lithographie. Auch dies ist ein Selbstbildnis - eine ohrenlose Figur, frontal, mit zugekniffenen Augen, in Gedanken versunken, in sich gekehrt. Klee lebte teilweise in einer anderen Welt, in einer Zwischenwelt, wie er es nennt. Einmal schreibt er:

Diesseitig bin ich gar nicht fassbar. Denn ich wohne grad so gut bei den Toten, wie bei den Ungeborenen. Etwas näher dem Herzen der Schöpfung als üblich. Und noch lange nicht nahe genug.

So lautet auch die Inschrift auf seiner Grabplatte auf dem Friedhof bei Bern. Ein anderes Mal heißt es bei ihm:

> *Ich sage es oft, aber es wird manchmal nicht ernst genug genom-men: dass sich uns Welten geöffnet haben und öffnen, die auch der Natur angehören, aber in die nicht alle Menschen hineinblicken - vielleicht wirklich nur die Kinder, die Verrückten, die Primitiven. Ich meine etwa das Reich der Ungeborenen und der Toten, das Reich dessen, was kommen kann, kommen möchte, aber nicht kommen muss, eine Zwischenwelt. Zwischenwelt nenne ich sie, da ich sie zwi-schen den unseren Sinnen äußerlich wahrnehmbaren Welten spüre und innerlich so aufnehme, dass ich sie in Entsprechungen nach au-ßen projizieren kann. Dorthin vermögen die Kinder, die Verrückten, die Primitiven noch oder wieder zu blicken.*

Vielleicht vermögen auch die Eingeweihten in diese Welt zu blicken?! Klees Frau Lily, die sich mit der Anthroposophie beschäftigt, hat ihrem Mann je-denfalls einige Werke von Rudolf Steiner „ins Feld" geschickt; Klee sah diese Schriften allesamt kritisch, hat aber dennoch einmal in einem Brief an Lily bemerkt:

> *Ich gebe zu, dass manches darin steht, wodurch selbst Erkanntes be-festigt wird.*

Auch der malende Hermann Hesse lebt in einer Zwischenwelt, allerdings in einer anderen als Klee. Er wohnt jetzt seit zwei Wochen in Montagnola, doch zum Schreiben ist der Kopf (und sein Herz) noch nicht frei:

> *[...] ich komme noch zu keiner andern Arbeit als zum Malen. Ich ha-be Kopf und Herz schwer von Sorgen, und bin noch lang nicht einge-lebt, auch hat mein äußeres Leben noch keine rechte Form, es fehlt an der regelmäßigen Verpflegung etc. Nur mit dem Malen geht es allmählich, weil beim Augenaufreißen vor der Natur die Konzentra-tion und das Vergessen der übrigen Welt viel leichter und stärker eintritt als am Schreibtisch. [...]* (Brief am 26.5. an Carl Seelig, HH 2)

Die Münchnerin Marie Kießling stellt bei einem Leichtathletik-Wettkampf in ihrer Heimatstadt mit 13,5 Sekunden einen deutschen Rekord auf der 100-

m-Strecke auf. (Zur Info: 2018 gilt mit 10,81 Sekunden noch der deutsche Rekord der DDR-Sportlerin Marlies Göhr aus dem Jahr 1983).

27. Mai: Die deutsche Oberste Heeresleitung muss auf Anordnung der Reichsregierung eine Umfrage einstellen, mit der sie in Erfahrung bringen wollte, wie die Bevölkerung angesichts der alliierten Friedensbedingungen zu einer Wiederaufnahme des Krieges steht. Auf der anderen Seite nimmt der Nationalausschuss der französischen Gewerkschaft Confédération Générale du Travail (C.G.T.) in Paris mit überwältigender Mehrheit einen Antrag an, in dem der Versailler Friedensvertrag abgelehnt wird, weil er u.a. das Selbstbestimmungsrecht der Völker verneine (sic!) und die Basis für verschleierte Annexionen sowie die Fortführung des Kolonialismus sei.

27. Mai: Die Broschüre über den Kriegsausbruch ist fertig. 21 Seiten Aufzeichnungen des jüngeren von Moltke, mit einer Einleitung Marie Steiners sowie weiteren 13 Seiten Vorbemerkungen von Rudolf Steiner, und zwar in einer Auflage von 10.000 Exemplaren. Der Titel: Die „Schuld" am Kriege - Betrachtungen und Erinnerungen des Generalstabschefs H. v. Moltke über die Vorgänge vom Juli 1914 bis November 1914, herausgegeben vom „Bund für Dreigliederung des sozialen Organismus". Zur Broschüre wird auch ein Flugblatt mit einem „Aufruf an das deutsche Volk und an die deutsche Regierung" gedruckt (50.000 Exemplare). Steiner wünscht sich damit eine

> *wahrheitsgemäße Darstellung der Ereignisse, die zum Krieg geführt haben.*

Emil Molt beschafft sich aus der Druckerei einige Exemplare und übergibt eines an Hans-Adolf von Moltke, der umgehend seinen Vater Friedrich (der Bruder des 1916 verstorbenen Helmuth von Moltke) informiert.

28. Mai: Zweiter Diskussionsabend mit den Arbeiter-Ausschüssen der großen Betriebe Stuttgarts.

Es

> *… war schon beim dritten Treffen mit den Arbeiterausschüssen und Betriebsräten, am 28. Mai 1919, die gemeinsame Linie so weit abgeklärt, daß „mit allen gegen eine Stimme" eine Resolution angenommen wurde mit der Forderung, „daß so schnell wie möglich al-*

28. Mai: Rudolf Steiner schickt Frau Eliza von Moltke die besagte Broschüre und schreibt einen Brief dazu. Während er diesen schreibt, erfährt er, dass tags zuvor bereits Exemplare in Umlauf gekommen sind.

Er schreibt auch:

Ich stehe hier in einem wahren Kreuzfeuer. … Jeden Abend Vortrag oder Verhandlung. Dabei steht das Schlimmste bald bevor.

29. Mai (Christi Himmelfahrt, I): Der britische Astrophysiker Arthur Eddington beobachtet während einer totalen Sonnenfinsternis in der portugiesischen Kolonie São Tomé und Príncipe, dass das Gravitationsfeld der Sonne Licht genau so ablenkt, wie es die allgemeine Relativitätstheorie von Albert Einstein vorhersagt.

29. Mai (II): Der britische Staatssekretär für Indien, Edwin Samuel Montagu, legt im Unterhaus in London einen Entwurf über die Reform der indischen Verwaltung vor. Die Reformen sehen die allmähliche Übertragung der Macht von der britischen Verwaltung auf einheimische Organe vor.

29. Mai (III): Von Mitarbeitern des „Bundes" findet die erste Besprechung über einen zu gründenden Kulturrat statt.

29. Mai (IV): Den Vertretern der Alliierten in Paris wird der zweite Teil der deutschen Gegenvorschläge zum Entwurf eines Friedensvertrags überreicht. Am Tag zuvor hatte der Reichsaußenminister, Ulrich Graf von Brockdorff-Rantzau, bereits den ersten Teil der deutschen Vorschläge übergeben. Am 16. Juni kommt dann die Antwort: Nein!

Am 30. Mai besichtigt Rudolf Steiner mit Marie, Emil Molt und Herbert Hahn das Restaurant „Uhlandshöhe", das als Schulgebäude in Frage kommt. Sowohl Gebäude als auch Gelände werden für einen Schulbetrieb als geeignet angesehen.

Frau Eliza von Moltke stellt - beeinflusst von ihrer Familie - in einem Brief ihre Bedenken bezüglich der Veröffentlichung der Broschüre dar. Derweil spekuliert Thomas Mann, ob es nicht klüger sei, den unrealistischen, unerfüllbaren „Ententefrieden" zu unterzeichnen als einen eigenen Gegenvorschlag, den man halten kann und muss.

Der US-amerikanische Präsident Woodrow Wilson wollte das Selbstbestimmungsrecht der Völker auch auf Afrika (sic!) anwenden, was am Widerstand v.a. der britischen Kolonisten scheiterte. Für die bisherigen deutschen Afrikakolonien einigt man sich Ende Mai auf eine „Sonderlösung". Man erklärt sie zu Mandatsgebieten des Völkerbundes - der größte Teil von Deutsch-Ostafrika wird zum britischen Gebiet „Tanganyika", Belgien erhält die Zuständigkeit für Ruanda und Urundi, das heutige Ruanda und Burundi. Das Abkommen dafür kommt am 30. Mai zustande.

Am Morgen des 31. Mai machen zwei Kinder den Legationsrat der litauschen Botschaft auf mit Handschuhen bedeckte Hände im Landwehrkanal aufmerksam. Die Leiche von Rosa Luxemburg wird dann von dem Schleusenarbeiter Gottfried Knepel und dem Tischler Otto Fritsch aus dem Wasser gezogen und ins Leichenschauhaus der Charité gebracht. Am selben Tag wird Johannes Hoffmann vom Landtag in Bamberg erneut zum bayerischen Ministerpräsidenten gewählt, und der „Aufruf an alle Menschen zur Begründung eines Kulturrats!" wird veröffentlicht, den Carl Unger in der Nacht zuvor entworfen hat. Am Abend, bei einem öffentlichen Vortrag Rudolf Steiners für die Versammlung des Bundes für Dreigliederung des sozialen Organismus, wird dieser „Aufruf" von Dr. Unger vorgestellt. Ein Flugblatt mit angehängter Beitrittserklärung liegt aus.

Intermezzo 5   Sozialisierung versus Sozialismus

Sozialisierung

Unter Sozialisierung versteht man die Überführung des Eigentums oder sonstiger vermögenswerter Güter aus Privathand in die öffentliche Hand (Bund, Land, Gemeinde) mit dem Ziel einer am Allgemeinwohl orientierten Nutzung. Der Begriff der Sozialisierung ist inhaltsgleich mit dem in Art. 15 GG verwendeten Begriff der Vergesellschaftung. Die Sozialisierung führt zur Entstehung von Gemeineigentum und bei entsprechender Ausgestaltung zur Gemeinwirtschaft. Die Sozialisierung ist von der bloßen Umverteilung von Eigentum unter Privaten (z. B. bei Bodenreform) und von (auch weitreichenden) Beschränkungen der Befugnisse des Privateigentümers (z. B. Verfügungsverbote, Mieterschutzgesetze) zu unterscheiden. In Deutschland gestattet Art. 15 GG, Grund und Boden, Naturschätze und Produktionsmittel durch ein Gesetz zu sozialisieren, das allerdings nach den Grundsätzen der Enteignung Art und Ausmaß der Entschädigung regeln muss. Davon ist bislang kein Gebrauch gemacht worden.
Konkrete Umsetzungspläne zur Sozialisierung von Teilen der deutschen Wirtschaft prüfte erstmals die im November 1918 vom Rat der Volksbeauftragten eingesetzte Expertengruppe, die „Kommission zur Vorbereitung der Sozialisierung der Industrie".

(u.a. Bundeszentrale für politische Aufklärung)

Sozialismus

Der Sozialismus ist eine politische Lehre mit zwei Hauptströmungen. Es gibt einen revolutionären Sozialismus und einen demokratischen Sozialismus. Einige Grundideen des Sozialismus sind schon im 18. Jahrhundert, in der Zeit der Aufklärung, beschrieben worden. In der Französischen Revolution von 1789 wurde dann der Ruf laut: Freiheit, Gleichheit, Brüderlichkeit (heute würden wir Brüderlichkeit als Solidarität bezeichnen). Der Sozialismus betont die Gleichheit (und Brüderlichkeit), während der Liberalismus die Freiheit in den Vordergrund stellt. Aber erst als es im 19. Jahrhundert mit der Industrialisierung immer mehr Armut und Elend unter den Arbeitern gab, entwickelte sich der Sozialismus zu einer Massenbewegung. Seine verschiedenen Ideen wurden nun zu einer politischen Lehre zusammengefasst. Am Ende des 19. Jahrhunderts vertraten die Arbeiterschaft und die Gewerkschaften den demokratischen Sozialismus, der „gemäßigter Reform-Sozialismus" genannt wurde. Durch eine schrittweise Veränderung sollten die wirtschaftlichen und sozialen Verhältnisse und damit die Lebensbedingungen der Menschen verbessert werden. Keiner sollte mehr über andere Menschen Macht ausüben, wenn er dafür nicht von allen demokratisch gewählt wird. Aus dieser Bewegung ist die Sozialdemokratische Partei Deutschlands, die SPD, hervorgegangen.

Der revolutionäre Sozialismus, der sich als zweite Hauptströmung entwickelte, strebte dagegen einen gewaltsamen Umsturz und einen radikalen Neuanfang in Wirtschaft und Gesellschaft an. Er verstand sich als Übergangsstadium zum Kommunismus. Nach der russischen Oktoberrevolution im Jahre 1917 entstand so in der Sowjetunion der „real existierende Sozialismus". Und auch in anderen Staaten wurde das sozialistische System eingeführt. In vielen Ländern führte der Sozialismus zur Gewaltherrschaft, in der viele Menschen unterdrückt wurden. Um 1990 kam es zum Zusammenbruch vieler sozialistischer Gesellschaftsordnungen.

In den demokratischen Staaten Westeuropas stehen nach wie vor sozialistische und sozialdemokratische Parteien zur Wahl. Sie wollen Vorstellungen des Sozialismus auf der Grundlage der Demokratie verwirklichen.

(Bundeszentrale für politische Aufklärung)

Und nun schauen wir noch auf die Gedanken von Rudolf Steiner zu diesem Thema:

Am 8. Mai 1919 fand die erste von zahlreichen Diskussionen Rudolf Steiners mit den „Arbeiterausschüssen und Betriebsräten der großen Betriebe Stuttgarts" statt; die Protokolle der Sitzungen vermitteln ein lebendiges Bild von Zielsetzung und Strategie der Betriebsrätebewegung.

In den einleitenden Referaten versucht Steiner von immer neuen Gesichtspunkten aus, die Sozialisierung in die Gesamtkonzeption der Dreigliederung einzuordnen. An den Anfang stellt er ein eindeutiges Bekenntnis zum Sozialismus, der sich allerdings in lebendiger Gestaltung fortwährend erneuern muss:

> *„Sehen Sie, mein Vorschlag geht davon aus, daß der Sozialismus, nachdem er nun einmal da ist, wiederum nicht von der Tagesordnung abgesetzt werden kann ... Der Sozialismus wird immer neu gehandhabt werden müssen, er ist etwas ganz Lebendiges ... Wer glaubt, daß er einmal den Sozialismus einführen kann, und dann ist er da, der gleicht einem Menschen, der sagt: ich habe gestern gegessen, da war ich ganz satt. Nun brauche ich nichts mehr zu essen. - Sie müssen, weil der Organismus ständig gewisse Veränderungen durchmacht, und weil er etwas Lebendiges ist, fortwährend essen. Und so ist es auch mit dem, was sozialistische Maßnahmen sind. Sie müssen fortwährend sozialisieren, weil der soziale Organismus etwas Lebendiges ist."*
>
> *Nicht als starres Lehrgebäude wissenschaftlicher Theorie ist hier der Sozialismus gefaßt, sondern als ein Sozialismus der Tat, der sich an der Praxis zu bewähren und zu korrigieren hat. Immer wieder betont Steiner dabei, daß die konkreten Ausgestaltungen einer assoziativen Ökonomie von den zusammenarbeitenden Menschen abhängen; letztlich werde erst eine sich den alltäglichen wirtschaftlichen Aufgaben stellende Betriebsräteschaft zeigen, was Sozialisierung eigentlich sei. (AS)*

Steiner ist der Überzeugung, dass Geistesleben, Rechtsleben und Wirtschaftsleben geteilt werden müssen und dann im Wirtschaftsleben eine „Gesamtsozialisierung" stattzufinden habe, denn

> *wer heute noch die Sozialisierung so auffaßt, daß man nur die einzelnen Betriebe sozialisieren will, der würde sehr bald sehen, auf welch kuriosem Standpunkt wir durch die Sozialisierung lediglich einzelner Betriebe in fünf Jahren stehen würden. Würden wir bloß die einzelnen Betriebe sozialisieren, so kämen wir zum wüstesten*

*Individualismus der einzelnen Betriebe, und die Unzufriedensten
müssten die Arbeiter sein. Es würde eine solche Ungleichheit unter
den Arbeitern in bezug auf das Einkommen eintreten, dass es unerträglich wäre. Sozialisieren kann man nämlich nur, wenn man den
ganzen Wirtschaftskörper, von einer gewissen Grösse an, als solchen sozialisiert.* (GA 331)

Juni

„Die Revolution vom 9. November 1918 war keine Revolution.

Denn das, was sich geändert hat, ist nur der äußere Stuck."

- Rudolf Steiner

Die Deutschen unterschreiben unter Protest den Versailler Vertrag, viele Prozesse gegen Räte-Politiker finden statt und die Dreigliederungsbewegung stockt.

Daß die Frage der Concurrenz, die Furcht vor Concurrenz bei der Einschränkung der Frau bewußt oder unbewusst eine große Rolle spielt, ist für mich zweifellos. Die Majorität der Menschen urtheilt nicht mit dem Kopf, sondern mit dem Magen. Ein Beweis dafür ist der Umstand, daß jeder Mann das unermesslich wichtige Geschäft, das er gerade betreibt, für denjenigen Beruf hält, den auszufüllen Gott und die Natur der Frau versagt habe. [...] Wie sonderbar diese Concurrenzfurcht ist! Sind die Männer wirklich das höhere Geschlecht, das heißt, mit höheren Kräften für alle die Fächer begabt, von denen sie die Frauen ausschließen, so brauchen sie doch die Concurrenz nicht zu fürchten [...]; sind ihre Kräfte aber nicht höher, so setzen sie sich dem Verdacht aus, daß sie die Frauen einsperren, damit dieselben ihnen die Preise nicht verderben, und ihr Verhalten wird zur Gewaltthat, zur widerrechtlichen Aneignung eines Monopols. (HD)

Die Autorin dieser Zeilen ist Hedwig Dohm, eine deutsche Schriftstellerin und Frauenrechtlerin. Sie stirbt am 1. Juni in ihrer Berliner Wohnung. Ihre Tochter Hedwig Pringsheim reist umgehend dorthin.

1. Juni: Durch den Zusammenschluss der drei Vereine *SC Germania 1887*, *Hamburger FC 1888* und *FC Falke 06* entsteht der Hamburger SV.

General von Dommes sucht mit Einwilligung der Witwe von Moltke Rudolf Steiner auf und überzeugt ihn, dass die Broschüre zur Kriegsschuldfrage wegen dreier (marginaler) Fehler eingestampft werden muss. Es werden nur wenige Exemplare gerettet, der Rest wird vernichtet, Familie Moltke übernimmt die Druckkosten.

Am 2. Juni führt der bayerische Ministerpräsident Johannes Hoffmann im Landtag in München das Entstehen der Münchner Räterepublik auf die „Besonderheit Münchens als Fremden- und Kunststadt" und auf den „weichen Charakter der Bevölkerung zurück, der allen Beeinflussungen nur zu leicht zugänglich ist". Um dem Bolschewismus entgegenzuwirken, kündigt Hoffmann den Ausbau der Selbstverwaltung an.

Raoul Hausmann gründet die Zeitschrift „Der Dada". Der ersten Ausgabe wird das „Dadaistische Manifest" von April 1918 beigelegt. Es enthält die wichtigsten Ziele und Absichten der Berliner und Zürcher Anhänger der Kunstbewegung. Der Mitgründer Hugo Ball definiert Dada als „Narrenspiel aus dem Nichts, in das alle höheren Fragen verwickelt sind". Der elsässische Maler, Bildhauer und Dichter Hans (oder Jean) Arp nennt Dada einen Protest „gegen den Wahnsinn der Zeit", betont aber auch:

Die Dadaisten waren, sind und werden stets gegen den Krieg sein.

Auf Einladung der sozialistischen Studentengruppe spricht Rudolf Steiner in Tübingen im großen Museumssaal. Die Studenten benehmen sich zwar nicht so derb wie die Spartakisten bei Gusto Gräser, aber doch sehr rüde: Der österreichische Tonfall und die für manche etwas ungewöhnliche Redeweise stören sie so sehr, dass sie den Inhalt gar nicht verstehen. In der „Tübinger Chronik" vom 4. Juni heißt es:

Mehr Ernst und Würde wäre bei der Wichtigkeit der Sache am Plat-
ze gewesen.

Und Emil Leinhas stellt zum wiederholten Male fest, dass

von allen Bevölkerungskreisen das Akademikertum jeden Alters und
jeden Ranges für neue soziale Gedanken am allerwenigsten Ver-
ständnis aufzubringen [vermag].

Ganz schön merkwürdig!

Hedwig Pringsheim berichtet aus Berlin:

Am 2.6. um 5 wird unser liebes Mimchen in seiner feierlich-
rührenden Schönheit in den Sarg gelegt u. Else u. ich begleiten den
Trauerwagen zur Bestattungsstelle, eine Fart [sic] von 1 ¼ Stunden.
[...] [U]m 12 mit Else und Miez zum Crematorium gefaren [...], wo
um 1 die Einäscherung; ein wenig Orgelspiel, der kränzegeschmück-
te Sarg versank - in 5 Minuten war alles vorbei. Vorbei. (UH)

Laut Tagebuch von Thomas Mann erfahren er und seine Katia am Dienstag den 3. VI. (Abends),

dass die alte Frau Dohm am Sonntag gestorben ist. Sie ist schon
eingeäschert. (TM)

(Laut Unda Hörner erfahren sie bereits am 1. Juni davon.) Das ist ein biss-chen merkwürdig, weil Katias Mutter, Hedwig Pringsheim, nach Berlin gefahren ist. Die Großmutter Hedwig soll übrigens 1906 - bei der ersten Schwangerschaft von Katia - Thomas gefragt haben:

Na, Tommy, was wünschst du dir nun, Junge oder Mädchen?

darauf soll „Tommy" geantwortet haben:

Natürlich einen Jungen. Ein Mädchen ist doch nichts Ernsthaftes.

Kommentar 1: Diese Einschätzung hat sich ja gewaltig geändert, das Mädchen Lisa ist sein absoluter Liebling. Kommentar 2: Was hat sich Mann dabei gedacht, diesen Satz gerade gegenüber einer Frauenrechtlerin zu äußern? Und auch hier gibt es wiederum eine zweite Variante der Geschichte (die Worte seien tatsächlich gefallen, aber nicht im Beisein der Großmutter Hedwig).

Was die Unstimmigkeit beim Datum betrifft, stellt sich natürlich nicht nur hier die Frage, wie wahrheitsgetreu Tagebuchaufzeichnungen sind. Zunächst möchte man ja meinen, diese seien korrekt, da sie nicht für die Öffentlichkeit geschönt oder passend gemacht wurden. Allerdings ist z.B. von Josef Hofmiller bekannt, dass er früh sein Tagebuch seinen Freunden vorlas, und im weiteren Verlauf des Schreibens dies bereits mitbedachte. Thomas Mann dagegen wollte, dass die versiegelten Pakete mit seinen Tagebüchern erst 20 Jahre nach seinem Tod geöffnet werden. Wohl aus gutem Grund: Zum einen wurde dort seine homoerotische Neigung deutlich, zum anderen war seine Familie nicht begeistert bzw. litt zum Teil unter seinen Darstellungen. Auch der Anarchist Erich Mühsam hat sich Gedanken über die Wahrhaftigkeit und den Wert von Tagebuchaufzeichnungen gemacht:

Sollen diese Tagesaufzeichnungen für mich selbst als Erinnerungs-stützen Wert haben, so müssen sie ehrlich sein, die notierten Ereignisse niemals fälschen und für mein gegenwärtiges Erleben wichtige Vorgänge nicht verschweigen. Die Rücksicht darauf, dass die Notizen einmal publiziert werden könnten, darf nichts entscheiden. Steht schon manches in diesem Heft, was die Veröffentlichung in den nächsten Jahrzehnten sowieso ausschließt, so werde ich mich auch nicht abschrecken lassen, Sachen einzutragen, die die Drucklegung zu meinen Lebzeiten – und vielleicht noch lange darüber hinaus – überhaupt verbieten. Ob sich in 80 oder 100 Jahren mal je-

Tatsächlich nehmen seine Frauengeschichten und seine Tripperängste einen
breiten Raum ein. Er schreibt aber auch über Hermann Hesse, von dem er
„Unterm Rad" gelesen hat:

*Hesses Roman habe ich schon durchgelesen: Die Tragödie eines Kin-
des, eines begabten Knaben, der durch unsinnige Erziehung durch
Vater und Lehrer zu Tode gemartert wird. Das Buch enthält manches Schöne. Aber ich liebe diesen Hermann Hesse nicht. Schon sein
Stil ist mir unerträglich. Er sucht Kühnheiten. Er schleimt. Er salba-
dert. Und ganz grauenhaft ist es mir, daß er mitten in der Erzählung
anfängt, seine persönliche Meinung über die Probleme, die da an-
geschnitten werden, kundzutun. Wie häßlich! Wie unkünstlerisch! –
Dabei hat seine Prosa überall diesen verdächtigen Erdgeruch vielmehr Erdparfüm der Heimatkünstler. (EM 1)*

Auch über Rudolf Steiner äußert er sich wenig wertschätzend:

*Ich habe in der Tat Steiner von jeher im Verdacht, daß er das theo-
sophische Fähnlein nach dem Winde gehängt hat, daß er nämlich
mit diesem Köder reiche und geile Weiber in seine Netze fischt.
(EM 1)*

Von Mühsams sexuellen Obsessionen zurück in die raue bayerische Hauptstadt. Dort wird Eugen Leviné am 3. Juni vom Standgericht zum Tod verurteilt. In seiner Verteidigungsrede vor Gericht äußert er den bekannten Satz:

Wir Kommunisten sind alle Tote auf Urlaub.

190

Der Satz im Zusammenhang, in seiner Schlussrede:

> *Was willst du, die Mehrheitssozialisten fangen an, laufen und verraten uns, die Unabhängigen gehen auf den Leim, machen mit, fallen später um, und uns Kommunisten stellt man an die Wand. Wir Kommunisten sind alle Tote auf Urlaub. Dessen bin ich mir bewußt. Ich weiß nicht, ob Sie mir meinen Urlaubsschein noch verlängern werden oder ob ich einrücken muß zu Karl Liebknecht und Rosa Luxemburg. Ich sehe jedenfalls Ihrem Spruch mit Gefaßtheit und mit innerer Heiterkeit entgegen. Denn ich weiß, was für einen Spruch Sie fällen werden. Die Ereignisse sind nicht aufzuhalten. (VW)*

Albert Einstein, Hugo Haase und Reichsministerpräsident Scheidemann telegraphieren noch nach Bamberg, um eine Begnadigung zu erreichen. Hoffmann lehnt ab. Thomas Mann lehnt ein Engagement für Leviné ab. Er stellt

> *dem jungen Toller brieflich ein Zeugnis aus, das ihn vor weiteren Verhaftungen schützen soll. Aber für den brutalen, die Wirklichkeit mißhandelnden Idealismus des Leviné bringe ich nicht viel Mitgefühl auf. (TM)*

Am 4. Juni findet eine Sitzung des Arbeitsausschusses des Bundes für Dreigliederung in Stuttgart statt. Rudolf Steiner beklagt sich in einem weiteren Brief an Edith Maryon, dass alles parteipolitisch hingedreht wird.

Der Landtagsabgeordnete und Besitzer einer Silberwarenfabrik in Heilbronn Peter Bruckmann verfasst eine Erklärung gegen die Betriebsrätebewegung der Dreigliederer im „Neckar-Echo". Am selben Tag findet in Stuttgart der dritte Diskussionsabend mit den Arbeiter-Ausschüssen der großen Betriebe statt.

Tatort München: Ernst Toller wird nach mehr als einem Monat des Untertauchens in der Schwabinger Wohnung des Malers Johannes Reichel, im Schlösschen Suresnes, hinter einer Tapetentür, von Reichels Bildern verdeckt, aufgespürt, verhaftet und angeklagt. Am Tag darauf wird Eugen Leviné in München-Stadelheim standrechtlich erschossen, um zwei Uhr nachmittags. Erich Mühsam ist wenig betroffen, Thomas Mann findet das Todesurteil in Ordnung. Am nächsten Tag beginnt in Berlin ein 24-stündiger Generalstreik aus Protest gegen die Hinrichtung des Münchner Räteführers.

Anfang Juni erwirbt Emil Molt für die stattliche Summe von 450.000 Mark aus seinem Privatvermögen das Café Uhlandshöhe, ein ehemaliges Restaurant und beliebtes Ausflugsziel der Stuttgarter. In seinem Betrieb herrscht Unverständnis über das „viel zu große" Gelände. Längst ist es viel zu klein!

Am 6. Juni feiert Thomas Mann seinen 44. Geburtstag:

> *Morgens waren K. und Erika schon unten, als ich kam, hatten bekränzt und Geschenke aufgebaut. K. hatte viel Süßigkeiten aufgetrieben. Ein bequemes kleines Feuerzeug, eine Geldtasche für Münzen und Scheine, eine Thermosflasche machen mir Freude. Ein schöner Gugelhupf von Mama stand auf dem Tisch. Erika brachte Lisa im Feierkleid mit einem Kranz von Gänseblumen auf dem Kopf und einen Strauß in der Hand. (TM)*

K. ist Frau Katia, Erika die 13-jährige Tochter, Lisa das Lieblingskind Elisabeth.

Am 7. Juni findet ein Arbeiteraufstand auf Malta gegen die britische Regierung statt – der 7. Juni ist bis heute ein Feiertag im Inselstaat. Die deutsch-österreichische Konstituierende Nationalversammlung in Wien protestiert gegen die Friedensbedingungen der Alliierten. Nationalversammlungs-Präsident Karl Seitz (SPÖ) erklärt,

> *dass dieses Urteil ein Todesurteil ist. Ein solches Urteil ist undurchführbar.*

Vom 7. Juni bis zum 8. Juli findet im Züricher Kunstsalon Wolfsberg eine Ausstellung „Maler von Ascona" statt, unter Beteiligung von Marianne von Werefkin und Alexej Jawlensky.

Pfingstwochenende 7. bis 9. Juni: Verschiedene Versammlungen des Bundes für soziale Dreigliederung werden durchgeführt. Der Aufruf zur Gründung eines Kulturrates von Ende Mai wird überarbeitet, zur Begründung desselben formuliert Rudolf Steiner in Stuttgart folgende drei Aufgaben: 1. eine freie Einheitsschule ohne Staatsaufsicht; 2. Abschaffung des Berechtigungswesens bei den Mittelschulen; 3. Abschaffung der Staatsprüfungen und

Autonomie der Hochschulen; der daraufhin verfasste Aufruf wird u.a. von Thomas Mann und Hans Thoma unterschrieben; trotzdem kommt der Kulturrat nicht richtig in Gang. Rudolf Steiner ahnte schon von Anfang an, dass es schwer werden würde, weil es so wenig Interesse daran und kaum eine „Lobby" gebe - im Gegensatz zu den Betriebsräten, wo die Arbeiter schon neugierig und aufgeschlossen sind.

Am 8. Juni gewinnt in Berlin die Mannschaft Norddeutschlands mit 1:0 den Länderpokal des Deutschen Fußball-Bundes für Amateure gegen Süddeutschland.

Während in Stuttgart am 10. Juni eine öffentliche Protestversammlung im Gustav-Siegle-Haus zur Abwehr der gegen die Dreigliederungsbewegung gerichteten Angriffe stattfindet, beginnt in Weimar der 26. Parteitag der MSPD. Auf der bis zum 14. Juni dauernden Veranstaltung wird vor allem über die Zukunft des Rätesystems im Deutschen Reich und die Reichsverfassung beraten.

Und in München, in der die Räterepublik Vergangenheit ist, schreibt Paul Klee an den österreichischen Graphiker und Schriftsteller Alfred Kubin rückblickend über diese Zeit:

> *Es war ein richtiges Trauerspiel, ein erschütternder Zusammenbruch einer im Grunde sittlichen Bewegung, die aber, im Überdrang falsch einsetzend, sich von Verbrechen nicht rein halten konnte.*

Am Tag darauf sieht er sich wegen seines „Einsatzes" für die Räterepublik gezwungen, München zu verlassen. Er flieht über Lindau mit dem Schiff in die Schweiz, nach Bern. Und nach Zürich. Dort trifft er sich mit Künstlern der DADA-Gruppe, unter anderem mit Tristan Tzara, Hans Arp und Hans Richter. Auch eine Begegnung mit dem Komponisten Ferruccio Busoni findet statt. Klee beginnt mit den sogenannten Quadratbildern. Gleichzeitig schlagen die Stuttgarter Akademiestudenten Willi Baumeister und Oskar Schlemmer (neugewählter Studentenvertreter und Delegierter im Stuttgarter „Rat geistiger Arbeit") vor, Paul Klee als Nachfolger Adolf Hölzels zum Professor an die Akademie der bildenden Künste in Stuttgart zu berufen. Es gibt aber wichtige kritische Stimmen im Kollegium: Klees Kunst sei „feminin", „spielerisch" und „erdfern-verträumt". Es wird nichts daraus.

Die britische Presse teilt am 11. Juni mit, dass John Maynard Keynes als Delegationsführer des britischen Schatzamts bei der Pariser Friedenskonferenz zurückgetreten ist. Nach Keynes Ansicht führen die dem Deutschen Reich aufgezwungenen wirtschaftlichen Bedingungen zu einer weltweiten finanziellen und politischen Katastrophe. Keynes ist einer der bedeutendsten Ökonomen des 20. Jahrhunderts und Namensgeber des Keynesianismus.

Die Kriegsschuldfrage wird weiter bewegt: Das deutsche Auswärtige Amt in Berlin veröffentlicht ein „Weißbuch betreffend der Verantwortlichkeit der Urheber am Kriege", in dem eine alleinige Kriegsschuld des Deutschen Reichs zurückgewiesen wird.

Das Standgericht in München verurteilt am 12. Juni Gustav Klingelhöfer, den stellvertretenden Führer der Roten Garde während der kommunistischen Herrschaft in München, wg. Hochverrat zu fünf Jahren und sechs Monaten Festungshaft, die er in der Festung Niederschönenfeld verbüßt.

In Köln wird die Universität eröffnet; beim Festakt spricht u.a. Kölns Oberbürgermeister Konrad Adenauer.

In Heidenheim urteilt Rudolf Steiner am 12. Juni:

> *Die Revolution vom 9. November 1918 war keine Revolution. Denn das, was sich geändert hat, ist nur der äußere Stuck.* (GA 193)

Der FC Bayern München wird am selben Tag deutscher Fußballmeister, ein Erfolg, den die Mannschaft ganz besonders ihrem Präsidenten, dem Juden Kurt Landauer verdankt - nicht verwandt mit Gustav Landauer - ebenfalls ein Jude. (Seine Verdienste bewahren den gebürtigen Münchner jedoch nicht vor Verhaftung und Deportation ins KZ Dachau; mit viel Glück kann er 1939 in die Schweiz entkommen, während vier seiner Geschwister dem Rassenwahn zum Opfer fallen.)

Was passiert alles am 13. Juni? Rosa Luxemburg, am 15. Januar ermordet, wird in Berlin beigesetzt.

> *Aus vielen Stadtteilen sind die Menschen wie in einem organisierten Sternmarsch herbeigeströmt, vor allem wieder aus den Arbeiterbezirken Berlins, die Belegschaften der Industriebetriebe halten Schilder in den Händen, auf denen der Name ihres Dienstherrn steht. Bei*

Borsig und bei der AEG ruht die Arbeit. [...] Ihr einstiger Geliebter, der Anwalt Paul Levi, erhebt am offenen Grab vor 25.000 Trauergästen die Stimme: „Sie haben den Leib getötet, aber der Geist ist nicht tot geworden! [...] Überall, wo proletarische Herzen schlagen, da ruhen heute die Hände. Es ruhet eine halbe Welt, diese Tote zu ehren. [...]" (UH)

Balsam: Das Deutsche Reich und die Schweiz ratifizieren das deutsch-schweizerische Ausfuhrabkommen - die Schweiz erhält Kohlen, Eisen, Stahl und Kalisalz und liefert Nahrungsmittel ins Deutsche Reich. Der Landtag von Württemberg in Stuttgart beschließt gegen die Stimmen der Sozialdemokraten die Aufhebung der Arbeiter-, Bauern- und Soldatenräte als rechtlich anerkannte Instanzen bis zum 15. Juli. Nach der Verabschiedung der Verfassung betrachten die bürgerlichen Parteien die Räte als entbehrlich. Nach einer Verfügung des Preußischen Ministers des Innern von heute dürfen auch unverheiratete Frauen offiziell den Titel „Frau" führen. Und, das Gedicht „Krieg dem Kriege" von Kurt Tucholsky erscheint unter dem Pseudonym Theobald Tiger in einer Ausgabe der Zeitschrift Ulk. Ulk ist eine Satirezeitschrift, die bereits seit 1872 existiert.

Hermann Hesse schreibt am 14. Juni in einem Brief an Johann Wilhelm Muehlon, in Montagnola „angekommen":

Ich sitze weit von der Welt und von Bern weg, in einer tropischen Wärme übrigens, und lese kaum je die Zeitung. Ich versuche, meinen privaten Zusammenbruch zu überdauern und zu verheilen und im kleinen das zu probieren, was Deutschland im großen auch tun muß: Geschehenes hinnehmen, die Schuld daran nicht auf andere schieben, sondern sie ausfressen, und zum Schicksal ja sagen. Es geht freilich bitterschwer. (JB)

Am Abend dann findet in Stuttgart der vierte Diskussionsabend mit den Arbeiter-Ausschüssen der Großbetriebe statt.

Am 14./15. Juni gelingt der erste Nonstop-Flug über den Atlantik durch John Alcock und Arthur Whitten Brown.

Die nach der neuen Gemeindeverfassung durchgeführten Gemeindewahlen in Bayern erbringen der politischen Linken in München große Stimmenge-

winne, während in der Provinz die bürgerlichen Parteien die Mehrheit errin-
gen. Das ist auch bei der Landtagswahl in Bayern 2018 noch so...

Am 15. Juni fährt Rudolf Steiner mit Emil Molt, Emil Leinhas und Ludwig Graf
Polzer-Hoditz nach Tübingen, um Professoren für die Idee des freien Geisteslebens zu gewinnen -

> *es war trostlos.*

Trostlos findet Thomas Mann die Versailler Verhandlungen:

> *Die Affenkomödie des Friedens zieht sich weiter hin.* (TM)

Ansonsten werden wir jetzt täglich Zeuge seiner Fortschritte beim „Zauberberg". Dafür gehen langsam immer weniger Rückmeldungen auf seine 1914
- 1918 geschriebenen und 1918 veröffentlichten „Betrachtungen eines Unpolitischen" ein, welche er bisher fast täglich erwähnte. Dieses Zeitdoku-
ment ist von Beginn an ein Werk mit zweifelhaftem Ruf; es ist Mann ziemlich
wichtig, wie andere darüber denken.

Vom 15. bis 22. Juni tagt der 2. Gesamtdeutsche Aktivistenkongress in Berlin. Dort wird der Rat geistiger Arbeiter wieder aufgelöst.

Diejenigen Arbeiter, die Ausschussmitglieder in der Dreigliederungsarbeit
sind, werden am 16. Juni vor ein Parteitribunal der USPD geladen.

In Prešov wird die Slowakische Räterepublik ausgerufen. Sie ist - nach Russland und Ungarn - die weltweit dritte kommunistisch ausgerichtete Regierung; sie führt ein Papiergeld ein - welches Misstrauen in der Bevölkerung
hervorruft -, verbietet Alkohol und enteignet größere Besitztümer.

Rudolf Steiner geht am selben 16. Juni in einem öffentlichen Stuttgarter
Vortrag auf seine Kritiker bzw. Gegner ein:

> *Es hat sich ergeben, was ich charakterisieren möchte als ein merk-*
> *würdiges Bündnis, eine Art Koalition von der äußersten Rechten bis*
> *zur äußersten Linken. Mit Bezug auf die Gegnerschaft gegen dasje-*
> *nige, was hier vorgebracht worden ist als die Grundgedanken des*
> *dreigliedrigen sozialen Organismus, marschieren heute in vollstem*
> *Einklange miteinander Spartakisten, Unabhängige, Mehrheitssozia-*
> *listen, Bürgerpartei und äußerste Reaktionäre. Es hätte kaum, so*
> *könnte einem scheinen, eine bessere Gelegenheit geben können, als*

so in der Gesinnung zusammenrinnen zu lassen die Spartakisten und die Bürgerlichen und die Reaktionäre. (GA 330)

In der Ausschusssitzung des Bundes für Dreigliederung am 17. Juni meint Rudolf Steiner:

Man hätte die Massen rascher gewinnen müssen, bevor die Führer eingriffen, dann wären unsere Arbeiter des Ausschusses auch jetzt weiter mitgegangen, aber jetzt haben sie doch zuviel Angst vor ihren Führern. (AS)

In der Tat, was sich durchzieht durch diese Monate des Umbruchs: Die von Steiner so genannten „Führer", die Bürger, die Studierten und die Studenten - sie alle fürchten sich vor Veränderungen. Die anderen hatten nichts zu verlieren, außer ihrer Hoffnung.

Während am 17. Juni die Parteileitung der USPD in einem Aufruf „An das Proletariat" für die Unterzeichnung des Friedensvertrags eintritt, lehnen die von der deutschen Reichsregierung ernannten Sachverständigen am Tag darauf die Unterzeichnung ab.

Den öffentlichen Vortrag „Freiheit für den Geist, Gleichheit für das Recht, Brüderlichkeit für das Wirtschaftsleben" am selben Tag, dem 18. Juni, im Gustav-Siegle-Haus in Stuttgart, beginnt Rudolf Steiner mit den Worten:

Es ist wohl begreiflich, dass man in diesen Tagen der schwersten und folgenreichsten Entscheidungen nur [...] mit einer gewissen tiefen Beklemmung das Wort nehmen kann. (GA 330)

Er sprach diese Worte, da am Tag zuvor die so genannte Mantelnote des Versailler Friedensvertrags bekannt wurde: minimale Nachbesserungen und ein 7-tägiges Ultimatum.

An Fronleichnam, dem 19. Juni, spricht Steiner auf Einladung des Vereins jüngerer Lehrer und Lehrerinnen über „Die Aufgaben der Schule und der dreigliedrige soziale Organismus".

Hesse schreibt am selben Tag an Molt:

[...] Meine Familie ist noch im Haus in Bern. Es ist auf den Herbst gekündigt, aber nun zeigt es sich, daß in Bern es fast unmöglich ist, eine andere Wohnung zu finden. Die schäbigste Stadtwohnung mit

nur halb soviel Raum und ohne Garten und alles würde jetzt mehr kosten als wir dort zahlten. Darum versuchen wir nun, die Kündigung rückgängig zu machen. Gelingt das, dann würde meine Frau im Haus bleiben und einige Zimmer vermieten. Da die Buben die Schulen dort besuchen und ein Umzug jetzt sehr teuer ist, wäre es ja jammerschade, wenn sie Bern verlassen müßten.

Zunächst habe ich keine festen Pläne als so lange wie nur möglich ruhig hier zu bleiben. ich arbeite hier, literarisch und malerisch, fleißig. Habe mich aber bis jetzt nicht gut befunden, da die Erschütterungen nun nachwirken und trotz allem noch schwer drücken. Langsam scheint es nun besser zu gehen. (HH 1)

Und Thomas Mann schreibt am Nachmittag in sein Tagebuch:

*Ich bedachte […], daß der sittliche Unterschied zwischen Kapitalismus und Sozialismus darum geringfügig ist, weil beiden die **Arbeit** als höchstes Prinzip, als das Absolute gilt. Es geht nicht an, zu thun, als sei der Kapitalismus eine schmarotzerische und unproduktive Lebensform. Im Gegenteil, die bürgerliche Welt kannte keinen höheren Begriff und Wert, als den der Arbeit, u. dies sittliche Prinzip wird im Sozialismus erst offiziell, es wird wirtschaftliches Prinzip, politisches und menschliches Criterium, vor dem man besteht oder nicht, und dies so sehr, daß niemand fragt, warum und wieso eigentlich Arbeit diese unbedingte Würde und Weihe besitzt. Oder bringt der Sozialismus einen neuen Sinn und Zweck der Arbeit? Nicht, daß ich wüßte. Ist Arbeit ein Glaube, ein Absolutum? Nein. Der Sozialismus steht geistig, moralisch, menschlich, religiös nicht höher, als die kapitalistische Bürgerlichkeit, sondern ist nur ihre Verlängerung. Er ist ebenso gottlos, wie sie, denn Arbeit ist nicht göttlich.* (TM)

20. Juni: Die quasi unabänderbaren Bedingungen des Versailler Friedensvertrages bewirken den geschlossenen Rücktritt des Kabinetts Scheidemann.

Die erste Nummer des Mitteilungsblattes des Bundes für Dreigliederung des sozialen Organismus erscheint als internes Blatt. Darin enthalten: In vielen Orten in Deutschland gibt es Ortsgruppen für die Dreigliederung, aber auch Gegenwind.

Auf Befehl von Konteradmiral Ludwig von Reuter erfolgt am 21. Juni, kurz vor Unterzeichnung des Friedensvertrages von Versailles, die Selbstversenkung der Kaiserlichen Hochseeflotte im britischen Marinestützpunkt Scapa Flow, um sie nicht in die Hände der Alliierten fallen zu lassen. Derweil bildet Gustav Bauer (MSPD), bisheriger Arbeitsminister, eine neue Reichsregierung.

Versammlung des Bundes für Dreigliederung, Thema: der zu gründende Kulturrat. Am nächsten Tag verrät Rudolf Steiner, dass seit drei Wochen keine Fortschritte zu erkennen wären.

Am gleichen Tag, am Sonntag, den 22. Juni, billigt die Weimarer Nationalversammlung unter Vorbehalt die Unterzeichnung des Versailler Friedensvertrags.

Jens Oliver Lisberg hisst die erste Flagge der Färöer - eigentlich waren es noch zwei weitere Urheber, die diese Kreuzflagge entworfen haben, aber nach seinem frühen Tod an Lungenentzündung im Jahr 1920 wird ihm die alleinige Ehre zuerkannt.

Vom 19. bis 23. Juni findet im estnischen und lettischen Freiheitskrieg die „Schlacht von Wenden" statt: Estnisch-lettische Truppen kämpfen gegen die durch deutsche Freikorps verstärkte Baltische Landeswehr. Ergebnis: 1. Mit der Niederlage in der Schlacht von Wenden hat die deutsch-baltische Minderheit ihre Machtstellung eingebüßt. Auf eine weitere Unterstützung durch Deutschland ist nach der Unterzeichnung des Vertrags von Versailles nicht mehr zu rechnen. 2. Die Letten und Esten haben ihren Staat bewahrt und einen symbolischen nationalen Sieg über die ehemalige deutsch-baltische Oberschicht errungen. Der 23. Juni ist noch heute staatlicher Nationalfeiertag in Estland. 3. Durch die Konsolidierung der Staaten Estland und Lettland kann die Rote Armee Truppen an andere Fronten des Bürgerkriegs abziehen. Die weiße Bewegung, ein buntes Konglomerat verschiedenster sozialer und politischer Gruppen, deren Zielsetzungen einander zum Teil völlig konträr sind (sie vereint nur der gemeinsame Gegner) und welche die Selbstständigkeit der „Randstaaten" nicht anerkennt, verliert bei der Entente an Einfluss. Die Stadt Wenden, das heutige Cēsis, hat nichts zu tun mit der veralteten

Bezeichnung „Wenden" für Slawen im deutschsprachigen Raum in der Lausitz.

Das Standgericht verurteilt am 23. Juni den früheren Vorsitzenden des Revolutionären Zentralrates, Ernst Niekisch, wg. Beihilfe zum Hochverrat zu zwei Jahren Festungshaft.

Am selben Tag kommt der österreichische Pädagoge Hermann Gmeiner als sechstes von neun Kindern einer Bergbauernfamilie in Alberschwende (Vorarlberg) zur Welt; mit 5 Jahren wird er durch den Tod der Mutter Halbwaise; dies und die aufopfernde Tätigkeit der Schwester und Ersatzmutter Elsa prägen sein Leben: Er gründet später die „SOS-Kinderdörfer". Die erste Kinderdorfmutter, Helene Diddl, kam 1950 auf die Idee mit der Weihnachtskartenaktion, die bis heute durchgeführt wird.

Soldaten der Berliner Freikorps verbrennen französische Fahnen, aus Protest gegen den Friedensvertrag von Versailles - die Weimarer Nationalversammlung billigt allerdings die bedingungslose Unterzeichnung des Versailler Friedensvertrags.

Das Thema Gammelfleisch beschäftigte uns in Deutschland v.a. von Oktober 2005 bis März 2006 im Zusammenhang mit Fleischskandalen. Die „Gesellschaft für deutsche Sprache" wählte das Wort in der Liste „Wort des Jahres" 2005 immerhin an fünfter Stelle. Weniger bekannt ist folgende tragikomische Geschichte: Am 23. Juni zerbricht ein Fass mit verfaulten Tierkadavern vor einer Fleischwarenfabrik, die auch oder eigentlich eine Gerberei ist.

Die zusammengelaufenen Menschen vermuten, dass die Kadaver in der Fabrik zu Sülze verarbeitet werden, und stürmen das Gelände, wo sie weitere Kadaver von Ratten, Hunden und Katzen finden. Dass in der Fabrik aber auch Abfälle für Leimfabriken gesammelt werden, ist der aufgebrachten Menge unbekannt – sie werfen den Fabrikbesitzer in die Kleine Alster – er überlebt knapp. Daraufhin durchsuchen Menschenmengen verschiedene andere Fleischfabriken und finden viele Anzeichen für Fleischpanschereien. Fabrikbesitzer und staatliche Stellen, der Komplizenschaft beschuldigt, werden Opfer gewalttätiger Angriffe. Auf dem Rathausplatz wird ein „Pranger" für die Beschuldigten aufgestellt. Die Unruhen breiten sich über die ganze

Stadt aus, dauern mehrere Tage an und gehen als „Sülzeunruhen" in die Geschichte ein.

Der Reichswehrminister Gustav Noske beauftragt den späteren Teilnehmer des Kapp-Putsches, Generalmajor Paul von Lettow-Vorbeck, die Unruhen niederzuschlagen. Als die Reichswehr-Truppen am 27. Juni in Hamburg einmarschieren, hat sich die Lage weitgehend beruhigt, und die Truppen kehren wieder um.

Am 24. Juni werden auch die Feindseligkeiten zwischen Ungarn und der Tschechoslowakei an der slowakischen Front eingestellt. Am Abend findet der fünfte Diskussionsabend mit den Arbeiter-Ausschüssen der Großbetriebe Stuttgarts statt, nachzulesen in GA 331.

Kuns Regierung verkündet am 25. Juni eine Diktatur des Proletariats, woraufhin in der ungarischen Räterepublik Banken, Großindustrie, Mietshäuser und Betriebe mit mehr als zwanzig Angestellten verstaatlicht werden; Grundbesitz über 100 Joch (ca. 43 Hektar) wird enteignet und in landwirtschaftlichen Produktionsgenossenschaften organisiert. Etwa 590 Personen werden von Revolutionstribunalen hingerichtet.

Der deutsche Generalfeldmarschall Paul von Hindenburg legt den militärischen Oberbefehl nieder, geht 71-jährig in den Ruhestand, und lebt in Hannover (dort ist er Ehrenbürger) in einer Villa, die er zum lebenslangen „Nießbrauch" erhalten hat - bis er (1925) wieder gebraucht wird - der Jupp Heynckes der Politik!

Am 26. Juni wird Eduard Schmid (MSPD) zum Ersten Bürgermeister der bayerischen Hauptstadt München gewählt. Die preußische Landesversammlung in Berlin lehnt nach zweitägiger Debatte den Versailler Friedensvertrag ab als einen „allem Rechtsgefühl hohnsprechenden" Frieden, „der unser Volk in der schlimmsten Weise vergewaltigt".

Die französische Zeitung „L'Humanité" veröffentlicht am 27. Juni einen Friedensaufruf an die „Geistesarbeiter" der Welt.

Dann ist es endlich soweit: Außenminister Hermann Müller (SPD) und Verkehrsminister Johannes Bell (Zentrum) unterzeichnen - unter Protest - am 28. Juni den so genannten Friedensvertrag! Damit ist nach Andreas Platthaus ein Kampf mit Worten, der genauso erbittert geführt wurde wie der mit Waffen, beendet (AP). Gleichzeitig wird die am 28. April durch die Vollversammlung der Versailler Friedenskonferenz angenommene Satzung für den neuen Völkerbund unterzeichnet, also zwei Monate später, und zwar durch die Gründerstaaten, die gleichzeitig auch Unterzeichnerstaaten des Friedensvertrags sind. Die Satzung wird somit Bestandteil des Versailler Vertrags, genauer gesagt sind die ersten 26 Artikel des Versailler Vertrags und der Satzung des Völkerbundes identisch. Mit den Friedensbedingungen wird damit zugleich die Satzung des Völkerbundes akzeptiert. Dieser ist der Vorläufer der UN und wurde vom amerikanischen Präsidenten Woodrow Wilson vorangetrieben. Kurios: Weil sich der amerikanische Senat von Wilson übergangen fühlt, treten die USA ihm nicht bei, Wilson erhält jedoch für sein Engagement den Friedensnobelpreis 1919.

Im Versailler Vertrag findet sich als Artikel 231 der so genannte Kriegsschuldartikel:

> *Die alliierten und assoziierten Regierungen erklären, und Deutschland erkennt an, dass Deutschland und seine Verbündeten als Urheber für alle Verluste und Schäden verantwortlich sind, die die alliierten und assoziierten Regierungen und ihre Staatsangehörigen infolge des Krieges, der ihnen durch den Angriff Deutschlands und seiner Verbündeten aufgezwungen wurde, erlitten haben.*

Es werden aber noch mehr Verträge unterzeichnet: Polen und die Hauptmächte der alliierten Sieger des Weltkriegs unterzeichnen in Paris einen Vertrag über den Schutz der nationalen Minderheiten; US-Präsident Wilson und der britische Premierminister George unterzeichnen in Paris Garantieverträge für Frankreich, falls es einen deutschen Revancheangriff gibt; die deutsche Friedensdelegation unterzeichnet in Versailles u.a. eine Vereinbarung über die militärische Besetzung des Rheinlands.

In seinem Vortrag am 29. Juni geht Rudolf Steiner auf einen wichtigen Punkt ein. Er schildert, wie die katholische Kirche vor über 1.000 Jahren aus drei Gliedern zwei gemacht hat:

> *Nur können wir in einer ganz bestimmten Weise bezeichnen, worin eigentlich dieser Umschwung im fünfzehnten Jahrhundert besteht.*

Sie wissen ja, ich habe es oftmals betont, die Geschichte, die in den Schulen gelehrt wird, ist nur eine Fable convenue, ist etwas, was mit der inneren Entwickelung der Menschheit furchtbar wenig zu tun hat. Da muß man schon hindurchgehen zu dem, was wahrhaftig geschehen ist, wenn man die Entwickelung der Menschheit verstehen will. Wenn man nun aufzeichnen will, was eigentlich in der Mitte des fünfzehnten Jahrhunderts Besonderes geschehen ist, so muß man sagen: Bis in die Mitte des fünfzehnten Jahrhunderts lebte der Mensch dadurch, daß er alle möglichen alten, atavistischen Fähigkeiten aus der Urzeit der Menschheit noch in seinem Blute trug, mehr oder weniger instinktiv. Dieses instinktive Leben, es muß abgelöst werden durch ein seelisch-geistig bewußtes Leben. Und dieses seelisch-geistig bewußte Leben sollte eigentlich das charakteristische Leben der neueren Menschheit werden. Die bloß animalischen Instinkte, die aus der Leiblichkeit kommen, sollten sich verwandeln in seelisch-geistige Instinkte. Es gibt viele Mächte, welche dieser Entwickelung des Menschen nach dem Seelisch-Geistigen hin entgegenarbeiten wollen. Ich habe es oft betont, daß zum Beispiel die katholische Kirche im Jahre 869 auf dem ökumenischen Konzil zu Konstantinopel durch Einsetzung eines Dogmas den Menschen, die Katholiken waren, verboten hat, über den Geist überhaupt nachzusinnen. Der Geist wurde dazumal für die europäische Menschheit, insofern sie der katholischen Kirche angehörte, verboten. Das war gewissermaßen das erste Entgegenstemmen gegen das, was gerade der Menschheit das Allernotwendigste ist, gegen das Heraufziehen der Geistigkeit für die zivilisierte Menschheit. Daher ist es auch gekommen, daß diese zivilisierte Menschheit sich zum Geiste durcharbeiten muß, durcharbeiten muß gegen alle diejenigen Mächte, die sich dem Geiste entgegenstemmen, welche gewissermaßen die Menschheit in der Dumpfheit des alten, instinktiven Lebens zurückhalten möchten. In verschiedenster Weise äußert sich dasjenige, was die Menschheit treffen wird, wenn sie nur von den Erbgütern des Alten, des eigentlich Überwundenen weiterleben will. In ver-

Ja, in der katholischen Kirche gilt die Lehre von der Trichotomie (Dreigliederung des Menschenwesens in die drei Wesensglieder Geist, Seele und Leib)
seit dem Vierten Konzil von Konstantinopel (869) als Ketzerei. Doch auch die
seither gültige Dichotomie ist mit den modernen Naturwissenschaften bzw.
mit der Entschlüsselung der DNA 1953 für einen Großteil der Naturwissenschaftler eine Irrlehre geworden: Alles ist letztendlich auf physische, materielle Prozesse reduzierbar. Der Mensch, eine biochemische Maschine, ge-
steuert durch seine Gene, die wie Bausteine beliebig ausgetauscht werden
können.

Die stimmberechtigten Männer des schweizerischen Kantons Neuenburg
lehnen bei der ersten Volksabstimmung in der Schweiz über die Gleichbe-
rechtigung der Geschlechter mit 12.000 zu 5.300 die politische Gleichbe-
rechtigung der Frauen ab. Die Mehrheit fürchtet, durch das Frauenstimmrecht könne der Sozialismus gefördert werden. Woodrow Wilson schifft sich
in Brest auf der „George Washington" zur Rückreise in die Vereinigten Staaten ein.

Am Montag, den 30. Juni, wird Thomas Mann bei der Arbeit am Zauberberg
gestört.

Vermutlich hat sich Mann da etwas geirrt, denn er hat - soweit bekannt -
lediglich den Aufruf zur Bildung eines Kulturrates unterschrieben, nicht aber
den Aufruf zur Sozialen Dreigliederung (s. Intermezzo 2).

In Berlin wird die erste Ausstellung von „Merz-Bildern" des Malers und
Schriftstellers Kurt Schwitters eröffnet, einem führenden Vertreter des
deutschen Dadaismus und Expressionismus.

Im Juni erscheint der „Demian" von Hesse, allerdings unter dem Synonym
Emil Sinclair: Aufgrund des kriegsbedingten Papiermangels (das Buch war
schon im Oktober 1917 fertig) gab es Vorabdrucke in den Februar- und Ap-

204

rilheften in der „Neuen Rundschau" des S. Fischer Verlages. Das Buch startet mit einer Auflage von 3300 Exemplaren – sonst sind nur 100 Exemplare üblich bei Debütanten, und Emil Sinclair ist schließlich ein Debütant. Im Oktober wird Emil Sinclair als talentiertem Nachwuchsautor der Berliner Fontanepreis zugesprochen. Hesse, der behauptete, den todkranken unbekannten Autoren zu vertreten, nimmt auch den Preis für ihn entgegen.

(Als im Mai 1920 das Geheimnis gelüftet wird, gibt Hesse den Fontane-Preis zurück. Anständig!) Sogar Thomas Mann ist angetan von Demian:

> *Beendete mittags im Park Sinclairs „Demian", der, wie der Zauberberg, in den Krieg mündet u. auch sonst die merkwürdigsten Ähnlichkeiten aufweist. Mein Eindruck, trotz mancher Kritik, tief.*

Intermezzo 6   Schieber, Schleicher, Schmuggler

Schieber bezeichnet (laut Wikipedia):

- ein Teil eines speziellen Essbestecks für Kleinkinder
- ein Steckbecken, das einem Kranken, der nicht zu Stuhle gehen kann, untergeschoben wird
- einen Absperrschieber, eine Armaturenart, mit der Rohre abgesperrt („abgeschiebert") werden
- eine Einrichtung bei Verbrennungsmotoren zum Steuern des Gaswechsels (vgl. Schiebermotor, Drehschieber)
- einen Teil einer Dampfmaschine, siehe Steuerung (Dampfmaschine)
- den beweglichen Teil eines Reißverschlusses
- den beweglichen Einsatz eines Spritzgußwerkzeuges, mithilfe dessen Hinterschnitte erzeugt werden können
- einen langsamen Tanz, siehe Stehblues
- eine Variante des Kartenspiels Jass, siehe Jass#Schieber
- eine Variante der Kartenspiele Skat und Schafkopf, siehe Schieberamsch
- einen Münzschieber, ein Geldspiel-Automat
- einen *Schieber*, die alte Berliner Bezeichnung für einen Vorarbeiter
- einen *Schieber*, eine Kopfbedeckung, siehe Schiebermütze
- einen tatsächlich oder gefühlt unfair entscheidenden Schiedsrichter (abwertend)
- einen Brot- oder Brötchenschieber in einer Bäckerei zur Ofenbeschickung und -entleerung, sowie
- einen Schwarzmarktlieferanten, häufige Bezeichnung bei illegalen Warentransporten an der innerdeutschen Grenze

Uns geht es um letzteren.

In Notzeiten wird stets gehamstert. Oft auch, wenn nur ein Gerücht im Umlauf ist, dass irgendetwas passiert. Und Hamstern ist eigentlich strafbar. Zumindest in Notzeiten, also wenn nicht genügend Güter zur Verfügung stehen. Bei guter Versorgungssituation wird das Anlegen von Vorräten für Notzeiten sogar begrüßt. Besonders problematisch wird es, wenn man eingelagerte Vorräte (spekulativ) zu teuren Preisen verkauft.

In beiden Weltkriegen, aber auch in den Jahren danach, als der „normale" Handel, die Wirtschaft, noch nicht wieder in vollem Umfang existierte, gab es eine stattliche „Schattenwirtschaft". Darunter versteht man alle ökonomischen Aktivitäten, aus denen zwar – legal oder illegal – Einkommen erzielt wird, aber keine (staatliche) Regulierung, Erfassung und Besteuerung vorliegt. Tatsächlich gibt es da einen legalen Bereich, beispielsweise die Nachbarschaftshilfe, aber eben mit Schwarzarbeit und Schwarzmarkt auch illegale. Der Schwarzmarkt wird auch als Schleichhandel bezeichnet, die Händler werden auch Schleichhändler, Schleicher oder Schieber genannt. Und, wie geschrieben, der Schleichhandel, bei dem alles, was Wert hat, gegen ansonsten rationierte Kartoffeln, Eier, Mehl oder Zucker getauscht wird, floriert zwangsläufig auch nach dem Krieg noch eine geraume Zeit weiter, also auch in „unserem" Jahr 1919.

Zwei unserer Protagonisten berichten über Schieber und Schleicher. Schauen wir zunächst auf Stefan Zweig:

Bald entstand ein neuer Beruf, das sogenannte „Hamstern". Beschäftigungslose Männer nahmen ein oder zwei Rucksäcke und wanderten von Bauer zu Bauer, fuhren sogar mit der Bahn an besonders ergiebige Plätze, um illegal Lebensmittel aufzutreiben, die sie dann in der Stadt zum vierfachen und fünffachen Preise verhökerten. Erst waren die Bauern glücklich über das viele Papiergeld, das ihnen für ihre Eier und ihre Butter ins Haus regnete, und das sie ihrerseits „hamsterten". Sobald sie aber mit ihren vollgestopften Brieftaschen in die Stadt kamen, um dort Waren einzukaufen, entdeckten sie zu ihrer Erbitterung, daß, während sie für ihre Lebensmittel nur das Fünffache verlangt hatten, die Sense, der Hammer, der Kessel, den sie kaufen wollten, unterdes um das Zwanzigfache oder Fünfzigfache im Preise gestiegen war. Von nun ab suchten sie nur industrielle Objekte sich beizulegen und forderten Sachwert für Sachwert. Ware für Ware; nachdem die Menschheit mit dem Schüt-

zengraben schon glücklich zur Höhlenzeit zurückgeschritten war, löste sie auch die tausendjährige Konvention des Geldes und kehrte zum primitiven Tauschwesen zurück. Durch das ganze Land begann ein grotesker Handel. Die Städter schleppten zu den Bauern hinaus, was sie entbehren konnten, chinesische Porzellanvasen und Teppiche, Säbel und Flinten, photographische Apparate und Bücher, Lampen und Zierat; so konnte man, wenn man in einen Salzburger Bauernhof trat, zu seiner Überraschung einen indischen Buddha einen anstarren sehen oder einen Rokokobücherschrank mit französischen Lederbänden aufgestellt finden, auf den die neuen Eigner mit besonderem Stolz sich viel zugute taten. „Echtes Leder! Frankreich!" protzten sie mit breiten Backen. Substanz, nur kein Geld, das wurde die Parole. Manche mußten sich den Ehering vom Finger und den Lederriemen vom Leibe ziehen, nur um den Leib zu nähren.

Schließlich mengten sich die Behörden ein, um diesen Schleichhandel zu stoppen, der in seiner Praxis ausschließlich den Begüterten zugute kam; von Provinz zu Provinz wurden ganze Kordons aufgestellt, um auf Fahrrädern und Bahnen den „Hamsterern" die Ware abzunehmen und den städtischen Ernährungsämtern zuzuteilen. Die Hamsterer antworteten, indem sie nach Wildwestart nächtliche Transporte organisierten oder die Aufsichtsbeamten, die selbst hungrige Kinder zu Hause hatten, bestachen; manchmal kam es zu wirklichen Schlachten mit Revolver und Messer, die diese Burschen nach vierjähriger Frontübung ebenso gut zu handhaben verstanden wie sich auf der Flucht im Gelände militärisch kunstgerecht zu verbergen.

Oskar Maria Graf, der eine Zeitlang auch als Wilderer in München-Freimann sein Unwesen trieb, dort, wo heute die Allianz-Arena steht, beteiligte sich selbst an solchen unlauteren Methoden und begegnet so auch erstmals dem „Holländer". Doch zunächst erinnert er sich an einen Mann, den er bei der Hauptpost kennengelernt hat. Der möchte im Tausch gegen seine Ware Butter haben. Graf besorgt ihm ein Pfund.

Ich erhandelte vier Brotkarten dafür und bekam für eine fünf Mark. Dieser Erfolg machte mich sogleich emsig. Ich plante schon wieder die riesigsten Geschäfte.

Zwar rückten die Leute vom Geist verächtlich von mir ab. Jeder sagte: „Der kleine Schieber dort", aber jeder wollte von mir beziehen. Ich galt in kurzer Zeit als der Mann, von dem alles zu haben war, denn ich sagte nie „nein", sondern stets: „Ich will mal schauen … Ich glaub, ich kann's beschaffen."

Es lief mir ein Mann in die Hände, von dem man sich erzählte, er habe ganze Warenlager. Er war früher Barmixer und - komisch - er ging eines Tages geradewegs auf mich zu, sah mir schnüffelnd in die Augen und raunte: „Herr Graf, ich hab' gehört, Sie können Eier brauchen?"

Ich nickte vorsichtig und wollte nicht gleich mit der Sprache heraus. Er sagte geschäftsmäßig: „Besuchen Sie mich mal morgen."

*Am selben Abend erkundigte ich mich unauffällig im **Simplizissimus** nach den meist begehrten Waren. Eine Tänzerin wünschte Seidenstrümpfe, ein Zuhälter wollte Ölsardinen und feine Wurst, einem dicken Mann mit einem Schwarm Damen um sich versprach ich feinste Friedensseife herbeizuschaffen, ich traf einen kleinen schafgesichtigen Holländer, der im Ruf eines ungeheuren Reichtums stand, setzt mich lächelnd zu ihm und fragte, was er wünsche.*

„Weiche Schweinszungen, Schinken", sagte er und erkundigte sich nach meinen sonstigen Waren.

„Effeff Schokolade… Eier, frische Butter, Fleisch, ganz frisch", zählte ich kaltblütig auf.

„Wissen Sie was, hier haben Sie Geld, bringen Sie mir morgen was", sagte er und gab mir hundert Mark.

„Gut", sagte ich, „Sie werden zufrieden sein."

Ich kam heim und konnte kaum schlafen vor Erwartung.

In aller Frühe suchte ich den früheren Barmixer auf. Der Mann enttäuschte mich nicht. Seine große, gediegen bürgerlich eingerichtete

Wohnung war bis auf das Wohnzimmer völlig abgedunkelt. Dichte Vorhänge versperrten das Tageslicht. Er knipste das elektrische Licht an, und es war mir, als stünde ich in einer unwirklichen Tropfsteinhöhle. Gewaltige Schinken, Räucherzungen in allen Größen, Salamiwürste und ganze Schweinsrippen hingen - fein geordnet an langen, an der Decke befestigten Stangen - dicht aneinandergereiht herunter. Kisten voll Eier, Stoffe, Seide, Schuhe, Schokolade, Schmalztöpfe, Gansfett und Butterstücke erblickte ich. In der Mitte war ein saubergescheuerter Tranchiertisch mit zwei Waagen und einer ganzen Skala von blitzblanken Messern. Ich war überwältigt und brachte kaum ein Wort heraus. Der Mann führte mich in ein anderes Zimmer. Dort waren Wein- und Schnapsflaschen, aufgeschichtet in Regalen und numeriert. In der Küche waren Seifen und Toilettenartikel aller Gattungen. Alles, was in dieser Zeit fast vergessen schien, war hier in unglaublichen Mengen.

Mit Schauder dachte ich an die herrschende allgemeine Not, einen Augenblick kam mir sogar der verwegene Gedanke, dies alles anzuzeigen, es durch alle Straßen zu schreien, dann wieder raffte ich mich zusammen, erinnerte mich an meine Misere und murmelte: „Hm, da sind freilich gute Geschäfte zu machen."

Und somit wird Graf ein Schieber - der Geldstrudel erfasst ihn; der schafgesichtige Holländer ist sehr zufrieden, gibt ihm einen Hundertmarkschein nach dem andern, und wird sein Freund, bei dem er oft zu Gast ist. Dort wird so viel gefressen, gesoffen und getobt, dass Graf feststellt:

So hatte ich mir als Bub immer das lasterhafte Rom vorgestellt, von dem Pfarrer und Lehrer erzählten. Ich war selber ein Römer und gefiel mir sehr gut als solcher. (OMG)

Und um ihn herum hungern die Menschen.

Ein interessantes Beispiel für Schmuggel findet sich im „Freistaat Flaschenhals": Es war ein großes Problem, diese Region mit Nahrungsmitteln und Brennmaterial zu versorgen. Der „Flaschenhals" hing zwar rein geographisch mit dem übrigen unbesetzten Deutschland zusammen, doch gab es keine intakten Verkehrswege mehr, auf denen die „Flaschenhals"-Orte – etwa von

Limburg aus – erreichbar gewesen wären, Eisenbahnzüge fuhren ohne Halt durch. Auch eine Versorgung auf dem Wasser- oder Luftweg war nicht möglich. So konnten viele Produkte nur durch Schmuggel in die Region gebracht werden. Einmal wurde sogar ein mit Kohle beladener französischer Zug aus Rüdesheim entführt und in den Flaschenhals gefahren, um die Kohle zum Heizen auf die Bevölkerung zu verteilen (Wikipedia). Der damalige Bürgermeister von Lorch, Edmund Pnischeck beschreibt das Vorgehen so:

> *Die Chose ging sehr einfach: Abends lief ein Motorschiffchen auf der „Reede" von Lorch ein, die geschützt hinter den Lorcher Inseln liegt; geheimnisvolle Kräfte luden das Motorschiff aus und das verschwand ebenso still und unerkannt wie es gekommen war. Noch in der Nacht wurden die Lebensmittel in Scheunen verstaut und am anderen Morgen setzte sich eine Karawane von 20 bis 25 Fuhrwerken in Bewegung, in der Richtung Limburg.* (deutschlandfunk.de: Schmuggler und Schieber)

Selbst entkommene Kriegsgefangene und politische Flüchtlinge wurden heimlich über die Grenzen des Minireichs geschleust. Der illegale Grenzverkehr blühte so auf, dass es den Bewohnern des Flaschenhalses besser ging als vielen Mitbürgern im restlichen Deutschland (Spiegel online: Hoppla, wir gründen einen Staat!). Die französischen Truppen konnten das nächtliche Treiben nicht verhindern. Ihnen blieb der „Flaschenhals" stets ein Dorn im Auge.

Schmuggel, Schleichhandel, Schieberei - Beispiele für die Schattenwirtschaft.

Zum Abschluss und zur Information noch zwei Bemerkungen:

1. Auch in Friedenszeiten existiert eine Schattenwirtschaft. Sie beträgt in Deutschland ca. 5 – 10 % des Bruttoinlandsproduktes.

2. Die Umstellung der Ernährungsgewohnheiten in Kriegs- und Nachkriegszeiten hat nach Meinung von Wissenschaftlern (Stand 1919) auch positive Seiten: Aufgrund des verminderten Alkohol- und Fleischgenusses gehen Gichtkrankheiten erheblich zurück, ebenso wie Fälle von Zuckerharnruhr. Alkoholische Exzesse und ihre Folgeerscheinungen sind fast völlig verschwunden. Aus diesem Grunde wird 1919 dafür plädiert, den Fleischkonsum, der im letzten Friedensjahr 70 bis 90 kg pro Kopf der Bevölkerung be-

trug, nur mäßig wieder anwachsen zu lassen, nämlich auf 30 bis 35 kg pro Kopf, was dem Durchschnittsverbrauch der 90er Jahre des 19. Jahrhunderts entspricht. Die Deutschen werden aufgefordert, beim Essen und Trinken auf den Luxus ausländischer Spezialitäten zu verzichten und damit einen Beitrag zur Stärkung der Volkswirtschaft zu leisten. Jedem Deutschen soll klar sein, dass durch den Kauf von Brüsseler Weintrauben und Poularden, russischem Kaviar oder französischem Champagner der deutsche Markt geschädigt wird. Die Lösung der Magenfrage besteht nicht, so heißt es, in der „Befriedigung des Gaumenkitzels Einzelner", sondern in der „Lieferung der für die Gesundung des gesamten Volkes erforderlichen Nahrungsmittel durch den inneren Markt". Auch für Ersatznahrungsmittel wird geworben. So soll heimischer Gerstenkaffee, „gut gekocht und ohne minderwertige Streckmittel", weit gesünder und nahrhafter sein als z. B. ausländischer Bohnenkaffee. (chroniknet.de)

Juli

„In zwei Farben schillern ist modern, das tun ja alle miteinand heit."

- Friseur zu Ernst Toller

Ernst Toller wartet auf seinen Prozess, Ernst Ludwig Kirchner auf seine Drogen.

In Hamburg gibt es keine Sülzeunruhen mehr, in Tirol kein Selbstbestimmungsrecht.

Die Dreigliederungsbewegung stockt, die Linke will den Klassenkampf.

Obwohl sich die Lage nach den Sülzeunruhen beruhigt hat, marschieren am 1. Juli Reichswehr- und Freikorps-Truppen, darunter auch Freiwilligenverbände aus Altona, in Hamburg ein. Sie besetzen die Arbeiterwohnviertel, vielerorts hissen sie die schwarz-weiß-rote Flagge des Kaiserreichs, Arbeiter und Funktionäre werden oft unter willkürlichen Anschuldigungen verhaftet und misshandelt. Die Freikorps machen großzügigen Gebrauch von ihren Schusswaffen, um „Plünderer und Heckenschützen" niederzustrecken, zudem gilt in den Vierteln eine „Schnelljustiz" durch die Truppen. Damit sind die Sülzeunruhen endgültig beendet. Ergebnis: 80 Tote - eine Plakette im Hamburger Rathaus sowie ein Wandgemälde an der Fassade des Gebäudes der Verbraucherzentrale Hamburg erinnern an die Unruhen und die Folgen dieses angeblichen Lebensmittelskandals.

In Berlin kommt der Verkehr zum Erliegen - die Angestellten der Berliner Verkehrsanstalten streiken. Der Verfassunggebende Landtag von Tirol (in Innsbruck) fordert den Anschluss Tirols an die Republik Deutschösterreich und das Selbstbestimmungsrecht (sic!) für Tirol „von Kufstein bis Salurn".

Der Allgemeine Syrische Kongress fordert am 2. Juli in Damaskus die sofortige Unabhängigkeit des Landes (es steht unter britischer Kontrolle), einschließlich des Libanon und Palästinas; das britische Luftschiff „R 34" überquert als erstes Luftschiff den Atlantischen Ozean, Hermann Hesse wird 42 Jahre alt. Am Abend findet der 6. Diskussionsabend mit den Arbeiter-Ausschüssen der Großbetriebe Stuttgarts statt. (GA 331)

Ernst Ludwig Kirchner wird gefragt, ob er nach seinen Aufenthalten in Sanatorien, Kliniken und in den Davoser Bergen nicht wieder ins wahre Leben zurückkommt. Seine Antwort am 3. Juli lautet:

Das ist für mich ausgeschlossen. [...] Ich habe hier ein reiches Feld für meine schöpferische Tätigkeit, dass ich es gesund kaum bewältigen könnte, geschweige denn heute. Die Welt in ihren Reizen ist überall gleich, nur die äußeren Formen sind andere. Und hier lernt man tiefer sehen und weiter eindringen als in dem sogenannten „modernen" Leben, das meist trotz seiner reichen äußeren Form so sehr viel oberflächlicher ist. (LG)

Bei der Volksversammlung der Arbeiter im Saalbau Dinkelacker am 4. Juli zum Thema Dreigliederung spricht Rudolf Steiner auf Wunsch der Versammlung das Schlusswort, in dem er zum wiederholten Mal darauf hinweist, dass man nicht mit dem bisherigen, übernommenen Denken weiterkomme, sondern dass ein Umdenken nötig sei.

Am 5. Juli beginnt Ernst Ludwig Kirchner sein Davoser Tagebuch, und in Nürnberg entsteht der Allgemeine Deutsche Gewerkschaftsbund als Zusammenschluss von 52 Gewerkschaften, der von Carl Legien geführt wird.

In Wimbledon schreibt eine 20-Jährige Geschichte: Bei ihrem ersten Rasen-Turnier schlägt die Französin Suzanne Lenglen im ersten Tennisturnier nach dem Krieg die hochfavorisierte siebenfache Wimbledon-Siegerin Dorothea Douglass. Sie wird, auch durch ihre ungewöhnlichen, zu dieser Zeit fast skandalösen Auftritte, zu einem der ersten Weltstars im Sport (von Fans und Presse „die Göttliche" genannt) und gilt als eine der besten Spielerinnen aller Zeiten.

Die Schulgründung ist nicht unumstritten. Nachdem Kritik an Rudolf Steiner laut wird, genauso wie Kritik an der Dreigliederungsbewegung, hat das natürlich auch Konsequenzen auf die Schulbewegung. Erste Eltern melden ihre Kinder schon wieder ab – es wird durch Vorträge und Einzelgespräche versucht, gegenzusteuern. Und am 5. Juli wird im der USPD nahestehenden „Sozialdemokrat" eine (vermutlich von Molt verfasste) Zuschrift veröffentlicht, nach der die geplante Waldorfschule die

> *erste wirkliche Einheitsschule für Mädchen und Knaben*

sei, und in der

> *die Kinder des Arbeiters neben denen des Direktors sitzen, wo also die Klassenunterschiede von Grund aus aufhören und einmal wahrgemacht wird mit dem Ausspruch: Freie Bahn dem Tüchtigen.*

Das will die Redaktion nicht unkommentiert stehen lassen und merkt an:

> *Die Bestrebungen der Waldorfschule mögen gut und schön sein, aber wir können nicht zugeben, dass es der richtige Weg ist, auf dem die Schulfrage gelöst werden kann. Wir wollen die Erziehung*

Die Waldorf-Firma nimmt lange keine Stellung dazu.

Am 6. Juli herrscht in Berlin große Aufregung: Der deutsche Arzt Magnus
Hirschfeld, der auch den Sohn von Else Lasker-Schüler behandelt hat und ein
guter Bekannter von ihr ist, eröffnet sein „Institut für Sexualwissenschaften". Ziele des Arztes, der auch den Begriff „Transvestit" prägt, sind, sexuelle
Handlungen zwischen Männern zu entkriminalisieren sowie zu vermitteln,
dass Homosexualität keine Krankheit ist. Der §175, für dessen Abschaffung
er sich ebenso einsetzte, gilt jedoch bis 1994. (Der §175 stellte sexuelle
Handlungen zwischen Personen männlichen Geschlechts unter Strafe.)

Am 7. Juli endet die Slowakische Räterepublik im Rahmen des Vorstoßes
tschechoslowakischer Truppen im Ungarisch-Rumänischen Krieg nach nur
drei Wochen; die Firma Siemens in Berlin-Lichtenberg stellt wegen Kohlemangels den Betrieb ein und kündigt 1500 Arbeitern.

Prinz Friedrich Wilhelm zur Lippe veröffentlicht in der „Deutschen Tageszeitung" einen offenen Brief:

> *Deutsche Ohnmacht – durch unseres Volkes Selbstentwaffnung verschuldet – hat unseren Feinden die Befriedigung ihrer Rachsucht zugestanden, mit der ihr gieriger Sinn nach unserem Kaiser steht, um
> den sie uns noch vor nicht langer Zeit beneideten. Die Schmach, die
> sie ihm antun wollen, trifft auch uns. Wollen wir abseits stehen,
> wenn unser Kaiser den Weg des Leidens geht? Das darf nicht, nein,
> das kann nicht sein! Wir deutschen Prinzen ... wollen jetzt uns neben
> ihn stellen und unseren Feinden zurufen: „Nehmt uns für ihn oder
> mit ihm!"*

Wahrscheinlich schreiend wie fast alle Kinder dieser Welt, kommt am 8. Juli
ein kleiner Junge in Solingen zur Welt, Walter Scheel, der singende Bundespräsident.

Rudolf Steiner hält im Gustav-Siegle-Haus am 9. Juli einen öffentlichen Vortrag mit dem Titel „Der Weg zu übersinnlichen Erfahrungen und Erkenntnissen als Grundlage eines wirklichen Menschenverständnisses".

Der neue tschechoslowakische Ministerpräsident Wlastimil Tusar gibt am 10. Juli vor der Nationalversammlung in Prag seine Regierungserklärung ab. Er betont, dass die Tschechoslowakei mit allen Nachbarn in Frieden leben will.

> *Es ist ferner der Augenblick gekommen, wo wir an die Schaffung der gesetzlichen Bedingungen für das Zusammenleben mit den nationalen Minderheiten und ihre Mitwirkung herantreten werden.*

Ein hehres Ziel!

Bei der Versammlung des Bundes für Dreigliederung am 10. Juli in Stuttgart berichtet Emil Molt über die Betriebsrätebewegung; trotz großer Bemühungen gibt es bisher nur 10-12 Betriebsräte. Die Bewegung ist endgültig ins Stocken geraten. Der Widerstand kommt von zwei Seiten: auf der einen Seite formiert sich der Widerstand der württembergischen Arbeitgeber - der „Bund für Dreigliederung" habe enge Beziehungen zu Kommunisten und strebe eine Räteherrschaft an. Auf der anderen Seite wittern die Linkssozialisten einen Einbruch in ihre Domäne und werfen den Dreigliederern anarchistische Umtriebe vor. Der Spartakusbund kommt aufgrund der Tatsache, dass auch Bürgerliche mitarbeiten sollen, zu dem Urteil:

> *Arbeiter, merkt ihr noch nicht, daß der Weg dieses neuen Propheten eine Sackgasse ist? Er will den Klassenkampf nicht ...* (EK)

Nein, Steiner will den Klassenkampf nicht, u.a. weil er glaubt, dass damit nur oben und unten vertauscht wird, das Denken aber dasselbe bleibt.

Auf jeden Fall werden die Dreigliederungskampagne und die Betriebsrätebewegung letztendlich zwischen den Fronten dieser beiden Positionen zerrieben. Rudolf Steiner aber gibt nicht auf, er verlagert ein bisschen den Fokus: Er spricht über die geplante Waldorfschule als Teil der Dreigliederungsbewegung und über die Notwendigkeit eines Kulturrates.

Die Wochenzeitung „Dreigliederung des sozialen Organismus" erscheint am 11. Juli zum ersten Mal; in den Niederlanden wird die 45-Stunden-Woche (der Achtstundentag) eingeführt; die sächsische Volkskammer in Dresden nimmt gegen die Stimmen der bürgerlichen Parteien das Übergangsgesetz für Volksschulen an. Danach darf in den Volksschulen künftig kein Religionsunterricht mehr erteilt werden. Ernst Ludwig Kirchner schreibt in sein Tagebuch:

Ich warte sehnsüchtig auf Erna mit der Medizin.

Ernst Toller wartet währenddessen in Untersuchungshaft auf seinen Prozess und bekommt Besuch von einem Friseur.

Er schneidet mir die zweifarbigen Haare, die rötlichen Spitzen müssen bleiben, verrät er, der Staatsanwalt habe es eigens befohlen, damit die Richter und die Herren von der Presse und die Leute sähen, wie raffiniert ich es angestellt hätte, mich dem Zugriff der Gerechtigkeit zu entziehen. „Tröstens Eahna, Herr Toller", meint er, „in zwei Farben schillern ist modern, das tun ja alle miteinand heit."
(ET)

Erich Mühsam muss nicht mehr warten: Das Münchner Standgericht verurteilt den Schriftsteller und Rätepolitiker am 12. des Monats wg. Hochverrat zur Höchststrafe von 15 Jahren Festung unter „Zubilligung" der ehrlosen Gesinnung.

Verkehrsnachrichten: Der Linienverkehr zwischen dem Hamburger Hafen und den Vereinigten Staaten wird wieder aufgenommen, und am Tag darauf vollendet das britische Starrluftschiff R34 die erste Nonstop-Transatlantikfahrt in beiden Richtungen: Am 2. Juli zur Hinfahrt in die USA gestartet, ankert das Luftfahrzeug nun nach 75-stündiger Rückfahrt in Norfolk. Wiederum einen Tag später gewinnt der Belgier Firmin Lambot die erstmals seit 1914 wieder durchgeführte Tour de France.

Das Warten hat ein Ende: Das Münchner Standgericht verurteilt den Dramatiker und Rätepolitiker Ernst Toller am 16. Juli wg. Hochverrat zur Mindeststrafe von fünf Jahren Festung. Toller kann keine „ehrlose Gesinnung" nachgewiesen werden. Sein Verteidiger im Prozess vor dem Münchner Volksgericht (einem Sondergericht mit standrechtsähnlicher Verhandlungsführung) ist Hugo Haase, der neben seiner Funktion als Rechtsanwalt zugleich Reichsparteivorsitzender der USPD ist. Als Zeuge der Verteidigung setzt sich der bekannte Soziologe und Universitätsprofessor Max Weber für seinen ehemaligen Studenten ein. Ungeachtet seiner eigenen prinzipiellen Gegnerschaft zur Räterepublik attestiert er Toller die „absolute Lauterkeit" eines

218

radikalen Gesinnungsethikers. Auch andere Menschen setzen sich für Toller ein: Thomas Mann (wie schon erwähnt), Max Halbe, Carl Hauptmann loben seine Werke, was ihn eigentlich eher beschämt. Mindestens von Thomas Mann ist bekannt, dass er dabei geschwindelt hat. Er sagt nämlich Jahre später, dass Toller zwar ein ehrsamer Mensch sei,

> *doch kommt seine Künstlerschaft seinem Menschentum leider bei weitem nicht gleich.* (RH)

Auch Professor Sauerbruch verteidigt Toller, Tilla Durieux berichtet:

> *Während meiner schweren Krankheit wurde Toller gefunden und verhaftet. Er hatte sich auch einige Tage in meiner Wohnung in der Brienner Straße versteckt, doch davon wußte ich nichts. Bei dem Prozeß benahm sich Sauerbruch außerordentlich anständig. Er bezeugte, daß Toller alles getan, um schwere Ausschreitungen zu verhüten.*

Die ersten Monate der Haft verbringt Toller im provisorischen Festungsgefängnis Eichstätt. Er berichtet, wie es da zugeht:

> *Die Zeit verrinnt. Immer heftiger kreisen Gespräche, Gedanken und Träume der Männer um Frauen, nachts pressen wir den Kopf ins Kissen, aus Verzweiflung, aus Hunger nach Wärme. Wir sind der Bücher müde, stundenlang blättern wir in den illustrierten Zeitschriften, starren auf die Bilder nackter Frauen, nackter Brüste, nackter Beine.*

> *Im Gefängnis Eichstädt schliefen über unserm Stockwerk gefangene Mädchen, das erregte die Männer, sie klopften nachts an die Decke, die Mädchen antworteten ihnen, sie schickten sich durch die Kanalröhren der Aborträume Briefposten zu, eingerollte Bogen, an Bindfäden gebunden. Liebesverhältnisse knüpften sich an, Liebhaber und Braut sahen sich niemals, sie beschrieben in unbeholfenen Worten, wie sie aussähen, sie erbaten Liebespfänder, Locken schenkten sie sich, kleine Tücher, die sie nachts auf die Brust gepreßt hatten, Schamhaare.*

Die Kongregation des Heiligen Offiziums in Rom hat die Aufgabe, über die Reinerhaltung des katholischen Glaubens zu wachen. Diese verkündet am 16. Juli – und Papst Benedikt XV nickt es ab -, dass es für einen Katholiken nicht erlaubt ist, der theosophischen Gesellschaft beizutreten oder deren Schriften zu lesen. Das gilt wohl auch für die Anthroposophie. (CL 1)

Am 17. Juli findet der siebte und letzte Diskussionsabend über die Bildung von Betriebsräten statt. Rudolf Steiner bemängelt den militärischen Gehorsam in den Gewerkschaften.

Vom Waffenstillstand bis zu diesem Tag wurden drei Millionen britische Soldaten „demobilisiert". Eine Demobilisierung ist meist nicht unproblematisch, da die Soldaten dann mit einem geregelten Einkommen versorgt werden müssen, während parallel die Wirtschaft von Kriegs- auf Friedenspro-

220

duktion umgestellt werden muss und meist durch Kriegseinwirkungen beschädigt wurde.

Die konstituierende Landesversammlung von Anhalt in Dessau verabschiedet am 18. Juli das Verfassungsgesetz: Anhalt wird Freistaat.

Am 19. Juli wird in London die Siegesfeier der Alliierten veranstaltet, in Berlin beginnt der erste Parteitag der erst Ende 1918 gegründeten Deutschen Demokratischen Partei (DDP). Er dauert bis zum 22. Juli. Zum Vorsitzenden wird der evangelische Theologe Friedrich Naumann gewählt. Naumann setzte sich auf der einen Seite bereits während der Jahrhundertwende zusammen mit vielen prominenten Frauenrechtlerinnen für die politischen Rechte der Frauen ein, andererseits gehört er zu den Unterzeichnern des Manifests der 93. Die DDP hat - nach eigenen Angaben – zu diesem Zeitpunkt rund 900.000 Mitglieder.

20. Juli: Edmund Hillary, der Bienenzüchter aus Auckland, Neuseeland, kommt zur Welt. Er wird am 29. Mai 1953 Geschichte schreiben, weil er zusammen mit Tenzing Norgay den Mount Everest vermutlich als erster besteigen sollte. Er wird danach von der Queen geadelt und sagen, dass es nicht darauf ankomme, als erster oben zu sein, sondern auch lebendig wieder herunterzukommen - das sagt sich natürlich leichter, wenn man als erster oben war und wieder heruntergekommen ist.

Die deutschösterreichische Friedensdelegation in Saint-Germain-en-Laye erhält den Text des Friedensvertrags.

Erst dann reagiert der Arbeitsausschuss der Waldorf-Astoria-Zigarettenfabrik AG auf den Kommentar am 5. Juli im „Sozialdemokrat": Er veröffentlicht am 20., 22. und 26. Juli in verschiedenen Tageszeitungen eine Erklärung:

> Der „Sozialdemokrat" verliert sich leider durch solche Bemerkungen in denselben spießbürgerlichen Ton, in dem eine Reihe von anderen Angriffen gegen die Waldorfschule gehalten ist. Ob man das Vespern einer notwendigen aufbauenden Kulturarbeit vorzieht oder ob man eine vernünftige Neuerung, einen kühnen Versuch deswegen niedriger stellt, weil er von einem Fabrikanten ausgeht, bleibt sich so ziemlich gleich. Dieser Einwand entstammt demselben abgestan-

denen und engen Denken, das uns nicht zu wirklichem Fortschritt kommen lässt. … Die unterzeichnenden Mitglieder des Arbeitsausschusses der Waldorf-Astoria-Zigarettenfabrik legen Wert darauf, mit allem Nachdruck zu betonen, daß sie selbst einsichtig genug sind, nicht in jene kapitalistische Falle zu gehen, die der „Sozialdemokrat" zu sehen glaubt. (AS)

Anton Herman Gerard „Anthony" Fokker verlegt 1919 seine Firma „Fokker Flugzeugwerke mbH" mit einem ausgeklügelten Plan innerhalb von ein paar Wochen per Eisenbahn in die Niederlande, denn nach dem Ersten Weltkrieg war der Bau von Flugzeugen und Flugmotoren durch die Alliierten verboten worden. Am 21. Juli gründet er zusammen mit anderen Unternehmern das Werk „N. V. Nederlandsche Vliegtuigenfabrieken" und baut zukünftig neben Militärflugzeugen auch Verkehrsflugzeuge.

Im Deutschen Reich, in Deutschösterreich und Italien finden nach einem Aufruf der sozialistischen und kommunistischen Parteien am selben Tag Demonstrationen und Streiks gegen den Versailler Vertrag und den Friedensvertrag von Saint-Germain-en-Laye statt. Auch auf dem Cannstatter Wasen versammelt man sich. Paul Hahn meint:

Die Ideologen-Führer des deutschen Proletariats aber haben nicht nur nichts gelernt durch den Weltkrieg, der doch klar die internationale Solidarität vermissen ließ, sondern sie haben bis auf den heutigen Tag sich sowohl in den Augen ihrer Volksgenossen wie in denen ihrer nicht-deutschen Gesinnungsgenossen unsterblich blamiert und verächtlich gemacht durch ihre mangelnde nationale Einstellung. In Württemberg versuchten die Herren Kommunisten und Unabhängigen noch ihr Extrasüppchen an diesem Demonstrationsfeuer zu kochen, indem sie gegen Reaktion und für die Räteherrschaft demonstrierten. In Cannstatt auf dem Wasen war die von Kommunisten und USP veranstaltete Versammlung, wo Münzenberg, Schreiner und Engelhardt die Stimmung der Versammelten so lange massierten, bis sie handgreiflich wurden untereinander, die Solidarität auf diese Weise demonstrierend.

Die Sicherheitstruppen sind in Alarmbereitschaft. Trotzdem wollen auch Teile von ihnen mitstreiken. Paul Hahn hält es für eine Katastrophe, wenn die Demonstranten auf dem Wasen mit den demonstrierenden Soldaten zusammenträfen. Er verhindert mit großem persönlichem und emotionalem Einsatz, dass dies geschieht.

Meine Nerven waren aufs äußerste gespannt.

Nachdem er der Regierung im Alten Schloss melden kann, dass alles in Ordnung sei, brechen ihm die Knie weg, er muss sich einige Minuten auf sein Feldbett legen.

Meine Nerven hatten zum ersten Mal reagiert, die kritischste Stunde der Revolution war vorüber.

Das, was der „Rote Hahn" in seinen „Erinnerungen aus der Revolution in Württemberg - Der Rote Hahn, eine Revolutionserscheinung" den schwärzesten Tag der Revolution nennt, war gleichzeitig das letzte Aufbäumen der Soldatenräte in Württemberg.

Im Vorwort seiner „Erinnerungen" schreibt Hahn:

Die Erinnerung will ich wachrufen bei all denen, die in bewegter Zeit mir geholfen haben, die Ruhe und Ordnung aufrecht zu erhalten, die tätigen Anteil genommen haben an der uns durch die Entwicklung der Verhältnisse gewordenen Aufgabe, den jungen Staat zu schützen gegen seine Feinde. Mein Charakterbild schwankte im Urteil meiner Mitbürger. Je nach der Parteibrille, durch die ich betrachtet und mein Handeln beurteilt wurde, war ich bald Revoluzzer, Spartakist, Sozi, Demokrat, reaktionär, Gegenrevolutionär, Revolutionstöter, Henkersknecht der Revolution usw. Den Leuten von rechts war ich „der rote Hahn", denen von links der „Revolutionsemporkömmling". [...] „Wie man`s macht, ist`s falsch", war die Grundtendenz der Beurteilung meines Handelns von seiten meiner Gegner, deren es nicht wenige waren. Denn zunächst war ich doch ein Revolutionsemporkömmling, ein Revolutionsgewinnler, also schon faul. Dann war es doch von mir eine unglaubliche Anmaßung, daß ich als früherer Lehrer und späterer Kunstmaler in einem Metier machte, wo doch nur ein gestempelter Parteimann oder höherer Beamter *oder alter Offizier den für das Amt notwendigen Verstand und die Fähigkeit besitzen konnte. [...]*

Zudem war ich noch so unglaublich jung - alles Gründe, die zur Ablehnung meiner Person und meines Handelns führen mußten. [...]

Mein Verantwortungsgefühl für die Allgemeinheit, mein Idealismus, die mich am 1. August 1914 als Kriegsfreiwilligen meine Pflicht fürs Vaterland tun hießen [beim Dragoner-Regiment „Königin Olga" , Anm. d. Verf.], *die waren es ausschließlich, die mich am 9. November nicht untätig beiseite stehen ließen, sondern von mir als Offizier und Staatsbürger forderten, mit anzufassen an der verfahrenen Karre unseres Staates, um sie wieder herauszuziehen aus dem Sumpf.*

Und im Nachwort heißt es dann:

Ich war kein bequemer Untergebener. Verantwortungsfreudig habe ich gehandelt, wenn es notwendig war; für meine Organisation suchte ich die notwendigen Grundlagen ihres Bestandes und ihrer Zuverlässigkeit zu erreichen und zu festigen, um dem Staat ein tüchtiges Werkzeug der Macht zu schaffen, allzeit bereit und schlagfertig, zuverlässig und treu, die übernommene Aufgabe der Aufrechterhaltung der Ruhe und Ordnung, des Schutzes der Regierung und der Erhaltung des Staates so gewährleisten zu können, wie es das Wohl des Vaterlandes verlangte.

Mein Weg lag in der Mitte, meine Einstellung nahm ich ohne Rücksicht auf Beifall oder Anerkennung auf das mir gestellte Ziel, die übernommene Aufgabe zu lösen.

Ob „Revolutionserscheinung oder Revolutionsemporkömmling", ob „roter Hahn" oder „Reaktionär, Sozi" oder „Revolutionstöter" - ich versuchte meine Pflicht zu tun als Republikaner von Verantwortungsgefühl und Vaterlandsliebe. (PH)

Ja, das ist das Schicksal der „Mitte", sie bekommt Prügel von zwei Seiten!

In der Dreigliederungszeitung erscheint am 22. Juli eine Erklärung, dass die Dreigliederung nur als Ganzes verstanden, und nicht nur ein Aspekt davon isoliert herausgenommen werden kann. Abends beendet Rudolf Steiner einen öffentlichen Vortrag in Ulm mit den Worten:

So führt uns die Fortsetzung des alten Weges zur Mechanisierung des Geistes, zur Vegetarisierung der Seele, zur Animalisierung des Leibes. So führt uns der Weg, der durch Geisteswissenschaft gezeigt werden soll, zu den wahren sozialen Tugenden, aber zu den sozialen Tugenden, die vom Geiste durchleuchtet, von der Seele durchwärmt sind; die von dem veredelten Menschenleibe ausgeführt werden. [...] (GA 333)

Am gleichen Tag, am 22. Juli, begegnet Hermann Hesse der 20 Jahre jüngeren Ruth Wenger... ein neues Kapitel seines Lebens beginnt, und zunächst ein intensiver Briefverkehr. Auch der Postverkehr zwischen den Vereinigten Staaten und dem Deutschen Reich wird (wieder) aufgenommen. Und die britische Post befördert wieder Briefe ins Deutsche Reich.

Am 23. Juli findet in Stuttgart die Versammlung der vorbereitenden württembergischen Betriebsräteschaft statt unter dem Thema: „Die Aufgaben der Betriebsräte". Auf Wunsch der Arbeiter spricht Rudolf Steiner, zunächst noch einmal das Prinzip der Dreigliederung erläuternd:

Meine sehr verehrten Anwesenden! Es wird gerade heute, wo uns die eben erwähnte Tagesordnung vorliegt, von einer gewissen Wichtigkeit sein, dass wir uns noch einmal über dasjenige vollständig klarwerden, was im Sinne der Dreigliederung des sozialen Organismus mit der Betriebsräteschaft eigentlich gemeint ist.

Zunächst halten wir doch daran fest, dass, so wie wir jetzt darangehen wollen, die Betriebsräteschaft auf die Beine zu stellen, wir vor allen Dingen erstreben, mit dieser Betriebsräteschaft den eigentlichen Anfang einer wirklichen Sozialisierung in die Wege zu leiten. Wenn man heute von Sozialisierung sprechen hört, bekommt man doch immer das Gefühl, dass die Leute eigentlich nicht wissen, was sie mit der Sozialisierung wollen. Die meisten verstehen unter Sozialisierung ja nichts anderes als eine Verstaatlichung der bestehenden Betriebe, der bestehenden Produktionszweige und so weiter. Sie wissen ja, dass es sich bei der Dreigliederung des sozialen Organis-

Und dann schildert er konkret, wie er sich die Betriebsräteschaft vorstellt:

Wie machen wir das? Wir haben damit ja schon begonnen, und von den Betriebsräten sind ja heute schon einige erschienen. Also wir machen das so, dass zunächst aus den einzelnen Betrieben heraus eine bestimmte Anzahl von Betriebsräten gewählt wird. Wer kann zum Betriebsrat gewählt werden? Zum Betriebsrat kann gewählt werden jeder Handarbeitende, jeder geistig Arbeitende und auch, da wir eben in einer Übergangszeit stehen, wenn er sich einreiht, der bisherige Unternehmer oder die Unternehmerschaft eines Betriebes. Festzuhalten ist hier aber, dass keiner ein Vorrecht hat, also dass sich auch ein Unternehmer, der zum Betriebsrat gewählt wird, in die anderen Betriebsräte einreiht. Diese Betriebsräteschaft ist also eine Körperschaft, in der jeder absolut gleichberechtigt ist und so viel gelten soll, wie er im Wirtschaftsleben auf seinem Gebiete versteht. Es gehen also aus den einzelnen Produktionszweigen diese Betriebsräte hervor. Aber wir haben etwas für die Neugestaltung des Wirtschaftslebens Fruchtbares erst dann, wenn wir viel mehr Betriebsräte haben, als wir jetzt haben. Heute haben wir ja erst eine kleine Anzahl von Betriebsräten, und diese werden hoffentlich nach der heutigen Versammlung so arbeiten, dass wirklich nach und nach eine Betriebsräteschaft zustande kommt. Also wie gesagt: Eine kleine Anzahl von Betriebsräten haben wir zunächst. Diese Betriebsräte sind hervorgegangen aus einzelnen Betrieben. Dasjenige, was wir wirklich brauchen, das ist, dass sich aus allen Betrieben eines in sich geschlossenen Wirtschaftsgebietes, also zunächst eines provisorisch geschlossenen Wirtschaftsgebietes, sagen wir Württemberg, Betriebsräte bilden. Man braucht nämlich für die Art von Betriebsräteschaft, wie wir sie uns denken müssen, Betriebsräte aus allen Betrieben, aus allen Branchen. Diese Betriebsräte bilden dann zusammen die Betriebsräteschaft über ein in sich geschlossenes Wirtschaftsgebiet. Und damit müsste man die Sozialisierung beginnen, dass man über ein geschlossenes Wirtschaftsgebiet hin eine solche Körperschaft begründet, welche sich zur Aufgabe macht, sich im Sinne eines Neuaufbaus des Wirtschaftslebens auf einen festen Boden zu stellen, das heisst: Es müsste sich diese Körperschaft als der leitende Wirtschaftskörper dieses betreffenden Gebietes fühlen. Sie müsste sich also so fühlen, dass von ihr die wirkliche Leitung der in diesem Wirtschaftsgebiet bestehenden Betriebe aller Gattungen auszugehen habe. Es müsste also diese Betriebsräteschaft als ihr Ideal ansehen, dass zukünftig nicht mehr einzelne Unternehmer für die einzelnen Wirtschaftsbetriebe verantwortlich sind, sondern dass alles das, was in den Betrieben getan wird, gewissermassen im Auftrag dieser Körperschaft, dieser Urversammlung der Betriebsräteschaft, geschieht. Es ist damit, halten wir das streng fest, zum ersten Mal dasjenige geschaffen, wonach die Forderungen der sozialen Parteien immer, mehr oder weniger bewusst, hintendiert haben. Die Forderungen der Parteien werden ja zumeist negativ formuliert, zum Beispiel wenn man spricht von der Abschaffung des Kapitals und so weiter. Ja, aber mit dem Abschaffen ist wenig getan. Mit dem Abschaffen ist nur das getan, dass wir allmählich unser Wirtschaftsleben auflösen! Wie nun aber der dreigliedrige soziale Organismus wirken soll, das ist gerade das Gegenteil: Er soll nämlich aufbauen. Zum Aufbau braucht man aber eine aufbauende Körperschaft. (GA 331)

Der von der türkischen Regierung wegen separatistischer und alliiertenfeindlicher Aufrufe für vogelfrei erklärte General Mustafa Kemal Pascha (Kemal Atatürk) eröffnet in Erzurum den ersten Nationalkongress. Er erklärt sich als von der Türkei unabhängig und beschuldigt die Regierung, das Vaterland an die Alliierten verkauft zu haben. Mustafa Kemal Pascha fordert alle Anhänger des Islam auf, sich ihm und seinen zwei Divisionen anzuschließen.

In Stuttgart findet am 25. Juli eine Versammlung der Unterzeichner des Aufrufs zur Bildung eines Kulturrats statt, auf der Rudolf Steiner betont, dass es wichtig ist, sich für andere Menschen zu interessieren.

Das Münchner Standgericht verurteilt Tobias Axelrod, Mitglied der Münchner Räteregierung, wg. Beihilfe zum Hochverrat unter Annahme „ehrloser Gesinnung" und unter Verweigerung mildernder Umstände zu 15 Jahren Zuchthaus.

Ich habe das Haus gekauft,

schreibt Mia Hesse an ihren Noch-Ehemann Hermann. Sie hat von ihrem Vater geerbt und von dem Geld ein Haus in Ascona erworben. Sie hofft immer noch auf eine Weiterführung ihrer Ehe. Und lässt Elisabeth Gräser, die Frau von Gusto, bei sich wohnen.

Obwohl der Versailler Friedensvertrag bereits einen Monat zuvor unterschrieben wurde, erlässt die Deutsche Friedensgesellschaft am 27. Juli in Berlin einen Aufruf, in dem die Gründung des Völkerbunds als einzige Möglichkeit für eine Revision des Versailler Vertrags bezeichnet wird. Die Berliner vergnügen sich derweil beim Schwimm-Wettkampf „Quer durch Berlin" - dem ersten Wettbewerb dieser Art auf der Spree.

28. Juli: Hermann Hesse schreibt an Emil Molt aus Montagnola:

Lieber Freund Molt! [...] Ich habe [...] eine große literarische Arbeit fertiggemacht, die ich für meine wichtigste halte. Sie wird unter meinen Freunden nur sehr wenigen gefallen und bedeutet einen Bruch mit meiner bisherigen Tradition, aber sie war notwendig und ist gut, und das Alleinstehen, das ich während des Krieges hinsichtlich der menschlich-politischen Gesinnung habe lernen müssen, muß ich nun vielleicht eben auch als Künstler lernen. Ich habe diese zehn Wochen, in denen ich jene Arbeit schrieb, wie ein Verzweifelter gearbeitet, und habe jetzt schon eine neue Sache begonnen.

Woltereck [Richard Woltereck, deutscher Zoologe, war von der Schweiz aus mit Hermann Hesse in der Kriegsgefangenenfürsorge, speziell der Versorgung mit Lektüre, tätig – Anm. d. Verf.] ist in Deutschland. Er hat mit den Gefangenen wenig mehr zu tun, dafür unendlich viel mit den deutschen hungernden und kranken Kindern, von denen bis jetzt etwa 10.000 in die Schweiz gebracht wurden.

Zu all deinen großen und schönen Plänen habe ich Vertrauen und wünsche von Herzen Glück dazu! Mir selber ist bestimmt, ferner zu stehen und Distanz zu halten. Eure Forderungen [sich politisch zu engagieren, – Anm. d. Verf.] verstehe ich wohl, doch sprechen sie zu mir persönlich nicht in gleicher Weise, da ich von meiner Aufgabe vollkommen eingenommen und aufgebraucht werde. Das Volk, das während dem Krieg seinen Dichtern zumutete, das Feuer schüren zu

helfen und die geistigen Waffen zum Kampf gegen Feinde zu miß-
brauchen, das weint jetzt und will getröstet sein, und wendet sich,
kindlich wie das Volk es immer ist, an dieselben Dichter mit der For-
derung nach Trost, Rat, Betäubung. Aber auch hier kann der Dichter
nichts andres tun als was in ihm wächst und was seine Notwendig-
keit ist, er kann weder den Völkerbund besingen noch die Sozialisie-
rung. In meiner Weise denke ich zwar, vielleicht noch in diesem Jahr,
doch wieder ein wenig einzugreifen und auch zum Aktuellen Stel-
lung zu nehmen, doch geht das nur nebenher. (HH 1)

Die große literarische Arbeit, wie Hesse es hier nennt, ist die Novelle „Klein und Wagner". Friedrich Klein ist ein Familienvater und Bankbeamter, der Geld veruntreut hat und mit einem Revolver und großen Angst- und Schuldgefühlen flieht; in seinen Gedanken taucht immer wieder Ernst August Wagner auf, ein Mehrfachmörder, der seine Familie umgebracht hat und der tatsächlich existierte. Letztlich sind Wagner und Klein ein und derselbe, und Hesse beschreibt damit auch sich selbst. Er fühlt sich schlecht, er fühlt sich als „Mörder", weil er seine Familie im Stich gelassen hat.

Ja, Hesse war sehr aktiv und produktiv – die Kehrseite: er hat sich überanstrengt. In einem Brief schreibt er, ebenfalls am 28. Juli:

Das strenge und leidenschaftliche Arbeiten war schön, hat aber
meine Kräfte, namentlich die der Augen, sehr mitgenommen, ich
habe seit Wochen fast ununterbrochen Schmerzen. Doch hoffe ich
auch damit fertig zu werden. Einstweilen tröste ich mich, wenn es zu
häßlich wird, mit dem bewährten alten Mittel, das im Aushöhlen ei-
ner Weinflasche besteht [!], freilich enthalten diese Flaschen zu
meinem Leidwesen nichts als sauren Americano, anderer Wein ist
nicht zu haben oder viel zu teuer. (HH 2)

Er fängt wieder mit dem (zuviel) Weintrinken an … Wie hat er den Alkohol genannt? Eine der drei Tröstungen seiner Jugendjahre. Hesse ist kurz zuvor 42 geworden. Und mehrere Male hat Hesse versucht, vom Alkohol loszukommen. 1906 unterzog er sich im alternativen Sanatorium von Henri Oedenkoven auf dem Monte Verità bei Ascona einer drei- bis vierwöchigen Alkoholentzugskur. Oedenkoven hatte das Siedlungsprojekt „Monte Verità"

1900 zusammen mit seiner Lebensgefährtin Ida Hofmann und den Brüdern Karl und Gusto Gräser gegründet. Einige Tage verbrachte Hermann Hesse wohl auch dort in der Nähe mit Gusto Gräser (dem brillanten Vortragsredner von München) in dessen Höhle. Freund Finckh schreibt über Hesses Besuch dort:

> *Er hat dann einige Wochen hier in den Felsen verbracht, nackt durch die Wälder laufend.*

Tatsächlich gibt es da Nacktbilder von Hermann Hesse, zumindest eines. 1907 war er dann abermals auf dem Monte Verità und unterzog sich einer weiteren Alkoholentzugskur, war wohl auch noch mal einige Zeit mit Gusto Gräser in der Höhle. Doch die Selbstkasteiung bewirkte offensichtlich nicht, was Hesse sich von ihr erhofft hatte. Er zweifelte daran, dass die asketische Lebensweise seinem Naturell entsprach, und kehrte damals abgemagert nach Gaienhofen zurück. In der Zwischenzeit geht es auf dem Berg der Wahrheit langsam dem Ende zu. Die Pianistin Ida Hofmann schreibt verärgert in ihr Tagebuch:

> *Da waren auch alle jene, die sich an den warmen dunklen Abenden zu dem umliegenden Dorf schlichen, um verbotene Dinge wie gewürzte Salami und gute Tessiner Weine zu genießen... (PM)*

Und Oedenkoven spielt den Moralapostel (oder die beleidigte Leberwurst?):

> *Wenn er auf dem Gebiet der Kolonie die Reste von „fettem Schafkäse" findet, trägt er sie demonstrativ wie „Gift zwischen zwei Fingern" durch das Gelände und führt so den Anwesenden ihr Vergehen und ihre Verworfenheit vor Augen. Schon seit zwei Jahren darf man Fleisch essen auf dem Monte Verità, auch die Kleiderordnung ist sehr gelockert geworden, aber Henri kann nicht anders. Er hofft immer noch, die Sünder zu bekehren. (PM)*

Zurück nach Deutschland, und zurück zur Politik: Der aktuelle Leitartikel in der Dreigliederungszeitung am 29. Juli heißt „Marxismus und Dreigliederung". In Bamberg einigen sich Vertreter des Freistaats Coburg und des bayerischen Gesamtministeriums unter Ministerpräsident Hoffmann (MSPD) grundsätzlich auf den Anschluss Coburgs an Bayern. Die Tiroler Landesregierung und der Tiroler Landesrat in Innsbruck protestieren in einer gemeinsamen Entschließung gegen die Friedensbedingungen der Alliierten:

> *Unsere Gegner haben Wilsons Grundsätze vergessen, laut welchen die Grenze Italiens nach einer klar erkennbaren nationalen Linie gezogen werden soll. Wie zum Hohn erklärt die englische Regierung, südlich des Brenners gebe es nur ein Trentino.*

Am 31. Juli wird die Funkverbindung zwischen Berlin und New York eröffnet; die Nationalversammlung nimmt mit überwältigender Mehrheit - gegen die Stimmen von USPD, DVP und DNVP - die Weimarer Verfassung an, die nach ihrer Unterzeichnung durch den Reichspräsidenten am 14. August in Kraft tritt. Die Ersetzung der Staatsbezeichnung durch „Republik" wird von der bürgerlichen Mehrheit der Versammlung abgelehnt. Die Verfassung schreibt eine parlamentarisch-demokratische Staatsform fest, lehnt jedoch jede weitergehende Demokratisierung in Form von Räten ab. Allerdings reagiert der Gesetzgeber auf eine Forderung der Arbeiterschaft, die trotz massiver Widerstände seitens der Regierung und der Unternehmerverbände die Hoffnung auf eine umfassende Sozialisierung nicht aufgeben will, und fügt den Räteparagraphen § 165 ein. Dieser lautet im Absatz (1):

> *Die Arbeiter und Angestellten sind dazu berufen, gleichberechtigt in Gemeinschaft mit den Unternehmern an der Regelung der Lohn- und Arbeitsbedingungen sowie an der gesamten wirtschaftlichen Entwicklung der produktiven Kräfte mitzuwirken. Die beiderseitigen Organisationen und ihre Vereinbarungen werden anerkannt,*

und im Absatz (2):

> *Die Arbeiter und Angestellten erhalten zur Wahrnehmung ihrer sozialen und wirtschaftlichen Interessen gesetzliche Vertretungen in Betriebsarbeiterräten sowie in nach Wirtschaftsgebieten gegliederten Bezirksarbeiterräten und in einem Reichsarbeiterrat.*
>
> *Die Bezirksarbeiterräte und der Reichsarbeiterrat treten zur Erfüllung der gesamten wirtschaftlichen Aufgaben und zur Mitwirkung bei der Ausführung der Sozialisierungsgesetze mit den Vertretungen der Unternehmer und sonst beteiligter Volkskreise zu Bezirkswirtschaftsräten und zu einem Reichswirtschaftsrat zusammen. Die Be-*

zirkswirtschaftsräte und der Reichswirtschaftsrat sind so zu gestal-
ten, daß alle wichtigen Berufsgruppen entsprechend ihrer wirt-
schaftlichen und sozialen Bedeutung darin vertreten sind.

Die deutsche Reichsregierung unter Ministerpräsident Bauer (MSPD) legt der Weimarer Nationalversammlung ein Weißbuch über die „Vorgeschichte des Waffenstillstands" vor.

Frankreich nimmt den Postverkehr mit dem Deutschen Reich für Handelsbriefe, Kataloge, Warenproben u.a. wieder auf. Privatkorrespondenz ist nur auf Postkarten - für jeden zum Mitlesen - zulässig.

Intermezzo 7   Der Berg der Wahrheit

Hermann Hesse war hier. Und Erich Mühsam. Aber auch Gerhard Hauptmann, Else Lasker-Schüler und Ernst Bloch. Oberhalb des Schweizer Fischerorts Ascona am Lago Maggiore gab es eine Siedlung, in der langhaarige Männer und Frauen herumliefen. Manche in weiten, wallenden Gewändern - andere splitterfasernackt. In so genannten „Licht-Luft-Hütten" aus Holz, die mitten in die Wildnis des früheren Weinbergs gebaut wurden, wohnten vorübergehend Aussteiger und betätigten sich mit Gartenarbeit und Gymnastik, genossen aber auch Sonnenbäder.

Man glaubte „unter Urwaldmenschen zu sein", so der Bildhauer Max Kruse, dessen Frau Käthe auf dem Monte Verità die ersten ihrer weltberühmten Puppen fertigte. Der enge Kontakt zur Natur war Teil einer esoterisch geprägten Therapie, durch die Aussteiger von den Leiden der Zivilisation geheilt werden sollten. Hermann Hesse versuchte dort vom Alkohol loszukommen.

Andere wollten mit reiner Pflanzenkost, die weder Salz und Pfeffer noch scharfe Gewürze enthalten durfte, ihren Körper entgiften und den Geist erfrischen. Alkohol, Tabak, Kaffee, Tee und Kakao waren ebenso tabu wie Milch, Käse und Honig. Allerdings hielten das nicht alle aus. Zum Beispiel beschreibt Erich Mühsam in seinem Buch „Gegen das Vergessen":

> *Da ging ich ins Dorf hinunter, setzte mich in eine solide Osteria, ließ mir ein Beefsteak geben, trank einen halben Liter Wein dazu und rauchte danach eine große, dicke Zigarre. Nie hat mir eine Mahlzeit so geschmeckt, nie hat mich eine so gekräftigt und dem Leben gewonnen.*

Die Gründerin der Kolonie, die Pianistin und Feministin Ida Hofmann, ist uns mit ihrem verärgerten Tagebucheintrag schon begegnet. Mitgründer 1900 waren ihr Geliebter, der belgische Industriellensohn Henri Oedenkoven sowie die rebellischen Künstlerbrüder Karl und Gusto Gräser. Erich Mühsam schreibt weiter:

und verfasste 1905 eine Parodie: Der Gesang der Vegetarier - Ein alkohol-
freies Trinklied (Melodie „Immer langsam voran").

Darin heißt es z.B.:

Wir essen Salat, ja wir essen Salat
Und essen Gemüse von früh bis spat.
Auch Früchte gehören zu unsrer Diät.
Was sonst noch wächst, wird alles verschmäht.
Wir essen Salat, ja wir essen Salat
Und essen Gemüse von früh bis spat.

Wir sonnen den Leib, ja wir sonnen den Leib,
Das ist unser einziger Zeitvertreib.
Doch manchmal spaddeln wir auch im Teich,
Das kräftigt den Körper und wäscht ihn zugleich
Wir sonnen den Leib und wir baden den Leib,
Das ist unser einziger Zeitvertreib.

Wir hassen das Fleisch, ja wir hassen das Fleisch
und die Milch und die Eier und lieben keusch.
Die Leichenfresser sind dumm und roh,
Das Schweinevieh – das ist ebenso.
Wir hassen das Fleisch, ja wir hassen das Fleisch
und die Milch und die Eier und lieben keusch.
(Erich Mühsam: Aus Ascona)

Viele „Jünger" dieser Kolonie waren der Überzeugung, dass man zuerst sich
selbst ändern müsse, bevor man daran gehen könne, die Welt zu verändern.

Die Utopie einer alternativen Gesellschaft scheiterte bald: Nach Ende des
Ersten Weltkriegs wanderten Oedenkoven, seine neue Frau und Ida Hof-
mann gemeinsam nach Spanien und Brasilien aus, um dort neue Vegetarier-
Kolonien aufzubauen, die aber ebenso scheiterten. Der Bankier und Kunst-

mäzen Eduard Freiherr von der Heydt ließ 1929 auf dem Monte Verità ein Hotel im Bauhausstil errichten. Ab da lockte der „Berg der Wahrheit" nicht mehr nackte Vegetarier und Weltverbesserer an, sondern Reiche und Kunstliebhaber.

Was blieb von der Utopie? Der Ort Ascona war in den 60er Jahren eines der beliebtesten Reiseziele Europas. So beliebt, dass sogar ein Auto danach benannt wurde, der „Opel Ascona".

Heute ist es um den Ort still geworden.

(v.a. aus: spiegel.de)

August

„Die Freiheit, sie ist ausgelassen in dem Wort Sozialdemokratie."

- Rudolf Steiner

Die Sedan-Feiern werden abgeschafft, ein Skandalfoto entsteht, das erste Waldorflehrerkollegium wird gebrieft.

Mit Wirkung vom 1. August wird das am 25. April für das - rechtsrheinische-Bayern verhängte Kriegsrecht aufgehoben. Gleichzeitig werden Volksgerichte eingesetzt, die Straftaten bei inneren Unruhen verhandeln. Volksgerichte sind Sondergerichte, die schon im November 1918 in der Folge der Novemberrevolution in Bayern unter Kurt Eisner für die beschleunigte Aburteilung schwerer Straftaten eingerichtet wurden. Nach der Niederschlagung der Münchner Räterepublik werden die Volksgerichte vom sozialdemokratischen Ministerpräsidenten Johannes Hoffmann durch ein Gesetz bestätigt. Sie sind mit zwei Berufsrichtern und drei Laien besetzt, zur Verurteilung sind vier Stimmen erforderlich. Kommt diese Mehrheit nicht zustande, dann ist das Verfahren an die ordentliche Gerichtsbarkeit zu verweisen.

Im Münchner Glaspalast wird die erste Freie Kunstausstellung eröffnet, Gabriele Münter malt das Ölbild „Landschaft am Meer", wahrscheinlich auf Bornholm, wo sie den Sommer verbringt.

Knapp fünf Monate nach der Ausrufung folgt bereits wieder die Auflösung der Ungarischen Räterepublik, als rumänische Truppen im Ungarisch-Rumänischen Krieg die Hauptstadt Budapest besetzen. Nachfolgestaat wird das Königreich Ungarn unter Reichsverweser Miklós Horthy.

Am 2. August stirbt der Theologe Christoph Blumhardt, der wie sein Vater Johann Christoph Blumhardt die Evangelische Akademie Bad Boll geprägt hat.

Christoph Blumhardt ist für mich einer der bedeutenden Theologen im Protestantismus der Moderne - und das aus drei Gründen: Erstens konnte er sehr frühzeitig die Grenzen der kapitalistischen Wirtschaftsordnung und ihrer damit einhergehenden Umweltzerstörung benennen. Zweitens hat er in der zusammenwachsenden Weltgemeinschaft dem Christentum eine ungeheure Weite verliehen und damit Türen zum notwendigen interreligiösen Dialog eröffnet. Schließlich entdeckte er in einer damals überhaupt nicht selbstverständlichen Art und Weise mit der Arbeiterbewegung die bedeutsame Rolle der Zivilgesellschaft. Die Verbindung von spiritueller Tiefe und gesellschaftspolitischem Engagement könnte vorbildlich für unsere Zeit, aber auch für unsere württembergische Landeskirche sein. Der Schatz seiner Einsichten ist noch lange nicht gehoben! (Der Direktor der Evangelischen Akademie Prof. Dr. Jörg Hübner auf der Homepage der Akademie.)

Von ihm, dem Leiter des „religiösen Erweckungs- und Heilungszentrums", erhofften Marie und Johannes Hesse 1892 Hilfe für ihren Sohn Hermann - und die Ermittlung des „eigentlichen Grundes seiner Missbildung", d.h. seines eigensinnigen Verhaltens, das ihn zur Flucht aus dem Seminar in Maulbronn bewogen hatte. Ein missglückter Selbstmordversuch des 14-jährigen setzte aber schon nach 14 Tagen dem Aufenthalt in Bad Boll ein rasches Ende und Hermann wurde in der Heil- und Pflegeanstalt Stetten im Remstal untergebracht. Noch eine Episode aus dem Leben des wortgewaltigen Bußpredigers: Blumhardt (junior) nimmt immer stärker Anteil an den akuten Alltagsproblemen der Arbeiter und der „sozialen Frage". 1899 bekennt er sich auf einer Arbeiterversammlung in Göppingen als Jünger Jesu zum „Sozialismus". Als eine Zeitung fälschlicherweise berichtet, er sei der SPD beigetreten, wird er in Kirchenkreisen heftig angefeindet. Daraufhin tritt er tatsächlich der SPD bei und gibt auf Druck der Kirchenbehörde sein Pfarramt auf. Im Dezember 1900 wird er für den Wahlkreis Göppingen in den württembergischen Landtag gewählt, in dem er sechs Jahre lang wirkt. (Wikipedia)

Vom 2. bis 9. August findet in Luzern wieder eine Internationale Sozialistenkonferenz statt, die zweite dieser Art in der Schweiz seit Jahresbeginn.

Fest in Bonn: Die Universität feiert am 3. August - wegen des Kriegs mit fast einem Jahr Verspätung - den 100. Jahrestag ihrer (Neu-)Gründung am 18. Oktober 1818.

Am Abend geht Rudolf Steiner in seinem letzten Vortrag vor den Stuttgarter Mitgliedern vor seiner Abreise nach Dornach auf die Dreigliederung des Menschen ein:

[...] diese Wissenschaft, die, wie sie jetzt ist, auch ihren Anfang genommen hat in der Mitte des fünfzehnten Jahrhunderts, sie betrachtet den Menschen mehr oder weniger als eine Einheit. Sie ist sich nicht klar darüber, daß der Mensch wirklich jene Dreiheit ist, die man bezeichnen muß als den Hauptesmenschen oder Nerven-

Sinnesmenschen, als den Rhythmusmenschen oder Atmungs- und Zirkulationsmenschen, und den Stoffwechselmenschen. Diese drei Glieder der menschlichen Natur sind in ihrer Wesenheit ganz voneinander verschieden. Warum die Menschen nicht eigentlich zugeben wollen, daß der Mensch selbst in dieser Dreigliederung lebt, das rührt davon her, daß die Menschen, wenn sie schon etwas gliedern wollen, die Dinge so hübsch nebeneinander gelagert haben wollen .... Und man wird schon auf der einen Seite sich darauf einlassen müssen, die Dreigliederung außen im sozialen Leben als eine Notwendigkeit zu erkennen, aber auch die Dreigliederung des Menschen selber als eine naturgegebene Tatsache anzuerkennen. Daß der Mensch diese Dreigliederung aber nicht so hübsch nebeneinander geschachtelt hat, sondern daß ein Glied immer in das andere übergeht, das beirrt gerade den an seine alten Vorstellungen gebundenen neuen Menschen. Denn natürlich, wenn ich spreche von Kopforganisation, von Nerven-Sinnesorganisation, so ist diese Kopforganisation, äußerlich angeschaut, zunächst im Kopfe zentriert. Im Kopfe, im Haupte hat sie ihren Mittelpunkt. Aber sie sendet in den ganzen übrigen Menschen hinein die Ausläufer, die notwendig sind; denn das Sinnesvermögen ist ja im ganzen Menschen drin. Das heißt: der Mensch ist als Hauptesmensch nur der Hauptsache nach Nerven-Sinnesmensch; der ganze Mensch ist Nerven-Sinnesmensch. Und als Rhythmusmensch ist der Mensch Brustmensch. Das rhythmische System, das Atmungs- und Zirkulationssystem hat in der Brust seinen Mittelpunkt. Also es handelt sich darum, daß der Mensch als Rhythmusmensch Brustmensch ist. Das Atmungs-Zirkulationssystem ist lokalisiert in dem Brustsystem, aber natürlich wird der Rhythmus, die rhythmische Tätigkeit wiederum hineingesendet, sowohl in das Hauptsystem wie in das Stoffwechselsystem. Also nur der Hauptsache nach ist der Brustmensch Rhythmusmensch. Und ebenso ist es mit dem Stoffwechsel. Selbstverständlich ist auch im Haupte, auch in der Brust, der Stoffwechsel vorhanden, aber reguliert wird er von dem Gliedmaßensystem, so wie ich es immer charakterisiert habe. Da läuft also dasjenige, was als Glieder angeführt werden muß, in das andere hinein. Das beirrt natürlich die Menschen, die immer Striche machen möchten, und die nur ganz nebeneinanderstehend haben möchten das, was ihnen einfällt einzusehen.

Ja, wir denken gerne in Schubladen… und können es meist gar nicht aushalten, wenn in der einen Schublade auch ein bisschen von den anderen Schubladen drin ist …

Es ist also schon eine andere Art der Anschauung, eine ganz andere Art, sich zur Wirklichkeit zu stellen, für den Menschen notwendig, der sich in das Denken und auch in das Wollen und Tun für die nächste Zukunft hineinstellen will. Man glaube aber durchaus nicht, daß diese Dinge etwa nur eine Bedeutung haben für das Erkennen oder für die Weltanschauung. Diese Dinge haben ihre ganz besondere Bedeutung für das Leben der Menschheit, für die ganze Einstellung in das Leben. Und das muß ganz genau berücksichtigt werden. Man muß von diesem Gesichtspunkte aus dann unser gesamtes Leben erst beurteilen und dann sich die Frage stellen: Wie muß es sich neu gestalten? Wir haben ja in einem gewissen Sinne in unserem Leben eine Dreigliederung, aber diese Dreigliederung fordert erstens eine genaue Erkenntnis, zweitens eine Weiterentwickelung. Die genaue Erkenntnis, die muß sich einem ergeben dadurch, daß man mit einer gewissen Befruchtung der Erkenntnis durch geisteswissenschaftliche Anschauung sich ansieht, was eigentlich in unserem Leben vorhanden ist. Was ist denn in unserem Leben da? Das, was wir durch die Dreigliederung als ein besonderes Glied fordern, das ist ja natürlich da, es ist nur mit den zwei anderen, dem Rechtsgliede und dem wirtschaftlichen Gliede chaotisch durcheinandergemischt. Das Geistige steckt drinnen in unserem realen Leben, indem einfach der Mensch für die äußere Kultur, für das äußere Leben eine gewisse geistige Leitung braucht. Ohne die geistige Leitung gibt es kein äußeres Kulturleben. Diese geistige Leitung beruht bei uns, in unserem gegenwärtigen Leben, nicht auf einer ursprünglich-elementaren Äußerung der menschlichen Natur, sondern sie beruht auf etwas Überkommenem. Sie beruht auf etwas, was sich historisch für den

Menschen übertragen hat. Sie erinnern sich doch gewiß, daß, wenn man von dem neueren Geistesleben spricht, das heraufgekommen ist mit der großen Umwandelung im fünfzehnten Jahrhundert, man nicht von einer Neuschöpfung, sondern von einer Renaissance oder Reformation spricht. Man spricht, und mit Recht, nicht von einer Neuschöpfung, sondern von einer Wiedergeburt, von einer Wieder-aufrichtung eines Alten. Und in einer gewissen Beziehung leben wir geistig nur in einem wiederaufgerichteten Alten. Geistig leben wir nämlich von der Erbschaft desjenigen, was sich in einer gewissen Weise aus viel älterer, aus orientalischer und ägyptischer Geis-teskultur im Griechentum zusammengeballt hat. Daß wir heute un-ser altes griechisches Gymnasium haben, das ist, ich möchte sagen, nur ein deutlicher Hinweis darauf, daß unser Geistesleben eigentlich im ganzen eine griechische Renaissance ist. Worauf beruht aber denn das griechische Geistesleben? Es ist dies deshalb schwer zu durchschauen, weil dieses griechische Geistesleben in einer gewis-sen Weise dasjenige recht stark ausgebildet hat, worauf es beruht: das orientalische Geistesleben. Aber es hat dieses orientalische Geistesleben sehr umgestaltet. Dadurch merkt man nicht, wenn man sich mit dem bloßen Erkenntnissinne noch so sehr vertieft in das griechische Geistesleben, wenn man nicht mit geisteswissen-schaftlichen Voraussetzungen rechnen will, man merkt nicht, wo-rauf eigentlich dieses griechische Geistesleben fußt. Es ist nämlich ganz davon abhängig, daß den Angehörigen der Erobererklasse ins-tinktiv zugestanden wurde, das Geistige zu offenbaren, und daß die-se Offenbarung des Geistigen nicht zugestanden wurde den Ange-hörigen der eroberten Schichte. Die griechische Kultur enthält ei-gentlich in sich eine doppelte Bevölkerung: jene alte Bevölkerung, die die griechische Halbinsel in europäischen Urzeiten bewohnte, und die eine ganz andere soziale Struktur hatte als das spätere Grie-chentum. Das spätere Griechentum, das wir beginnen können ei-gentlich mit dem Einbruch derjenigen Geistesmacht, die ihren Aus-druck findet in den königlichen Geschlechtern der Agamemnons und so weiter, dieses griechische Leben breitete sich aus über eine Urbe-

völkerung. Und diese Eroberer waren anderen Blutes als die Urbe-
völkerung.

... Das ist etwas, was wir gewissermaßen als erstes Element in uns
tragen: ein doch noch aus dem Griechentum heraus konfiguriertes
geistiges Leben.

Außer dem ersten Element, dem (griechischen) Geistesleben, das wir in uns
haben, haben wir noch ein zweites Element:

Nun tragen wir aber ein zweites Element in uns, das ist das römi-
sche Leben. Wir tragen nicht bloß das griechische Leben, chaotisch
hineingemischt, in unserer sozialen Kultur, in unserem Geistesleben,
seiner Form, seiner Gestaltung, seiner Struktur nach, sondern wir
tragen auch das römische Rechtsleben in uns. Wir tragen im Grunde
genommen ganz in uns die Sucht, jenen Staat zu gestalten, der doch
nur gut und richtig war für die menschheitliche Entwickelung in der
Zeit, als das Römertum geblüht hat, und an dem Orte, wo das Rö-
mertum geblüht hat. Griechisches Geistesleben, römisches Rechts-
leben, sie sitzen in uns. Es ist ja außerordentlich interessant zu se-
hen, wie in der Mitte des fünfzehnten Jahrhunderts und später dann
eigentlich das europäische Rechtsleben sich auf seine eigenen
Grundlagen stellen will, wie es etwas ganz anderes entwickeln will,
als was dann herausgekommen ist. Da brachen die Anschauungen
des römischen Rechtes herein und durchdrangen die Struktur der
Staaten, gerade so wie das griechische Geistesleben die Struktur der
Staaten durchdrungen hat. Und so wurde unser Rechtsleben wiede-
rum nicht etwas, was aus einem ursprünglichen, elementaren An-
trieb der menschlichen Natur hervorgeht, sondern etwas wie eine
Art Renaissance, ein Heraufnehmen eines Alten. Wo man nun aber
nicht ein Altes heraufnehmen konnte, das war der Boden des Wirt-
schaftslebens. Man kann einem alten Geiste anhängen, man kann
alten Rechtsformen anhängen, man kann aber nicht dasjenige es-
sen, was die Griechen gegessen haben, auch nicht dasjenige, was
die Römer gegessen haben. Das Wirtschaftsleben duldet nicht die-
ses Herübernehmen des Alten. Das Wirtschaftsleben entwickelte

*sich aus mitteleuropäischen, germanischen, fränkischen und ande-
ren Verhältnissen heraus, und zwar mit einer gewissen elementaren
Gewalt, aber es wurde durchdrungen von der Renaissance des Geisteslebens, von der Renaissance des Rechtslebens. Und es ist interessant, wie die Menschen empfinden: Ja, in unserem sozialen Organismus da ist ja lebensfähig, im neueren Sinne lebensfähig nur das
Wirtschaftsleben. Diese Empfindung haben nun insbesondere Marx
und Engels, ich habe das ein wenig dargestellt in der vierten Nummer unserer Dreigliederungszeitung unter dem Titel «Marxismus
und Dreigliederung». Marx und Engels empfinden: Ja, in bezug auf
das Wirtschaftsleben, da geht es nach neueren Impulsen, und diese
neueren Impulse müssen nur richtig ausgestaltet werden; sie sind in
der äußeren Tatsachenwelt noch nicht vorhanden, aber in der
menschlichen Sehnsucht sind sie vorhanden. - Und so wollen Marx
und Engels ein Wirtschaftsleben, das nicht mehr, wie das griechische Leben, die Menschen beeinflußt, indem es sie in bezug auf ihre
Geisteskräfte regiert. Marx und Engels wollen nicht mehr eine soziale Struktur, welche im Sinne des römischen Rechtes das soziale Leben beeinflußt. Das sehen sie als Fremdkörper des modernen Wirtschaftslebens an. Sie empfinden das Fremdartige und wollen es
deshalb herauswerfen. Sie wollen im Wirtschaftsleben etwas begründen, was gar nicht mehr über Menschen regiert, und ein Recht,
was nur noch Produktionsprozesse, wirtschaftliche Güterzirkulation
und so weiter verwaltet. Aber das ist nicht allein die Aufgabe der
neueren Zeit. Die Aufgabe der neueren Zeit ist, zu erkennen: Gewiß,
das Wirtschaftsleben muß umgestaltet werden, das Wirtschaftsleben muß die Konfiguration bekommen, die aus den menschlichen
Sehnsuchten heraus gefordert wird; aber wir können auch nicht
mehr mit dem Rechtsleben, das nicht mehr hineinpaßt in unser
Wirtschaftsleben, auskommen, wir können nicht mehr mit dem
Geistesleben, das nur auf Renaissance beruht, auskommen. Wir
brauchen in unserer Zeit nicht nur eine einsichtige Gliederung des
Wirtschaftslebens, wir brauchen eine Neugestaltung des Rechtslebens an Stelle des römischen Rechtes, und wir brauchen eine völlige*

244

Erneuerung des Geisteslebens. Das heißt, wir brauchen nicht nur eine geistige Renaissance, sondern eine geistige Neuschöpfung. Und auch das Christentum, das hineingefallen ist in die Griechen- und Römerzeit, das kann nicht von uns so verstanden werden, wie man es verstanden hat durch das Medium des Griechischen und des Römischen, sondern das muß von uns mit einem neugeschaffenen Geistesleben neu verstanden werden. Das ist das Geheimnis unserer Zeit. (GA 192)

Nicht ganz einfache Kost! Anschließend verbreitet Steiner etwas Hoffnung:

Wenn Sie eine Pflanze im Wachstum schauen, sie entwickelt erst langsam Blatt nach Blatt. Und derjenige, der glaubt, daß das immer so fortgehen würde in dem Tempo, irrt sich ganz beträchtlich. Dann kommt ein Ruck, dann entwickeln sich rasch aus dem Blatt Kelch und Blumenblätter. Und so wird es auch sein, wenn uns nur selber die Kraft ausdauert mit dem, was wir geisteswissenschaftlich und sozial bewirken können. Es kommt da auf das Wollen an. Es wird da vielleicht lange so ausschauen, als wenn es ganz langsam ginge. Dann kommt aber, wenn sich zusammengeschoppt hat alles das, was wachsen kann, der Umschwung mit einemmal. Aber er wird nur gut wirken, wenn möglichst viele Menschen darauf vorbereitet sind. (GA 192)

Steiner schließt den Vortrag ab mit den Worten:

Das ist es, was überwunden werden muß heute, womit aber leider, leider die Welt, statt an die Überwindung zu denken, Kompromisse schließt. Die Kompromisse, die heute draußen geschlossen werden, werden aber auch im Innern der Seele viel geschlossen, und wenn nicht unsere Seelen so schauerliche Kompromißler wären, dann gäbe es auch im äußeren Leben solche schauerliche Kompromisse nicht wie der, der jetzt von Weimar ausgeht, der Schulkompromiß. Die Kompromiß-Naturen schleichen heute durch das Dasein, und sie sind diejenigen, welche alles rückwärtsschauend erleben, welche nicht vorwärtskommen. Vorwärts kommen wir nur, wenn wir den Willen haben zum Lernen, wenn wir den Mut haben, das Gelernte ins Leben einzuarbeiten. Nur aus diesem Willen und aus diesem Mut kann die neue Devise entspringen: Ich will lernen, ich will arbeiten! Ich will lernend arbeiten! Ich will arbeitend lernen! (GA 192)

Rudolf Steiner ist oft bereit, Kompromisse zu schließen - hier aber nicht!

Am 4. August wird im Kronprinzen-Palais in Berlin (ein spätklassizistisches Palais am Beginn der Straße „Unter den Linden") die Staatliche Galerie moderner Kunst, die „Galerie der Lebenden" eröffnet: 150 Gemälde und Skulpturen der französischen Impressionisten sowie Werke der Berliner Secession wurden aus der Nationalgalerie ins umgebaute Palais übernommen. Im Obergeschoss werden die Dresdner Brücke-Künstler und andere Expressionisten gezeigt. „Galerie der Lebenden" heißt die Abteilung, weil aus Finanzmangel nur unbekanntere, aktuelle Werke gekauft werden können. Ausgestellt werden auch die ungefähr dreißig Aquarellpostkarten von Franz Marc, die Else Lasker-Schüler verkaufen musste.

Und in der Zeitschrift „Der Sturm" wird das bekannte dadaistisches Gedicht „An Anna Blume" von Kurt Schwitters einer breiteren Öffentlichkeit zugänglich gemacht.

Am 5. und 6. August bereitet Rudolf Steiner die Schulgründung vor, damit gehen die „Stuttgarter Wochen" langsam zu Ende. In einem Brief an Eliza von Moltke schreibt er:

*Es ist, als ob die Menschen ganz unfähig sein **wollten** zum Aufnehmen neuer Gedanken. Nun ich denke: die Not muß **noch** größer werden, dann wird der Keim, der mit der Dreigliederung gelegt ist, doch aufgehen.*

Die Berliner Presse verkündet am 6. August eine gemeinsame Aktion des Reichsernährungsamts und des Reichswirtschaftsministeriums gegen den wilden Handel: Der Schwarzmarkt im Deutschen Reich wird seit Monaten zunehmend aus den besetzten Gebieten versorgt. Lebens- und Genussmittel sowie Gebrauchsgegenstände aller Art werden in Massen eingeführt, zu einem großen Teil unter Mitwirkung der Besatzungssoldaten.

Nachdem die Räterepublik in Ungarn beendet ist, hebt der Oberste Rat der Alliierten in Paris am 7. August die Wirtschaftsblockade gegen das Land wieder auf; in den britischen Kohlebergwerken wird der Siebenstundentag eingeführt.

Vom 7. August bis zum 16. September hält sich Ernst Ludwig Kirchner auf der Stafelalp auf. Dort, wenige Kilometer südlich von Davos, verbringt er von 1917 bis 1920 jedes Jahr eine gewisse Zeit; 1917 - als er noch nicht in Frauenkirch (Davos) wohnt - begleitet ihn „Schwester Hedwig", eine aus Berlin mitgebrachte Pflegerin. Es geht ihm von Jahr zu Jahr besser, auch die Lähmungserscheinungen lassen immer mehr nach. Was länger bleibt, ist die Abhängigkeit von dem Barbiturat Veronal sowie von dem in einem Sanatorium erhaltenen Morphium. Kirchner spürt die wohltuende Wirkung der Einsamkeit, der Natur und des einfachen Lebens der Bergbauern - der völlige Gegenentwurf zu Berlin.

> *Dabei verstand Kirchner das Leben der Bauern um sich herum anscheinend sofort als eine in sich schlüssige Ordnung, erwachsen aus den besonderen Bedingungen des Hochgebirges und dem Lauf der Jahreszeiten. Was er zeichnete, malte und in seinen Lithographien, Radierungen und Holzschnitten darstellte, waren nicht isolierte idyllische Motive, wie sie einem Touristen als Bergwanderer auffallen mögen. Vielmehr schilderte er das Leben auf der Alp, das Leben der Bauern mit ihren Tieren von innen heraus als eine aus der Natur und der dortigen Gesellschaft erwachsene Lebensform mit eigenen Regeln, als einen Zyklus von Jahreszeiten und Lebensaltern in geregelter Abfolge. (LG)*

Hier in Davos entsteht bei Kirchner ein ganz neuer Themenbereich, nach den nackten Menschen und den Straßenszenen in Dresden bzw. Berlin. Bereits im Sommer 1918 hat Kirchner ein Triptychon mit dem Titel „Alpleben" mit Szenen aus dem bäuerlichen Alltagsleben angefertigt. Er „erhöht" dieses einfache Leben mit der auf den mittelalterlichen Flügelaltar zurückgehenden Darstellungsform quasi zu etwas Magischem, Sakralem.

Und trotz alledem: Am 9. August schreibt Kirchner in seinem Tagebuch:

> *Die Injektionen kamen mittags, mit ihrer Hilfe abends einige Zeichnungen [...].*

Marie und Rudolf Steiner machen sich auf den Weg nach Dornach, fahren mit der Bahn bis Tuttlingen, dann mit Emil Molt mit dem Auto bis Basel. An der Grenze gibt es Probleme: Deutsche Autos werden nicht eingelassen.

In Dornach angekommen, kümmert sich Steiner um den Goetheanumbau und hält einige Vorträge vor Mitgliedern der Anthroposophischen Gesellschaft über das Thema: „Die Erziehungsfrage als soziale Frage". Interessant, wie jetzt die Schwerpunktverlagerung erfolgt vom wirtschaftlich-sozialen zu einem starken pädagogischen Engagement Rudolf Steiners; so heißt z.B. ein Artikel in der Dreigliederungszeitung „Freie Schule und Dreigliederung". Auf dem ersten der genannten Vorträge am 9. August stellt er dar:

Sehen Sie nach Amerika: der Hochpunkt der Mechanisierung der Geister! Sehen Sie nach dem europäischen Osten, nach Rußland: jene wilden Triebe und Instinkte, die sich da ausleben, und die furchtbar sind: Animalisierung des Leibes. In der Mitte, in Europa die Schläfrigkeit der Seele. Mechanisierung des Geistes, Vegetarisierung der Seele, Animalisierung der Leiber, das ist dasjenige, was man sich ohne Täuschung vorhalten muß,

und weiter:

Es ist charakteristisch, wie die Menschheit verloren hat - ich habe das hier schon einmal erwähnt -, verloren hat auf dem Wege seit der Mitte des 15. Jahrhunderts neben zwei Lebenselementen das Dritte. Eine mächtige Partei nennt sich heute „Sozialdemokratie", das heißt: Sozialismus und Demokratie hat sie zusammengeschweißt, obwohl sie das Gegenteil voneinander sind. Aber sie hat sich sie zusammengeschweißt, und sie hat ausgelassen das Geistige. Denn der Sozialismus kann sich nur auf das Wirtschaftliche, die Demokratie nur auf das Staatlich-Rechtliche beziehen; auf das Geistige würde sich beziehen der Individualismus. Die Freiheit, sie ist ausgelassen in dem Wort Sozialdemokratie, sonst müßte es heißen: individuelle oder individualistische Sozialdemokratie. Dann würden alle drei Dinge als Menschenforderung in einem solchen Schlagworte zum Ausdrucke kommen. Aber es ist charakteristisch für die neuere Zeit, daß dieses Dritte ausgeblieben ist, ...

Die sächsische Regierung entsendet am 9. August vier Bataillone in die Umgebung von Chemnitz, nachdem es dort am 7. und 8. August zu blutigen Lebensmittelkrawallen gekommen war. Schieber und Lebensmittelhändler machen die Juden für die hohen Lebensmittelpreise verantwortlich.

10. August: An diesem Sonntag gibt es in Vorarlberg viele Proteste gegen die Regierung in Wien, die das Selbstbestimmungsrecht von Vorarlberg (sic!) nicht anerkennen will.

Der Dritte Afghanisch-Britische Krieg endet nach einem Monat mit dem „Frieden von Rawalpindi": Afghanistan wird unabhängig von Großbritannien.

Was passiert alles am 11. August? Die Weimarer Nationalversammlung gibt Deutschland eine demokratisch-parlamentarische Verfassung und erklärt Schwarz-Rot-Gold zu den Reichsfarben.

Das Reichssiedlungsgesetz wird erlassen. Es regelt die landwirtschaftliche Kleinsiedlung (landwirtschaftliche Nebenerwerbsbetriebe) nach dem Ersten Weltkrieg. Ziel war die dichtere Besiedlung landwirtschaftlich nutzbaren Landes durch neue landwirtschaftliche Klein- und Mittelbetriebe. Hintergrund: Aufgrund des Versailler Vertrags gab es große Umsiedlungen, Vertreibungen oder „freiwillige Wanderungen". Das Gesetz ist in veränderter Form noch heute gültig.

Der sowjetrussische Rat der Volkskommissare in Moskau erlässt ein Dekret, nach dem die Landbevölkerung mit Industrieartikeln nur noch auf dem Weg des Austauschs gegen landwirtschaftliche Produkte beliefert wird.

Und der Industrielle Andrew Carnegie stirbt. Carnegie war ein US-amerikanischer Tycoon in der Stahlbranche und finanzierte u.a. eines der weltweit bedeutendsten Konzerthäuser, die Carnegie Hall.

Mit der angenommenen Bamberger Verfassung erhält Bayern am 12. August die erste demokratische Verfassung seiner Geschichte.

Balsam abgelehnt: Spanien war im ersten Weltkrieg neutral geblieben und hat bedeutende Kriegsgewinne erzielt. Die Republikaner im spanischen Parlament beantragen deshalb, Frankreich, dem Deutschen Reich und Deutschösterreich durch Darlehen zu helfen. Der Antrag wird abgelehnt.

Mit dem 14. August gilt die Weimarer Verfassung; diese widerspricht in einigen Punkten der alten württembergischen; vor allem liegen Post, Eisenbahn und Militär nun nicht mehr in der Kompetenz der Länder. Folglich wird auch das Kriegsministerium aufgelöst und ab Oktober „abgewickelt". Dafür wird eigens ein „Abwicklungsamt des früheren württembergischen Kriegsministeriums" eingerichtet.

Der bayerische Landtag in Bamberg verabschiedet das Lehrergesetz und das Schulbedarfsgesetz. Die Volksschulen gehen dadurch aus der Gewalt der Gemeinden in die Gewalt des Staates über, der fortan auch alle Personalkosten übernimmt.

In Konstanz treffen die letzten deutschen Kriegsgefangenen ein, die im Verlauf des Ersten Weltkriegs in der Schweiz interniert wurden. Am Tag darauf bedankt sich Reichspräsident Friedrich Ebert per Telegramm für die „liebevolle" Behandlung der Gefangenen.

Die deutschen Gemeinden in Westungarn beschließen am 16. August, sich aus dem ungarischen Staatsverband zu lösen und proklamieren ihren Anschluss an Deutschösterreich (Steiermark). Der Anschluss wird von den alliierten Siegermächten untersagt (sic!).

Der bayerische Landtag und die bayerische Staatsregierung übersiedeln am 17. August von Bamberg wieder nach München, nachdem am Tag zuvor die letzte Sitzung dort stattgefunden hat.

Auf Burg Lichtenstein bei Reutlingen bricht wegen des starken Besucherandrangs die Zugbrücke. 50 bis 60 Touristen stürzen zehn Meter tief in den Burggraben, sechs von ihnen werden schwer, 20 leicht verletzt.

Ebenfalls Verletzte, sogar Tote gibt es zwischen 1919 und 1921 bei drei bewaffneten Konflikten in Oberschlesien. Die polnischen Aufständischen wollen das zum Deutschen Reich gehörende Oberschlesien an Polen anschließen, erhalten jedoch keine militärische Unterstützung durch den polnischen Staat, da dieser sich gerade im Polnisch-Sowjetischen Krieg befindet. Der erste dieser Aufstände beginnt am 17. August; organisiert werden alle drei von Wojciech Korfanty.

Rudolf Steiner hält auf der Rückreise von Dornach nach Stuttgart am 19. August einen öffentlichen Vortrag in Freiburg zum Thema „Die Notwendigkeit übersinnlicher Erfahrung für das soziale Verständnis". Eingeladen wurde er vom Zweigleiter in Freiburg, dem Maler und Bildhauer Max Wolffhügel, der später als erster Kunstlehrer nach Stuttgart gehen wird.

Durch eine Verordnung des deutschen Reichspräsidenten Ebert am 20. August geht die Ausübung des Oberbefehls über die Wehrmacht auf Reichswehrminister Gustav Noske über.

Emil Molt holt Marie und Rudolf Steiner am 20. August in Freiburg ab und fährt mit ihnen durch das Elztal, das Kinzigtal und Freudenstadt nach Stuttgart. Molt:

> *Noch oft hatte ich später in den Jahren der Zusammenarbeit das Glück, mit ihm diese Route zu fahren. Aber so heiter und vergnügt, wie damals auf dieser ersten Reise habe ich Dr. Steiner nie mehr erlebt.*

Rudolf Steiner freute sich ganz offensichtlich, dass mit der Begründung der Schule ein erstes und exemplarisches „Organ" eines freien Geisteslebens verwirklicht wird.

Am Abend dann die Begrüßung der TeilnehmerInnen an den pädagogischen Kursen. Es ist ein besonderer Moment, Herbert Hahn erinnert sich:

> *Rudolf Steiner leitete mit einigen wenigen Sätzen ein, in denen eine ganz ungewöhnliche, von allem Konventionellen abweichende Festlichkeit lebte.*

Zum Beispiel:

> *Die Waldorfschule muß eine wirkliche Kulturtat sein, um eine Erneuerung unseres Geisteslebens der Gegenwart zu erreichen. Wir müssen mit Umwandlung in allen Dingen rechnen; die ganze soziale Bewegung geht ja zuletzt auf Geistiges zurück, und die Schulfrage ist ein Unterglied der großen geistigen brennenden Fragen der Gegenwart. Die Möglichkeit der Waldorfschule muß dabei ausgenützt werden, um reformierend, revolutionierend im Schulwesen zu wirken. [...] Deshalb werden wir die Schule nicht regierungsgemäß,*

sondern verwaltungsgemäß einrichten und sie republikanisch verwalten. [...] Jeder muß selbst voll verantwortlich sein. [...] Wir dürfen nicht bloß Pädagogen sein, sondern wir werden Kulturmenschen im höchsten Grade, im höchsten Sinne des Wortes sein müssen. (GA 300a)

Aufgrund von Vorschlägen von E. A. Karl Stockmeyer und Rudolf Steiner wird das erste Lehrerkollegium zusammengestellt, dessen Lehrer im Durchschnitt 32 Jahre alt sind. Steiner fordert Stockmeyer auf, auf die Reise zu gehen

wie ein Theaterdirektor, der sein Ensemble zusammensucht.

Am nächsten Tag wird Friedrich Ebert als Reichspräsident auf die neue (Weimarer) Reichsverfassung vereidigt und vereidigt selbst im Schloss von Weimar die Reichsminister; Rudolf Steiner beginnt einen Schulungskurs für die angehenden Lehrer, der morgens um 9 Uhr einen Vortrag über „Allgemeine Menschenkunde als Grundlage der Pädagogik" (GA 293), nach einer kurzen Pause einen weiteren Vortrag über methodisch-didaktische Fragen (GA 294) und am Nachmittag (von 15 - 18 Uhr) pädagogische Besprechungen in seminaristischer Form (GA 295) beinhaltet. Die Teilnehmer des Lehrer-Kurses erleben Rudolf Steiner in den nachfolgenden Tagen und Wochen außerordentlich beweglich, humorvoll und heiter, zuversichtlich, mit großem Elan, wissend und weise – dass eine überaus harte und kämpferisch-strapaziöse, insgesamt fünfmonatige Arbeit für den Durchbruch der sozialen Dreigliederung hinter ihm liegt, ist ihm in keiner Weise anzumerken. (PS)

Am 22. August findet ein „Reichskongress der Erwerbslosen" in Hamburg statt; dort diskutieren Abgesandte aus 90 Städten über die soziale und wirtschaftliche Situation der Arbeitslosen im Deutschen Reich.

In Berlin erlässt der Zentralrat der deutschen sozialistischen Republik am 23. August eine Wahlordnung zur Neuwahl der Arbeiterräte. Die Wahlen sollen bis zum 30. November abgeschlossen sein. Der Zentralrat beschließt ferner, sich künftig „Zentralrat der deutschen Arbeiterräte" zu nennen.

Am 24. August stirbt in Travemünde Friedrich Naumann im Alter von 59 Jahren - der erste DDP-Vorsitzende amtierte gerade mal einen Monat. Nach ihm ist die FDP-nahe „Friedrich-Naumann-Stiftung für die Freiheit" benannt.

Mit dem Passagier-Luftschiff LZ 120 „Bodensee" wird am selben Tag die deutsche Inlandslinie Friedrichshafen-Berlin eröffnet; und die deutschen Truppen im Baltikum verweigern der deutschen Reichsregierung den Gehorsam. Trotz des Befehls zur Rückkehr ins Deutsche Reich bleiben sie in ihren Stellungen.

In Berlin gibt es derweil einen Skandal: Drei Tage nach der Vereidigung des Reichspräsidenten Friedrich Ebert erscheint ein bemerkenswertes Bild, das ihn bis zu seinem Tod 1925 verfolgen wird:

Auf dem Titellatt der „Berliner Illustrirten Zeitung" vom 24. August erscheint ein ungeheuerliches Foto. Was haben sich der Fotograf und der Ullstein Verlag bloß dabei gedacht? Das Bild zeigt Friedrich Ebert und Gustav Noske in der Sommerfrische in Haffkrug in der Lübecker Bucht, sie stehen bis zu den Knien im Seichten, um die wenig knackigen Hüften der beiden Männer schlabbern ausgeleierte Badehosen, Noske hält einen Dreizack in der Hand wie Neptun höchstselbst. [...] Sind diese laxen Herren wirklich die neuen Autoritäten? Die Öffentlichkeit lacht Ebert aus, und keiner schreitet ein, die Presse freut sich gar über diesen willkommenen Clou im Sommerloch. (UH)

Sieben Bemerkungen dazu: 1. Zu dieser Zeit ist es nicht üblich, mit nacktem Oberkörper zu baden, sondern mit einem „schicklichen" Badekostüm. 2. Das Bild ist ein Ausschnitt vom Originalfoto und trägt die Unterschrift „Ebert und Noske in der Sommerfrische". 3. Den Dreizack schwingt nicht Herr Noske, das ist ein Irrtum. 4. Wie das kompromittierende Foto zur Presse kam, ist nicht mehr nachvollziehbar. Tatsache ist, dass der Strandfotograf den Paparazzo-Opfern versprochen hat, das Bild nur privat zu verwenden. 5. Es gibt auch verschiedene Zeitpunkte, an denen das Foto entstanden sein soll, nach manchen Autoren am 15. Mai an den Eisheiligen, bei anderen am 16. Juli. 6. Es ist der Beginn einer langen, schmutzigen Verleumdungskampagne; z.B. fotomontieren Eberts Gegner Ebert und Noske zusammen mit Wilhelm II. und Paul von Hindenburg auf eine Postkarte mit der Überschrift „Einst und jetzt!": letztere beiden in Uniformen, erstere eben halbnackt. Wo Ebert in Zukunft auftritt, werden Badehosen zum Protest geschwenkt. Er wird zahllose Male beleidigt und strengt 173 Strafanträge dagegen an. 7. Das Bild wird weiter verarbeitet, zum Beispiel zu einer Karikatur. Auch die dadaistische Künstlerin Hannah Höch verwandelt das Bild - zu einem Dada-Kunstwerk.

Die Weimarer Verfassung sieht wie erwähnt die Landesverteidigung als alleinige Aufgabe des Reichs vor - auch das bayerische Kriegsministerium wird aufgelöst, die Soldaten in die Reichswehr integriert. Deshalb findet in München am 25. August in Gegenwart der zwei Sommerfrischler Reichspräsident Ebert und Reichswehrminister Noske die Übergabe des bayerischen Heeres und der Heeresverwaltung an das Reich statt.

Das Innenministerium der Weimarer Republik erklärt am 27. August, es werde keine Sedanfeiern mehr geben. Diese Feiern gedachten zuvor des Sieges in der Schlacht von Sedan am 2. September 1870 (Deutsch-Französischer Krieg).

Ernst Ludwig Kirchner schreibt in sein Tagebuch:

> *Ich warte sehr mächtig auf Medizin durch Frau Doktor. Mein Leben ist ein ewiges Warten und Trauern, es gibt keine ruhige Zeit mehr darin.*

„Frau Doktor" ist natürlich Helene Spengler.

Hermann Hesse hat ganz andere Sorgen. Er schreibt an seinen Verleger Samuel Fischer und gibt ihm die Anweisung, im Falles eines Falles ein Buch - für das er noch keinen Namen hat - mit drei Novellen herauszugeben: „Kinderseele", „Klein und Wagner" und „Klingsors letzter Sommer". Dies und der Demian seien seine wichtigsten Werke. Er schreibt:

> *Nun noch eine Bitte: Ich habe zuweilen das Gefühl, es könnte mir etwas zustoßen. Für diesen Fall bitte ich Sie zu notieren …*

Es stößt ihm nichts zu, er hat das halbe Leben noch vor sich!

In Bern beginnt am 30. August die Tagung des Rats des Internationalen Friedensbüros, in dem die Mehrzahl aller nationalen Friedensgesellschaften vereinigt ist. Die Konferenz, die bis zum 2. September tagt, diskutiert über die Ursachen des Ersten Weltkriegs und die Verantwortlichkeit für den Krieg.

Am 31. August, einem Sonntag, hält Rudolf Steiner vormittags einen Vortrag für Lehrer und diejenigen Mitglieder der Anthroposophischen Gesellschaft, die Interesse an pädagogischen Fragen haben, und nachmittags einen Vortrag für die Eltern, die ihre Kinder auf die Waldorfschule schicken wollen. Dort führt er aus: Zum Erziehungswesen der Zukunft bedarf es 1. einer neuen Menschenkunde, 2. einer neuen Menschenliebe und 3. der Heranbildung der Willenskräfte schon beim Kinde (GA 297). Was meint Steiner damit? Er sieht, dass – bis heute noch - vielerorts das Pädagogikverständnis herrscht, dass Schülerinnen und Schüler wie leere Gefäße mit Wissen gefüllt werden müssen. Und dazu müssen sie durch (z.B. Noten-) Druck ruhig gestellt werden. Die Steinersche Menschenkunde: Man kann eigentlich nur den Willen der Schülerinnen und Schüler erziehen, damit sie in die Lage kommen, sich selbständig Wissen und Fertigkeiten anzueignen.

Alma Mahler-Gropius feiert in Wien ihren 40. Geburtstag mit ihrem Geliebten, nicht mit ihrem Ehemann Walter. Und obwohl sie die Liebe zu Franz Werfel genießt, spürt sie:

> *Etwas fehlt. Der Mensch darf eben nicht glücklich sein! [...] Wie behütet war ich doch als Kind, und wie fremd steht man später in der Welt.* (UH)

Intermezzo 8   Ein bisschen Frieden

Der Friedensbegriff kommt vom althochdeutschen „fridu" und bedeutete ursprünglich Schutz, Sicherheit. Seitdem hat sich im Laufe der Geschichte der Friedensbegriff verändert, z.B. durch Thomas von Aquin (13. Jh.), über Kant im 18. Jh. bis in die Gegenwart zu Johan Galtung, dem norwegischen Gründungsvater der Friedens- und Konfliktforschung.

Frieden ist heute nicht nur die Abwesenheit von Krieg, er ist mehr als Nichtkrieg. Er schließt auch kulturelle, strukturelle und personelle Gewalt aus.

Während des Großen Krieges war man bei der Entente durchgehend auf einen **Siegfrieden** ausgerichtet. Man lehnte alle Ansätze von neutraler Seite ab, einen Kompromiss oder **Verständigungsfrieden** anzupeilen. Bei diesem müssen beide Seiten immer Kompromisse eingehen, beim Siegfrieden dagegen nicht.

In Deutschland war anfangs auch der Siegfrieden das Ziel. Jedoch ab etwa 1916 forderte ein Teil der Parteien einen Verständigungsfrieden, das waren SPD, Zentrum und Liberale. 1917 nahm der Reichstag mit der Mehrheit dieser Parteien eine Friedensresolution an, die aber von der Regierung nicht mitgetragen wurde. Die kaiserliche Führung hielt weiterhin am Ziel des Siegfriedens fest. Aber auch, wenn das nicht der Fall gewesen wäre, hätte höchstwahrscheinlich die Entente auf dem Siegfrieden bestanden, aber natürlich ist das Spekulation, wie jedes: Was wäre gewesen, wenn ...?

Ein wesentlicher Unterschied zwischen den beiden Friedensarten ist auch, dass Siegfrieden letztendlich Annexionen bedeutet - im Verständigungsfrieden sind diese dagegen nicht zu erwarten.

Der Siegfrieden wird in der Regel leicht zum **Diktatfrieden**, auch Friedensdiktat oder Friedenstraktat genannt. Dieser beschreibt einen Friedensvertrag, dessen Bedingungen von der Siegerseite einseitig festgelegt werden. Die Verliererseite muss diesen ohne Mitgestaltungsmöglichkeiten hinnehmen. So wird der Siegfrieden des Siegers leicht zum **Gewaltfrieden** des Verlierers, laut Duden „ein Frieden, der dem Besiegten mit für ihn besonders ungünstigen Bedingungen aufgezwungen wird". Die Geschichte vom Gewaltfrieden 1918/19 ist von der so genannten Dolchstoßlegende nicht zu trennen. Darüber gibt es auch einen Film (2010). Oft wird der Gewaltfrieden noch gesteigert, und wird so zum **Vergewaltigungsfrieden**. Mit diesem Begriff wurde häufig auch der Friedensvertrag von Brest-Litowsk zwischen Sowjetrussland und den Mittelmächten im März 1918 belegt. In der Sowjetunion und später auch in der DDR ging dieser Vertrag als „**Raubfrieden** von Brest-Litowsk" in die Geschichtsbücher ein.

Ergo: der Begriff Diktatfrieden beschreibt - obwohl negativ konnotiert - eine objektive Tatsache, die Begriffe Gewalt-, Vergewaltigungs- und **Schandfrieden** dagegen die subjektive Wahrnehmung des Besiegten.

Und was hat es mit dem **Burgfrieden** auf sich? Das ist eine Vereinbarung zwischen zwei oder mehr Parteien, sich eine bestimmte Zeit lang nicht zu bekämpfen. Zu Beginn des Ersten Weltkriegs beschlossen alle Parteien innerpolitische Konflikte und wirtschaftliche Probleme zurückzustellen und sich geschlossen dem Krieg zu widmen. Am 4. August 1914 stellte daher Kaiser Wilhelm II. in Berlin fest: „Ich kenne keine Parteien mehr, ich kenne nur noch Deutsche." Daraufhin stimmten alle Vertreter der Parteien dem Burgfrieden zu und verabschiedeten z.B. fast einstimmig die Kriegskredite, um den Krieg finanzieren zu können. Auch die SPD, die vorher noch dazu aufgerufen hatte, gegen den Krieg zu protestieren, war nun still, ebenso wie die Gewerkschaften und die Presse. Ungefähr 14 Abgeordnete stimmten dagegen. Zwei davon sind uns begegnet: Hugo Haase und Karl Liebknecht.

September

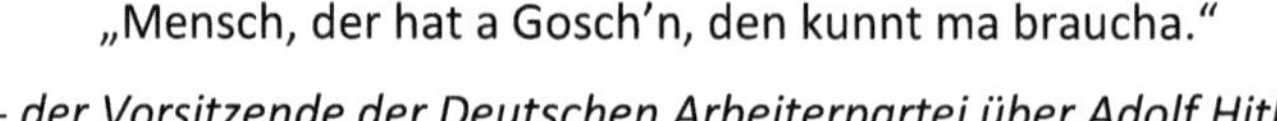

„Mensch, der hat a Gosch'n, den kunnt ma braucha."

- der Vorsitzende der Deutschen Arbeiterpartei über Adolf Hitler

Die erste Waldorfschule wird eröffnet, Luxemburg will Monarchie bleiben und Adolf Hitler taucht auf.

Am 1. September beginnt in Dresden der erste „Deutsche Evangelische Kirchentag", der allerdings so etwas wie ein Vertretungsgremium der evangelischen Landeskirchen in Deutschland ist und bis 1930 existiert. Die heutige, seit 1949 alle zwei Jahre stattfindende Versammlung gleichen Namens ist dagegen eine Laienveranstaltung evangelischer Christen in Deutschland.

In München weist das bayerische Ministerium für soziale Fürsorge in einer Bekanntmachung darauf hin, dass „Fremdenzuzugsverbote" in absehbarer Zeit nicht mehr erlassen werden. Die bisher bestehenden Verbote waren am 28. August aufgehoben worden. Sollte „in einzelnen Gemeinden ein ungewöhnlich hoher Fremdenzuzug" erfolgen, könnten jedoch wieder Einschränkungen beantragt werden.

Am 2. September blicken wir nach Berlin: die unabhängigen Arbeiterräte beschließen dort einstimmig, sich an den vom Zentralrat der Deutschen Republik ausgeschriebenen Arbeiterratswahlen nicht zu beteiligen. Sie wollen auch weiterhin an ihrem eigenen Organisationsaufbau des Rätesystems festhalten. An Berliner Schulen finden am sogenannten Sedanstag nach Meldung der „Berliner Zeitung" prokaiserliche Schülerstreiks statt. Anstatt sich in die Klassenzimmer zu begeben, ziehen die Schüler mit Eichenkränzen und der preußischen Flagge zum Kaiser-Wilhelm-Denkmal.

Am 3. September billigt die italienische Abgeordnetenkammer in Rom die Vorlage über die Einführung des Frauenwahlrechts. Mit Ausnahme von Prostituierten (!) erhalten alle Frauen das aktive und passive Wahlrecht.

US-Präsident Woodrow Wilson tritt eine mehrwöchige Propagandareise durch die Vereinigten Staaten an. Bei 37 Veranstaltungen in 29 Städten wirbt er für den Beitritt der USA zum Völkerbund. Wie wir wissen, ohne Erfolg: Die Vereinigten Staaten stehen auf der Liste der „Nichtmitglieder".

Am 4. September konstituiert sich auf Initiative des französischen Schriftstellers und Politikers Henri Barbusse in Paris die Gruppe „Clarté", eine „Friedensbewegung demokratischer Intellektueller", die sich für die Erhaltung des Weltfriedens einsetzt. Mitgründer ist der Schriftsteller, Musikkritiker und Pazifist Romain Rolland, Mitglieder sind z.B. Heinrich Mann und Albert Einstein. Barbusses Devise heißt:

Es gilt, die Revolution des Geistes in Angriff zu nehmen.

Am selben Tag erscheinen in der Dreigliederungszeitschrift ein Leitartikel von Rudolf Steiner mit dem Titel „Sozialistische Seelenblindheit" und ein Bericht über einen verlogenen Angriff gegen ihn im „Völkischen Beobachter". Der „Völkische Beobachter" ging 1918 aus dem Vorstadtblatt „Münchener Beobachter" hervor und gehörte der Thule-Gesellschaft.

Am 6. des Monats schließen Frankreich und Polen ein Abkommen über die Entsendung von 100.000 polnischen Arbeitern. Frankreich hat einen hohen Bedarf an Arbeitskräften zum Wiederaufbau der im Krieg zerstörten Regionen. Auch die Deutschen und Briten verhandeln miteinander: Auf einer Gefangenenkonferenz in Köln wird vereinbart, dass Großbritannien mit eigenen Verkehrsmitteln täglich bis zu 3.000 Gefangene in Köln übergeben und wöchentlich mit eigenen Schiffen weitere 3.000 Mann nach Rotterdam transportieren wird.

Die deutschösterreichische Konstituierende Nationalversammlung in Wien nimmt den Friedensvertrag von Saint-Germain-en-Laye an. Er wird am 10. September unterzeichnet.

Rudolf Steiner hält an diesem 6. September neben den 15. und letzten Seminarbesprechungen drei Vorträge, in denen er einen Lehrplanentwurf für die Waldorfschule darlegt, der später immer weiter entwickelt wird.

Am 7. September wird die Waldorfschule nach nur fünfmonatiger Vorbereitung mit einer Feier im Stadtgartensaal eröffnet, bei der an die 1.000 Menschen versammelt sind.

Am Montag, den 8. September findet die erste Konferenz des Lehrerkollegiums mit Rudolf Steiner statt. Dieser stellt fest: Konferenzen sind freie republikanische Unterredungen und jeder darin ist ein Souverän (CL, GA 300a). Ansonsten werden die Lehrer den Klassen zugeordnet und der Tagesablauf festgelegt. Üblicherweise finden die Konferenzen in heutiger Zeit immer donnerstags statt, aber zunächst immer dann, wenn sich Steiner in Stuttgart aufhält.

Ab dem 8. September wird München in den Zeppelin-Flugverkehr Friedrichshafen- Berlin einbezogen. Das Luftschiff „Bodensee" legt von nun an eine Zwischenlandung in München ein.

Am 9. September gerät der spanische Passagierdampfer „Valbanera" vor Havanna in einen Hurrikan und verschwindet spurlos. Zehn Tage später wird das Wrack gefunden, von den 488 Passagieren und Besatzungsmitgliedern fehlt jede Spur; es werden weder Überlebende noch Leichen geborgen. Tragisch: Das Schiff lag schon vor der Hafeneinfahrt und wartete auf einen Lotsen zur Einfahrt; dieser kam aber erst, als der Sturm vorbei war. Da war auch das Schiff verschwunden. Glück im Unglück hatten 742 Fahrgäste, die eigentlich auch nach Havanna wollten, jedoch bereits im Hafen vorher von Bord gegangen sind - aus Sorge vor dem angekündigten Sturm.

Am 9. September erscheinen in der Dreigliederungszeitschrift der Leitartikel „Sozialistische Entwicklungshemmungen", die Anschriften von 74 Ortsgruppen der Dreigliederungsbewegung sowie Namen von Vertretern dieser Idee.

Am 10. September reist Rudolf Steiner (mit Marie) nach Berlin, wo er Vorträge hält und deshalb den ersten Schultag der ersten Waldorfschule versäumt.

In Riga beginnt die erste „Randstaatenkonferenz": Vertreter Estlands, Litauens und Lettlands beraten über die Grundlinien einer gemeinsamen Politik der baltischen Staaten gegenüber Sowjetrussland und der Entente.

10. September: In Saint-Germain-en-Laye wird der Friedensvertrag zwischen den Alliierten und Österreich vom österreichischen Staatskanzler Karl Renner unterzeichnet. Er ist in drei Sprachen verfasst, Französisch, Englisch und Italienisch, nicht aber in Deutsch. In den Bestimmungen der 381 Artikel sind unter anderem die Abtrennung diverser Gebiete festgeschrieben (Böhmen, Mähren, Österreichisch-Schlesien und einige Gebiete Niederösterreichs an die neu gegründete Tschechoslowakei; Galizien an Polen; Südtirol, Welschtirol, das Kanaltal und Istrien an Italien; die Bukowina an Rumänien; Dalmatien, Krain, Teile der Untersteiermark sowie das Kärntner Mießtal und das Seeland an das neu gegründete Königreich der Serben, Kroaten und Slowenen); darüber hinaus wurde die Abhaltung einer Volksabstimmung über die Zugehörigkeit von Südkärnten beschlossen (sic!) sowie Westungarn unter dem Namen Burgenland Österreich zugesprochen. In weiteren Bestimmungen wird unter anderem der Anschluss an Deutschland untersagt, der

Staatsname „Deutschösterreich" verboten, Österreich zu Reparationszahlungen verpflichtet und eine allgemeine Wehrpflicht ebenso verboten.

Der Österreicher Adolf Hitler besucht am 12. September die monatliche Versammlung der „Deutschen Arbeiterpartei" im Restaurant „Sterneckerbräu", folgt gelangweilt dem Vortrag des Redners und wartet auf die anschließende Diskussion. Dort setzt sich ein Professor Baumann für die Loslösung Bayerns vom deutschen Reich ein; Hitler kontert so aggressiv, dass Prof. Baumann die Versammlung verlässt. Der Vorsitzende der DAP, Anton Drexler, ist von der brillanten Redegewandtheit Hitlers beeindruckt und sagt darauf bewundernd:

Mensch, der hat a Gosch'n, den kunnt ma braucha.

Drexler drückt ihm seine Schrift „Mein politisches Erwachen" in die Hand. Er soll es durchlesen und in acht Tagen wiederkommen.

Doch schon am nächsten Tag erhält AH vom Parteiausschuss der DAP eine Postkarte, auf der ihm mitgeteilt wird, dass am 16. September eine Ausschuss-Sitzung der DAP stattfinde, an der er teilnehmen solle, und dass er bereits in die Partei aufgenommen sei.

Der Rücktransport der deutschen Kriegsgefangenen aus Lagern der US-amerikanischen Streitkräfte in Frankreich und die Waldorfschule beginnen.

Wegen sich verzögernden Umbauarbeiten in der zu gründenden Schule kann der Unterricht erst am 16. September 1919 beginnen. Vor die größte Klasse, die fünfte mit 47 Schülern, stellt sich als Klassenlehrerin die 32-jährige, zarte Caroline von Heydebrand, die von der Körpergröße her manchen ihrer Fünftklässler nicht überragt. Die Schüler müssen noch mit der Bestuhlung des ehemaligen Cafés „Zur Uhlandshöhe" zurechtkommen, Tische fehlen größtenteils. (Tomás Zdrazil: Die Geburt des Klassenlehrers, auf Erziehungskunst.de)

Die Schule startet mit acht Klassen. Insgesamt sind es 256 Schüler, 191 davon Arbeiterkinder – ihr Schulgeld und Lehrmittel zahlt die Fabrik – 65 Kinder kommen aus besser gestellten anthroposophischen Familien. In den folgenden Jahren nimmt die Zahl der Kinder der Werksangehörigen leicht ab, das Verhältnis der beiden Gruppen blieb aber bis zum Verbot der Schule durch die Nationalsozialisten 1938 ähnlich. (AS)

12 Lehrer sind beim Start dabei: Elisabeth Baumann-Dollfus (Eurythmie), Paul Baumann (Musik, Turnen), Johannes Geyer (Klassenlehrer), Herbert Hahn (Deutsch, Geschichte, Französisch, Religion), Caroline von Heydebrand (5. Klasse, Fremdsprachen), Hertha Koegel (4. Klasse), Hannah Lang (3. Klasse), Leonie von Mirbach (1. Klasse), Friedrich Oehlschlegel (6. Klasse), Walter Johannes Stein (Vertretungen, Literatur, Geschichte), E. A. Karl Stockmeyer (7. und 8. Klasse) und Rudolf Treichler sen. (7. und 8. Klasse).

Im Laufe des ersten Schuljahres kommen hinzu: Elisabeth von Grunelius (Kindergarten, s.u.), Eugen Kolisko (Schularzt, Englisch, Naturkunde), Berta Molt (Handarbeit, Buchbinden), Edith Röhrle (Eurythmie), Helene Rommel (Handarbeit), Karl Schubert (Förderklasse) und Nora Stein von Baditz (Eurythmie); Friedrich Oehlschlegel scheidet aus.

Am 15. September tritt die neue Bayerische Verfassung in Kraft, in Berlin trifft eine alliierte Offizierskommission ein; sie soll kontrollieren, ob die militärischen Bestimmungen des Versailler Friedensvertrags eingehalten werden. Und Frankreich und Großbritannien einigen sich über das Syrienabkommen. Danach werden die britischen Truppen bis zum 1. November nach einem Zonenplan die syrischen Gebiete räumen. Wegen der katastrophalen Ernährungslage dürfen in Zukunft in Bayern nur noch 30% der verfügbaren Betten in Hotels, Pensionen und ähnlichen Betrieben belegt werden, ab 1. Oktober nur mehr 10%. Damit kommt der Fremdenverkehr in Bayern vorübergehend fast völlig zum Erliegen.

16. September: Adolf Hitler ist von der DAP angetan, weil es dort keine brillanten Redner gibt; er wittert seine Chance:

> *Hier konnte noch der Inhalt, das Ziel und der Weg bestimmt werden, was bei den bestehenden großen Parteien schon wegfiel.* (Paul Bruppacher: „Adolf Hitler und die Geschichte der NSDAP")

Zu Hitlers Einstieg in die Politik gibt es noch eine andere diskutierte Variante: Seit dem Frühsommer 1919 arbeitete Hitler als V-Mann für die Dienststelle des Hauptmanns Mayr, der enorme Geldmittel aus unbekannten Quellen für sein Agentennetz aufwenden konnte. Zu Hitlers Aufgaben zählte zum einen, in entsprechenden Kursen den „bolschewistisch verseuchten" Truppen die rechte Gesinnung beizubringen, wie ein Offizier notierte. Zum anderen beauftragte Mayr den Fußsoldaten Hitler damit, kleine Parteien aus dem Getümmel radikaler Gruppierungen zu beobachten und ihm über deren Wirken zu berichten. Am 12. September erhält er einen Auftrag, der die Geschichte verändern sollte. An jenem Freitag schickt ihn der Hauptmann Mayr ins Wirtshaus Sterneckerbräu, wo Hitler die Versammlung der Deutschen Arbeiterpartei (DAP) auskundschaften soll. Es referiert der spätere nationalsozialistische Wirtschaftsguru Gottfried Feder über die „Brechung der Zinsknechtschaft". Doch die Rolle des unauffälligen Beobachters hält Hitler nicht lange durch, wie sein Biograf Ian Kershaw schreibt. In der auf den Vortrag folgenden Diskussion redet sich der wenig konspirativ agierende Reichswehrspitzel derart in Rage, dass sein Debattengegner düpiert den Saal verlässt und der DAP-Vorsitzende Anton Drexler staunt und den oben zitierten Satz geäußert haben soll. Und am 16. September verfasst Hitler im Auftrag Hauptmann Mayrs ein „Gutachten zum Antisemitismus", indem er ausführt, das Judentum sei eine Rasse, keine Religion.

Ernst Ludwig Kirchner kehrt von der Stafelalp in sein wenige Kilometer entferntes Domizil „In den Lärchen" zurück, im Gepäck viele Kunstwerke: unter anderem das Aquarell „Ansicht der Stafelalp", die Ölgemälde „Der Maler, Selbstbildnis", „Stafelalp bei Mondschein", „Auftrieb der Tiere" und „Rückkehr der Tiere", sowie die Radierung „Alpleben". Kirchner, der als einer der produktivsten deutschen Künstler des 20. Jahrhunderts gilt, war tatsächlich produktiv, wenn auch zum Teil nur unter Mithilfe von Pfleger und Medikamenten.

Es hört sich so an, als gäbe es auch bei Max Beckmann etwas zu feiern: Er malt das Ölbild „Selbstbildnis mit Sektglas". Doch sieht er mit seinen müden Augen und dem gequälten Grinsen nicht nach Feierlaune aus, eher bedrückt als ausgelassen, wahrscheinlich „Die Nacht" noch im Kopf.

Für Hesse ist der September eine Tortur. Seine Frau hat das Haus in Bern geräumt und ist auf dem Weg nach Ascona. Unterwegs hat sie wieder einen psychischen Zusammenbruch und kommt in eine Klinik. Aus Verzweiflung über die ganze Situation nimmt er eine Überdosis Opium, die er sich für diesen Zweck angesammelt hat, doch der revoltierende Magen rettet ihm das Leben. Die Selbstmordgedanken sind immer wieder da. Auch immer wenn er eine Bahnlinie sieht, erwacht die Vorstellung, sich vor einen Zug zu werfen. Erst als im Sommer 1923 die Scheidung von Mia vollzogen ist, hört es damit auf.

In deutschen Städten häufen sich am 17. September Schülerdemonstrationen gegen die Entfernung von Bildern des früheren Kaisers Wilhelm II. aus den Klassenzimmern. Aus Kassel werden gewaltsame Zusammenstöße zwischen Arbeitern und „ein paar tausend" demonstrierenden Schülern beiderlei Geschlechts gemeldet. Auch in Stettin und dem Ruhrgebiet finden „spontane Kundgebungen" für die Beibehaltung der Kaiserbilder statt. Man fragt sich, warum die Schülerinnen und Schüler so ticken.

Das Volksgericht für den Landesgerichtsbezirk München I erlässt am 18. September nach 18-tägiger Verhandlung das Urteil im Geiselmörderprozess. Sechs Angeklagte werden zum Tod verurteilt, sieben zu 15 Jahren Zuchthaus, zwei werden freigesprochen. Die Todesurteile werden einen Tag später durch Erschießen vollstreckt. Thomas Mann ist der Meinung, dass der Prozess

> *an Rohheit und Gemeinheit seinem Gegenstande nicht nachsteht.*
> (TM)

18. – 22. September: Rudolf Steiner ist in Dresden, hält Vorträge in der Volkshochschule, vor der Schopenhauer-Gesellschaft und im Frauenclub.

Am 23. September verabschiedet der Tiroler Landtag in Innsbruck einstimmig eine Stellungnahme gegen die Südtirolbestimmungen des Friedensvertrags von Saint-Germain-en-Laye:

> *Der Landtag erblickt in dem Friedensvertrag, der mit den Wilsonschen Punkten im krassesten Widerspruch steht, eine unerhörte Vergewaltigung des Landes Tirol, das gegen den klar ausgesprochenen Willen der Gesamtheit der Bevölkerung auseinandergerissen wird.* (sic!)

Vom 24. bis 29. September ist Rudolf Steiner wieder zurück in Stuttgart, hält Vorträge, konferiert mit dem Kollegium, blickt auf die ersten zehn Schultage zurück und spricht über die Einführung des Religionsunterrichts. Außerdem finden Besprechungen über und mit dem Kulturrat statt.

Die endgültige Verfassung des freien Volksstaates Württemberg (nach dem Entwurf des Tübinger Rechtswissenschaftlers Wilhelm von Blume) tritt am 25. September in Kraft, genau einhundert Jahre nach der Verkündigung der ersten Verfassung Württembergs am 25. September 1819. Mit dem Inkrafttreten der Verfassung werden die Arbeiter- und Soldatenräte, die die Revolution von 1918 getragen, aber inzwischen ihre politische Bedeutung verloren haben, wirkungslos. Der erste württembergische Staatspräsident nach der Abschaffung der Monarchie, Wilhelm Blos, erinnert sich an diese Zeit:

> *Am 9. November 1918 trug mich die Woge einer gewaltigen Revolution an die Spitze der neuen württembergischen Regierung, wo ich bis zum 23. Juni 1920 verblieb. Nachdem sich alle Verhältnisse aufgelöst hatten, galt es, das Land von der drohenden Anarchie und der Diktatur einer gewalttätigen Minderheit zu bewahren. Auf den Trümmern einer alten Monarchie war eine demokratische Republik zu errichten, in der das württembergische Volk selbst über seine Zukunft bestimmen konnte. Im Verein mit den Arbeiter- und Soldatenräten gelang es, die spartakistischen Putsche vom Winter und Frühjahr niederzuwerfen. Ebenso wurde die von München aus drohende bolschewistische Gefahr glücklich von Württemberg abgewehrt. (Wikipedia)*

Die Angst vor den Russen sitzt tief - immer noch.

US-Präsident Woodrow Wilson erleidet auf seiner Völkerbund-Werbekampagne in einem Eisenbahnzug nach Wichita in Kansas einen Nervenzusammenbruch.

Am 26. September werden die deutsch-polnischen Verhandlungen über die Übergabe deutscher Gebiete an Polen wieder aufgenommen, am 27. September fährt ein Transport deutscher Kriegsgefangener unter US-amerikanischer Bewachung von Marseille ins Deutsche Reich. Als die Gefangenen im Bahnhof Pompey bei Nancy ihren in französischer Kriegsgefangenschaft befindlichen Landsleuten aus dem Zug heraus Lebensmittel zuwerfen,

266

wird der Zug von französischen Soldaten beschossen; ein deutscher Unteroffizier wird tödlich getroffen.

28. September: In einem Referendum entscheiden sich die teilnehmenden Luxemburger Stimmberechtigten zum einen mit 77,8 Prozent der Stimmen für die Beibehaltung der Monarchie unter Großherzogin Charlotte und bevorzugen zum anderen einen wirtschaftlichen Anschluss an Frankreich (60,1 Prozent der Stimmen), und nicht an Belgien.

Am 30. September tagt die Deutsche Nationalversammlung erstmals nach ihrem Umzug aus Weimar im Berliner Reichstagsgebäude. Marie und Rudolf Steiner verlassen Stuttgart in Richtung Dornach.

Intermezzo 9 Münchner Sonderwege

Nach dem Sieg der deutschen Staaten im Deutsch-Französischen Krieg erfolgte im Januar 1871 die Gründung des deutschen Reiches. Die süddeutschen Staaten Baden, Hessen-Darmstadt, Württemberg und Bayern traten zum 1. Januar 1871 dem von Preußen dominierten „Deutschen Bund" bei. Dadurch und mit der Kaiserproklamation war Berlin Hauptstadt des Deutschen Reiches geworden. Die zentralen Institutionen und Behörden des Reiches zogen, wenn sie nicht schon dort waren, nach Berlin. In Bayern gab es starken Widerstand gegen den Anschluss an „die Preußen". München bekam jedoch Sonderrechte, wie die Beibehaltung der eigenen Armee, der eigenen Post- und Eisenbahnverwaltung. Manchmal hört man auch, München sei die geheime Hauptstadt. Und diese Sonderrolle dauert bis heute an:

Gibt man auf einer bekannten Internet-Suchmaschine „**Münchner Sonderwege**" ein, dann erscheinen in dieser Reihenfolge (August 2018):

1. Stolpersteine (Juni 2015)
2. Das „Technische Rathaus" in München - ein Musterbeispiel für den in der wissenschaftlichen Fachliteratur häufig beschriebenen „Münchner Sonderweg" in der Architektur der Weimarer Republik (Wettbewerb 1919).
3. Bayern geht einen Sonderweg bei der Erbschaftssteuer (Juni 2018).
4. „Sonderwege in der Flüchtlingspolitik" erscheint mehrfach.
5. Der Transfer-Markt von Bayern München 2015 als Sonderweg – kaum neue Spieler werden gekauft.
6. Das Konzept der Münchner Fahrbibliotheken: ein erfolgreicher Sonderweg
7. *Im Streit um das Kirchenasyl will Bayerns Ministerpräsident Horst Seehofer (CSU) 2017 keinen bayerischen Sonderweg.*
8. Der Münchner Stadtrat hat 2017 mit den Stimmen der Regierungsfraktionen von SPD und CSU beschlossen, den Sonderweg zu verlassen und in der Verwaltung von Linux zu Windows zurückzukehren.

9. „Bayerischer Sonderweg abgetrieben“: Das Bundesverfassungsgericht stoppt 1997 Bayerns Regelungen zum Paragraphen 218. Auf Abtreibung spezialisierte Ärzte können vorerst weiter praktizieren.

10. Bayerischer Sonderweg ist vom Tisch: *Staatsminister Erwin Huber kündigt revidierte Entscheidung des bayerischen Kabinetts zum Thema „Einordnung von Bachelor- und Masterabschlüssen aus Fachhochschulen in den öffentlichen Dienst“ an.*

11. *Georg Elser*: Sonderweg des deutschen Widerstandes (im Münchner Bürgerbräukeller)

12. Der Münchner Sonderweg in der deutschen Revolution von 1918/19.

Und wir schauen jetzt einmal, wie es nach dem Sonderweg mit der Räterepublik in München und Bayern weiter geht:

Stichwort Ordnungszelle Bayern

Unter der „Ordnungszelle Bayern“ versteht man ein politisches Konzept mit antisozialistischer, antisemitischer, national-konservativer, teilweise auch monarchistischer Komponente, das maßgeblich der BVP-Politiker Gustav von Kahr (1862-1934) als bayerischer Ministerpräsident (1920-1921) und Generalstaatskommissar (1923-1924) zwischen 1920 und 1924 vertrat. Zunächst sollten in Bayern nach den Erschütterungen von Revolution und Räterepublik 1918/19 „Ruhe und Ordnung“ wieder hergestellt werden. Die „Ordnungszelle Bayern“ sollte dann „gesundend“ auf das gesamte Deutsche Reich wirken und den nationalen Wiederaufbau einleiten. Im Rahmen dieses Konzepts wurde „Kahr-Bayern“ zwischen 1920 und 1923/24 Sammelbecken nationaler und völkischer Extremisten. Charakteristisch war dabei die enge Kooperation von Politik, Militär, Verwaltung, Justiz und Einwohnerwehren. Mit dem Hitlerputsch vom 8./9. November 1923 scheiterte die „Ordnungszelle Bayern“.

Zum Begriff Ordnungszelle: Wer den Begriff zuerst prägte, bleibt unklar. Der früheste schriftliche Beleg datiert auf den 2. Mai 1920. An diesem Tag erklärte Ministerpräsident Gustav von Kahr auf dem Landesparteitag der BVP:

> *Der Blick ist von auswärts deshalb vielfach auf Bayern gerichtet, weil man weit über die Grenzen des Reiches hinaus hier in Bayern*

München als Hauptstadt der Bewegung

Der Rechtsruck geht weiter: München entwickelt sich zu einer rechten
Hochburg. Das erkennt auch Thomas Mann; in einer Rede, die er im November 1926 auf einer Veranstaltung der DDP hielt (zur Erinnerung: im Januar
1919 hatte er noch die BVP gewählt), bilanziert er:

*Wir haben uns des renitenten Pessimismus geschämt, der von München aus der politischen Einsicht Berlins, der politischen Sehnsucht
einer ganzen Welt entgegengesetzt wurde; wir haben mit Kummer
sein gesundes und heiteres Blut vergiftet gesehen durch antisemitischen Nationalismus und Gott weiß welch finstere Torheiten. Wir
mussten es erleben, dass München in Deutschland und darüber hinaus als Hort der Reaktion, als Sitz aller Verstocktheit und Widerspenstigkeit gegen den Willen der Zeit verschrien war, mussten hören, dass man es eine dumme, die eigentlich dumme Stadt nannte.*

1933 hält er es dort nicht mehr aus, er geht ins Exil. Im Frühjahr 1934 bezeichnet Adolf Hitler in einer Rede die Stadt München als

die Hauptstadt der Kunst und unserer Bewegung

ein Begriff, den die bayerische Landeshauptstadt als NS-Ehrentitel dann ab
1935 trägt, verliehen eben von AH. Wenn der Titel „Hauptstadt" schon vergeben ist, dann wenigstens dies!

Zum Abschluss noch zwei aktuellere Zitate zu München. Prof. Hans Günter
Hockerts konstatiert 2009 auf einem Forum anlässlich des geplanten Baus
des Münchner NS-Dokumentationszentrums: Ungewöhnlich mache München u.a.

*das besonders scharfe Konfliktverhältnis zwischen Bayern und dem
Reich, zwischen München und Berlin,*

und weiter:

Das revolutionäre Pendel ist in keiner anderen deutschen Stadt so vehement nach links geschlagen wie in München, wo Revolutionäre wie Eugen Leviné versuchten, den Lenin zu spielen und eine bayerische Sowjetrepublik zu errichten. Und in keiner anderen Stadt ist die gegenrevolutionäre Umkehr so radikal nach rechts geschlagen wie in München.

Und der Literaturpapst Marcel Reich-Ranicki macht die Bandbreite Münchens deutlich, indem er formuliert, in München

wurde die NSDAP gegründet und der Zauberberg geschrieben.

Oktober

„Ich fand allen Krieg und alle Mordlust der Welt, all ihren Leichtsinn,

all ihre rohe Genußsucht, all ihre Feigheit in mir selber wieder…"

- Hermann Hesse

Louis de Marsalle wird erfunden, die Mutter Courage des Tabubruchs wird geboren und die Speakeasys vermehren sich.

Zum 1. Oktober gibt es wieder einige neue Regelungen. Zum Beispiel werden die Kriegsministerien der deutschen Länder im Reichswehrministerium in Berlin unter Reichswehrminister Gustav Noske (MSPD) zu einer Befehlsstelle zusammengefasst. Außerdem wird der seit dem 1. August 1914 in Bayern bestehende Kriegszustand aufgehoben. Dies veranlasst der bayerische Landtag, der zum ersten Mal seit seiner Übersiedlung von Bamberg nach München wieder zusammentritt.

Paul Klee ist 40 Jahre alt und finanziell immer noch abhängig von den Einkünften, die seine Frau Lily als Pianistin erspielt. Am 1. Oktober jedoch schließt er mit dem Münchner Galeristen Goltz einen Generalvertretungsvertrag über drei Jahre, der ihm ein regelmäßiges, festes Einkommen garantiert (mindestens 15.000 Mark im Jahr). Im Gegenzug erhält Hans Goltz das alleinige Verkaufsrecht für alle entstandenen und künftigen Arbeiten und Paul Klee darf keine kommissionsfreien Atelierverkäufe tätigen.

Während Klee nun finanziell abgesichert ist, ist Ernst Ludwig Kirchner nicht so recht zufrieden mit der Anerkennung, die er erfährt. So beginnt er vier Aufsätze über seine eigene Kunst zu schreiben unter dem Pseudonym „Louis de Marsalle". Er baut den fiktiven französischen Kunstkritiker systematisch auf. Der erste Aufsatz erscheint im Januar 1920.

Ansonsten verbringt Kirchner Herbst und Winter damit, Möbel für sein Häuschen zu bauen und zu schnitzen, unter anderem ein Bett für Erna Schilling, die Frau an seiner Seite. In Davos wird sie oft Frau Kirchner genannt, obwohl sie nicht verheiratet sind. Erna besucht ihn häufig, hält aber sonst die Stellung in Berlin, beschickt Ausstellungen und führt die Geschäfte, signiert Druckgraphiken, macht Druckabzüge, empfängt Sammler, nimmt Zahlungen entgegen und hütet das Atelier. Seit Kirchner sein Haus „in den Lärchen" bezog, sendet sie immer wieder größere Bestände von Bildern, Zeichnungen und grafischen Blättern an Kirchner, um das Atelier in Berlin allmählich zu räumen.

Die französische Abgeordnetenkammer in Paris ratifiziert am 2. Oktober den Versailler Friedensvertrag nach einer mehr als einmonatigen Aussprache. Woodrow Wilson erleidet - nach seinem Zusammenbruch eine Woche zuvor - einen schweren Schlaganfall, er liegt - links gelähmt - in Lincolns Bett. Der

Presse und der Öffentlichkeit wird die Schwere der Erkrankung verschwiegen, die USA sind eine Zeitlang ohne Präsident, zahlreiche Alltagsaufgaben allerdings übernimmt bis zum Ende von Wilsons Amtszeit dessen Frau.

Am 3. Oktober fordert die Reichsregierung, der seit diesem Tag sechs Minister der Mehrheitssozialdemokraten, vier Zentrums- und zwei DDP-Politiker angehören, gemäß den Bedingungen des Versailler Vertrags (Artikel 433) die noch im Baltikum stehenden deutschen Einheiten auf, das Gebiet zu räumen. (Die Freiwilligenverbände kämpfen hier seit November 1918 gegen sowjetrussische Truppen.) Sie folgen jedoch der Aufforderung der Reichsregierung nicht.

Rudolf Steiner setzt nach der Stuttgarter Zeit am 3. Oktober die Vorträge vor Mitgliedern in Dornach wieder fort. Am 4. Oktober betont er am Ende des Vortrags wiederum die Wichtigkeit der Selbständigkeit des „Geisteslebens":

> *[...] Alle Art der Abhängigkeit des geistigen Lebens vom Wirtschaftsleben, vom staatlichen Leben müsse aufhören und das Geistesleben auf seine eigenen Grundlagen gestellt werden. Dann wird das geistige Leben dem Wirtschafts- und dem Staatsleben dasjenige geben können, was das Staatsleben und das Wirtschaftsleben dem geistigen Leben nicht geben können. Das ist das Wesentliche, das ist das Wichtige! Ein Vollmensch wird entstehen erst wieder dadurch, daß wir aus einem selbständigen Geistesleben heraus arbeiten.*

Am 5. (oder 2.?) Oktober schreibt Hermann Hesse eine Postkarte an Walter Schädelin, einem Schweizer Forstwissenschaftler und engen Freund:

> *Zwischen 14. u. 20. Sept. 19 ein Zusammenbruch - Zusammenwirkende Faktoren: Kriegsfolgen; wirtschaftliche Sorgen; Überarbeitung; Zusammenbruch v. Frau Hesse (etwa Mitte Sept. in Gersau); Kinder hilflos; Polizeischwierigkeiten (Niederlassungsbewilligung) mehr eingebildet als wirklich. Zeugen Frau Dr. Anny Bodmer; jetzt Locarno* (JB)

Das hört sich so an, als ob er die schwierige Phase, seinen Selbstmordversuch mit Opium, überwunden hätte. Bei der Zeugin, der Malerin Anny Bodmer, fand Hesse nicht nur Verständnis für seine zunehmenden persönlichen Probleme, sie half ihm auch bei alltäglichen Dingen wie Umzugsformalitäten oder Unterbringung seiner Kinder. Es existiert ein umfangreicher Briefwechsel zwischen den beiden, der auch als Buch herausgegeben wurde.

Mit etwas Abstand, ein paar Jahre später, blickt Hesse dann folgendermaßen auf diese schwierige Zeit zurück:

> *Mit dem Ende des Krieges fiel auch die Vollendung meiner Wandlung und die Höhe der Prüfungsleiden zusammen. Diese Leiden hatten mit dem Kriege und dem Weltschicksal nichts mehr zu tun, auch die Niederlage Deutschlands, von uns im Auslande seit zwei Jahren mit Sicherheit erwartet, hatte im Augenblick nichts Erschreckendes mehr. Ich war ganz in mich selbst und ins eigene Schicksal versunken, allerdings zuweilen mit dem Gefühl, es handle sich dabei um alles Menschenlos überhaupt. Ich fand allen Krieg und alle Mordlust der Welt, all ihren Leichtsinn, all ihre rohe Genußsucht, all ihre Feigheit in mir selber wieder, hatte erst die Achtung vor mir selbst, dann die Verachtung meiner selbst zu verlieren, hatte nichts andres zu tun, als den Blick ins Chaos zu Ende zu tun, mit der oft aufglühenden, oft erlösenden Hoffnung, jenseits des Chaos wieder Natur, wieder Unschuld zu finden. Jeder wach gewordene und wirklich zum Bewußtsein gekommene Mensch geht ja einmal, oder mehrmals diesen schmalen Weg durch die Wüste [...] (JB)*

Am 7. Oktober kommt Annemarie Renger in einer sozialdemokratischen Familie zur Welt; ihre Mutter war 1908 in die SPD eingetreten - in dem Jahr, in welchem Frauen erstmals Mitglied der Partei werden konnten. Sie wird mit 26 Jahren zum ersten Mal Witwe und von 1972 bis 1976 Präsidentin sowie von 1976 bis 1990 Vizepräsidentin des Deutschen Bundestages werden.

Die deutsche Reichsregierung unter Gustav Bauer (MSPD) bittet die Schweiz um Vermittlung bei Gesprächen über eine Verbesserung der Situation deutscher Kriegsgefangener, die in französischen und US-amerikanischen Gefangenenlagern untergebracht sind.

Der USPD-Vorsitzende Hugo Haase wird am 8. Oktober vor dem Gebäude des Deutschen Reichstags in Berlin durch Schüsse schwer verletzt. Der Attentäter, ein Lederarbeiter, wurde von der Justiz als geisteskrank erklärt; die

Hintergründe der Tat, die Frage nach möglichen Hintermännern und der Herkunft der Waffe, wurden nie untersucht.

Im Deutschen Reich findet eine provisorische Volkszählung statt. Danach hat Deutschland genau 60 898 554 Einwohner (!). Der Abgeordnete Gustav Stresemann von der oppositionellen Deutschen Volkspartei betont in einer Rede vor der Deutschen Nationalversammlung in Berlin, Großbritannien stehe nach wie vor auf dem Standpunkt, das Deutsche Reich müsse wirtschaftlich zerstört werden. Frankreich dagegen habe das größte Interesse an einem regen wirtschaftlichen Leben in Deutschland. Stresemann fordert die Regierung unter Gustav Bauer auf, nicht zu sehr zu betonen, dass sie die Bedingungen des Versailler Friedensvertrags restlos erfüllen müsse, da sich alle Parteien darüber einig seien, dass er unerfüllbar sei.

Der Oberste Rat der Alliierten in Paris verhängt am 10. Oktober eine Wirtschaftsblockade über Sowjetrussland. Wegen des Angriffs der deutschen Truppen auf Riga sperren die Alliierten die Ostsee für alle deutschen Schiffe. Die deutschen Einheiten kämpfen immer noch, und immer noch entgegen den Befehlen der Reichsregierung in den baltischen Ländern als „Vorhut gegen den Bolschewismus".

Im Saargebiet finden zahlreiche Übergriffe der französischen Besatzungstruppen gegen Einheimische statt. Darauf macht die Bevölkerung in einem „Notruf" in der „Deutschen Allgemeinen Zeitung" aufmerksam.

12. Oktober: Rudolf Steiner versteht das (erste) Goetheanum als Ausgangspunkt für eine große, internationale Weltbewegung.

Die Stadt Danzig, die den Bestimmungen des Versailler Vertrags entsprechend vom Deutschen Reich getrennt wird (Abschnitt XI; Artikel 100-108), übernimmt am 13. Oktober als Treuhänderin die deutschen Reichs- und Staatsbetriebe auf ihrem Territorium.

Am 14. Oktober erlässt die deutsche Reichsregierung einen Aufruf an die Bewohner der Gebiete, in denen gemäß den Bestimmungen des Versailler Vertrags Volksabstimmungen über die Staatszugehörigkeit durchgeführt werden sollen (u.a. Polen Artikel 88, Ostpreußen Art. 94 und Schleswig Art. 109). Die Bevölkerung der Regionen, zu denen z.B. auch Eupen-Malmedy

(Ostbelgien) gehört, wird aufgefordert, an den Abstimmungen teilzunehmen.

15. Oktober: Erste Pläne für eine zu gründende anthroposophische Bank werden ausgearbeitet. In Petrograd (Leningrad) wird die „Universität der Arbeiter und Bauern" eröffnet.

16. Oktober: Adolf Hitler tritt das erste Mal öffentlich vor 111 Zuhörern als Redner im „Hofbräukeller" auf (Paul Bruppacher: Adolf Hitler und die Geschichte der NSDAP). Der „Keller" – im Stadtteil Haidhausen - ist nicht zu verwechseln mit dem Hofbräuhaus in der Altstadt, das auch schon eine Rolle spielte.

17. Oktober (I): Spaniens König Alfons XIII. eröffnet die erste Linie der „Metro Madrid" - mittlerweile sind es 294 Kilometer und 301 Stationen. Das Jubiläumsjahr zur 100-Jahr-Feier beginnt am 17. Oktober 2018 mit einer Fahrt des spanischen Königs Felipe VI. Er fährt dieselbe Strecke wie vor 99 Jahren sein Großvater!

17. Oktober (II): Das Reichsland Elsass-Lothringen (bzw. die kurzzeitige unabhängige Republik) wird von Frankreich aufgelöst und fortan von Paris verwaltet (Abschnitt V des Versailler Vertrags, Kapitel 51-79).

17. Oktober (III): Die österreichische Konstituierende Nationalversammlung in Wien ratifiziert den Friedensvertrag von Saint-Germain-en-Laye.

Am 18. Oktober fasst der Landtag von Braunschweig den Beschluss, dass die Regierung des Freistaats nicht mehr die Bezeichnung „Rat der Volksbeauftragten", sondern „Ministerium" tragen soll.

Die französische Abgeordnetenkammer in Paris nimmt das Amnestiegesetz an, das auf Straftaten angewendet wird, die während des Ersten Weltkriegs begangen wurden. Dadurch werden rund 150.000 Personen begnadigt, die wegen kleinerer politischer oder militärischer Vergehen verurteilt worden waren. Die Amnestie erstreckt sich nicht auf Desertion, Verrat, Spionage und Preistreiberei.

Der USPD-Politiker Karl Kautsky wird als Sachverständiger vor dem ersten Unterausschuss des parlamentarischen Untersuchungsausschusses über die Kriegsschuld in Berlin gehört.

Aufgrund des Friedensvertrages von Saint Germain beschließt der „Nationalrat für Deutschösterreich" am 21. Oktober den neuen Staatsnamen „Republik Österreich"; in Berlin wird ein Reichsministerium für den Wiederaufbau eingerichtet.

Am 22. Oktober kommt Doris Ma Taylor, eine britische Schriftstellerin, im Iran zur Welt. Sie bekommt 2007 den Literatur-Nobelpreis und behält den Nachnamen Lessing auch nach der Scheidung vom zweiten Ehemann Gottfried Lessing, einem Onkel von Gregor Gysi.

In der preußischen Landesversammlung in Berlin lassen die Bewohner des Memelgebiets am 24. Oktober eine „Abschiedserklärung" verlesen.

24. bis 31. Oktober: Rudolf Steiner hält einen öffentlichen Vortragszyklus über die „Soziale Zukunft" (GA 332a) in Zürich. Dort geht Rudolf Steiner umfassend auf die Idee der Dreigliederung des sozialen Organismus einschließlich der gemachten Erfahrungen der vergangenen Jahre ein.

Am 25. Oktober findet der Prozess gegen die Mörder der 21 Handwerksgesellen am 6. Mai statt: Ein Soldat und der Vizefeldwebel werden zu 14 Jahren Zuchthaus, ein weiterer Soldat zu einem Jahr Gefängnis wg. Totschlag verurteilt. Gegen die verantwortlichen Offiziere der Gardedivision wird kein Verfahren eingeleitet. Das Verfahren gegen den Hauptmann wird eingestellt. Es ist eines von vielen Beispielen, wie mit zweierlei Maß gemessen wurde. Die Täter im vergleichbaren so genannten Geiselmörderprozess wurden viel härter bestraft.

Am gleichen Tag kommt Beate Köstlin in Cranz in Ostpreußen zur Welt; ihre Mutter war eine der ersten Ärztinnen in Deutschland. Sie selbst wird mit 15 Jahren hessische Meisterin im Speerwurf, eine Ausbildung in Hauswirtschaft machen, anschließend eine zur Pilotin; dann wird die Weiterbildung zur Kunstpilotin und die Ehe mit ihrem Fluglehrer Hans-Jürgen Uhse folgen. Danach wird sie sich zur „Mutter Courage des Tabubruchs" und zu einer der einflussreichsten deutschen Frauen entwickeln, was ihr 1989 das Bundesverdienstkreuz am Bande einbringen sollte.

Einen Tag jünger ist Mohammad Reza Pahlavi; dieser sollte mehr als 37 Jahre lang konstitutioneller Monarch des Iran (besser bekannt als Schah von Persien) sein, bevor er 1979 wegen anhaltender Proteste gegen seine Politik ins Ausland flieht. Wichtig für die deutsche Geschichte ist sein Staatsbesuch in der Bundesrepublik – es kommt zu massiven Protesten. Bei der Demonstration am 2. Juni 1967 in West-Berlin prügeln (vom iranischen Geheimdienst angeheuerte) Pro-Schah-Demonstranten („Jubel-Perser") und Geheimdienst-Agenten unbehelligt auf Demonstranten und Passanten ein. Im weiteren Verlauf dieser gewalttätigen Auseinandersetzungen zwischen den Berliner Sicherheitskräften und den Demonstranten wird der Student Benno Ohnesorg von dem Polizisten Karl-Heinz Kurras erschossen. Viele Jahre später, 2009, wird dieser als Stasi-Agent enttarnt.

Rudolf Steiner spricht am 27. Oktober in Zürich über die beiden polaren Mächte Luzifer und Ahriman vor Mitgliedern der Anthroposophischen Gesellschaft. Zur Erläuterung: Gesundheit und Krankheit sind nicht zwei Pole, sondern von der Mitte - der Gesundheit - ausgehend, gibt es zwei Abweichungen, ein „Zuviel" und ein „Zuwenig". Ebenso sind auch nicht das Gute und das Böse ein Paar, vielmehr gibt es in der Mitte das Gute, und davon existieren zwei Abweichungen, zwei polare Einseitigkeiten, zwei „Böse", Luzifer und Ahriman. Während Luzifer, der Lichtbringer, immer bestrebt ist, den Menschen von der bloß materiellen Welt in die übersinnliche loszulösen, will uns der Gegenspieler Ahriman in die rein materielle untersinnliche Welt herabziehen.

Der US-Senat in Washington verabschiedet, gegen das Veto des Präsidenten (oder seiner Frau?), am 28. Oktober das „Antialkoholgesetz", das den Beginn der sogenannten Prohibition darstellt. Diese bedeutet das landesweite Verbot der Herstellung, des Transports und des Verkaufs von Alkohol. Es wird aber kaum versucht, dieses Gesetz, das auch „The Noble Experiment" genannt wird, durchzusetzen. Außerdem wächst durch dieses Gesetz die Zahl der sogenannten „Speakeasys" („Flüsterkneipen", in denen man Alkohol illegal bekommt) rasant.

Nach langwierigen Verhandlungen und Diskussionen beschließt der Nürnberger Landesparteitag der bayerischen USPD den Beitritt zur Dritten Internationale, der (im März gegründeten) Komintern. Mit daran wird im nächsten Jahr die USPD zerbrechen.

In der Kabinettsitzung vom 30. Oktober zeigt sich der Herr Reichskanzler verwundert, dass die noch im Baltikum verbliebenen Truppenteile den Befehl zum Rückzug nicht ernst nehmen. Daraufhin beschließt die deutsche Reichsregierung, dass alle deutschen Soldaten auf dem Baltikum, die nicht bis zum 11. November die deutsche Grenze passiert haben, als fahnenflüchtig betrachtet werden. Sie sollen die deutsche Staatsangehörigkeit und damit auch alle Versorgungsansprüche verlieren. Außerdem wird die Verschuldung des Deutschen Reiches mit 204 Milliarden Mark angegeben.

Am Tag darauf verfügt der deutsche Reichskolonialminister Johannes Bell (Zentrum) auf Druck der alliierten Siegermächte die Auflösung der deutschen Schutztruppen in Deutsch-Ostafrika und Deutsch-Südwestafrika. In einem Erlass gibt Bell der Hoffnung Ausdruck, dass

> *der stolze Glanz und das achtunggebietende Ansehen des deutschen Namens in fernen Erdteilen dereinst wieder in hellerem Lichte erstrahlen*

werde.

Am selben Tag stirbt ein erfolgreicher amerikanischer Industrieller, Klavierbauer sowie Amateurkomponist und -pianist: Charles Steinway. Steinway war in den USA und in Deutschland aufgewachsen und fühlte sich beiden Ländern und Berlin sehr verbunden, eine seiner Kompositionen ist der Walzer „Die Spreekönigin".

Intermezzo 10 Adolf Hitler versus Rudolf Steiner

Österreicher waren sie beide. Rudolf Joseph Lorenz Steiner ist geboren in Kraljevec (heute Kroatien), Adolf Hitler in Braunau am Inn (heute Österreich). Gewirkt haben beide vor allem in Deutschland. Beide waren auch künstlerisch aktiv: Hitler wollte eigentlich Kunstmaler werden und sah sich zeitlebens als verkannter Künstler. Nicht auszudenken, wenn er zum Kunststudium an der Allgemeinen Malerschule der Wiener Kunstakademie zugelassen worden wäre! So kopierte und verkaufte er Wiener Ansichtskarten als Zeichnungen oder Aquarelle und hauste in Männerwohnheimen/Obdachlosenheimen. Steiner hat aus seinen sinnlichen und übersinnlichen Erfahrungen heraus viele Impulse zur Kunst gegeben, z.B. zur Architektur oder Malerei, aber immer sehr konkret auf einen (Einzel-) Fall zugeschnitten. Neben der Gestaltung des ersten und zweiten Goetheanums ist vor allem der über acht Meter große und 20 Tonnen schwere Menschheitsrepräsentant von Bedeutung, den er zusammen mit der englischen Bildhauerin Edith Maryon entworfen und erschaffen hat.

Einer machte sich auf den Weg zu den Startlöchern, sammelte 1919 erste Erfahrungen mit öffentlichen Reden, der andere war auf dem Höhepunkt seiner Vortragstätigkeit, hatte nur noch wenige Jahre zu leben, aber beide wirkten wesentlich durch die Macht der Worte. Allerdings präferierte Hitler eine einfache Sprache und einfache Lösungen für komplexe Probleme, während für viele Menschen die Mitschriften von Steiners Reden schwer oder gar nicht verständlich sind. Adolf Hitler: „Ich konnte reden!" Marcel Reich-Ranicki: „der größte Redner deutscher Zunge", Thomas Mann: Hitler besaß eine „unsäglich inferiore, aber massenwirksame Beredsamkeit".

Man kann sich fragen - und das tut die NS-Forschung auch -, wie Hitler als verhinderter Kunstmaler, aber ohne berufliche und charakterliche Qualifikation zum Kanzler und Diktator aufsteigen konnte. Und man kann sich fragen - und das tun v.a. die Kritiker gerne -, wie Steiner so ein Universalgenie werden konnte, mit Wirkungen für Pädagogik, Landwirtschaft, Medizin und Religion!

Der Hitler-Biograph Joachim Fest stellt fest:

Der Krieg war, im Gegensatz zu den verletzenden Erfahrungen der zurückliegenden Jahre, Adolf Hitlers großes positives Bildungserlebnis.

Bei Steiner klappte auch nicht alles: nur Realschule (allerdings nicht zu vergleichen mit „unserer" heutigen Realschule), kein Gymnasium; trotzdem studierte er die Naturwissenschaften Biologie, Chemie, Physik und Mathematik (an der Technischen Hochschule in Wien), aber ohne Abschluss; in Rostock promovierte er dann in einem „geisteswissenschaftlichen" Fach, in Philosophie. Sein positives Bildungserlebnis war, dass er einen als unbeschulbar geltenden hydrocephaluskranken Sohn einer prominenten Wiener Familie privat unterrichtete und so förderte, dass dieser später Medizin studierte und Arzt wurde.

Adolf Hitler gilt als Inbegriff des charismatischen Führers. „In seinen dunklen Augen wohnte eine hypnotische Kraft", beschrieb Stefan Zweig den charismatischen Philosophen Steiner.

Steiner, dessen „Philosophie der Freiheit" oft als sein Hauptwerk bezeichnet wird, gab Impulse, die man aufgreifen konnte oder nicht; er ließ einem immer die Freiheit. Hitler nahm sie. Er war der Diktator schlechthin. Er gilt auch als Meister der Agitation, Demagogie und des politischen Framing: zum Beispiel gebrauchte er Begriffe wie der „Lebensraum im Osten" oder „Endlösung". Steiner dagegen propagierte lebendige Begriffe, die er stets auf vielfältige Weise charakterisierte.

Hitler sagte:

Betrinke dich nie!

Steiner sagte:

Wer hinaufkommen will in die höheren Gebiete des Daseins, der muss sich jeden Tropfens Alkohol enthalten.

Adolf Hitler bestimmte wie kein anderer die Geschichte des 20. Jahrhunderts auf schreckliche Weise. Er wirkte nur ein paar Jahre, die 12 Jahre Nationalsozialismus gehören zu den dunkelsten in der Geschichte Deutschlands.

Rudolf Steiner wirkte ganz anders: Er setzte Keime, die mehr und mehr aufgehen; 2019 feiern z.B. mehr als 1.000 Waldorfschulen weltweit den 100. Geburtstag der ersten Schule.

Im Werk Rudolf Steiners kommen vereinzelt Bemerkungen vor, die wir heute als diskriminierend und rassistisch bezeichnen (z.B. „Im Neger wird da fortwährend richtig gekocht [...]"; GA 349). Diese sind heutzutage schwer zu vermitteln, aber weder sind sie wertend gebraucht, noch ein zentrales Anliegen von Steiner. Hitlers Name dagegen ist untrennbar verknüpft mit den Begriffen Herrenrasse, Rassenwahn und - als Lösung für die anderen - der Endlösung! Seit dem Nationalsozialismus sollte der Begriff „Rasse" aus dem aktiven Wortschatz verschwunden sein.

Rudolf Steiner stellte z.B. am 15. August (1919) bei einem Vortrag in Dornach dar:

> *Und die gesellschaftliche, namentlich industrielle Kultur, die macht auch äußerlich aus den Menschen gleiche, läßt die Individualitäten nicht herauskommen. Und so strebt man in der Gegenwart nach Nivellement, während das innerste Ziel des Menschen sein muß, nach Individualisierung zu streben. Wir verdecken am meisten die Individualität in der Gegenwart und haben es am nötigsten, die Individualität aufzusuchen. (GA 296)*

Adolf Hitler war dagegen ein Meister der Nivellierkunst. Bei ihm war auch nicht die Menschwerdung, die Entwicklung des Individuums Aufgabe z.B. erzieherischer Tätigkeit. Hitler pflegte den Massenkult. Dieser sollte die Sinne ansprechen, Emotionen wecken und den Verstand betäuben, während Steiner stets an den Verstand bzw. Geist appellierte. In einem Brief an seine Frau schrieb er:

> *Ich habe mich nie für etwas anderes interessiert, als was geistiger Art ist.*

Nach dem Krieg gab und gibt es immer wieder Versuche, Hitler eine Alleinschuld zu geben. Diese Sicht dient der Reinwaschung der anderen. Hitler war nur möglich, indem viele mitgemacht haben. Und auch Rudolf Steiners Wirken war nur im Zusammenspiel mit seiner Umgebung möglich; stets waren und sind Menschen nötig, die die zahllosen Impulse aufgriffen bzw. aufgreifen; wir haben es z.B. gesehen bei der Entstehung der Waldorfschule - ohne Emil Molt undenkbar!

Das Ende: Hitler heiratete am 28. April 1945 gegen Mitternacht seine Lebensgefährtin Eva Braun, am 30. April nahmen sich beide das Leben - sie durch Zyankali, das vorher an Hitlers Schäferhündin getestet wurde, er erschoss sich. 1924 zog der chronisch erschöpfte Steiner aus dem mit seiner Frau Marie von Sivers bewohnten „Haus Hansi" aus und richtete sein Sterbelager im Atelier der Schreinerei in Dornach ein. Die Ärztin (und Geliebte ?) Ita Wegman bezog ein Nebenzimmer im Atelier, um den Kranken pflegen und medizinisch versorgen zu können. Am 30. März 1925 starb Steiner nach mehrmonatiger schwerer Krankheit. Die Todesursache und die Art der vorangegangenen Erkrankung sind unklar, möglich sind Prostata- oder Magen-Darm-Krebs oder eine Vergiftung.

November

„Den guten Kern des Heeres trifft keine Schuld.

Wo die Schuld liegt, ist klar erwiesen."

- GFM Hindenburg vor dem „Untersuchungsausschuss für Schuldfragen"

In der Lausitz wird die Wendische Volkspartei gegründet, in München die Bayerische Königspartei. Es finden Revolutions-, Republik- und Waffenstill-standsfeiern statt.

Anfang November ist Rudolf Steiner in Dornach, setzt die Vorträge für Mitglieder fort und arbeitet an Leitgedanken für ein bankähnliches Institut mit anthroposophischer Prägung.

Balsam: Am 1. November verfügt die deutsche Reichsregierung unter Gustav Bauer (MSPD) die Einstellung des Personenzugverkehrs in der Zeit vom 5. bis zum 15. November. Durch diese Maßnahme sollen die Kohlen- und Kartoffeltransporte gesteigert werden.

Am 2. November wird die Lausitzer Volkspartei (=Wendische Volkspartei) als politische Interessenvertretung des sorbischen/wendischen Volkes gegründet. Sie wird in den 1920er Jahren durch die geheime „Wendenabteilung" beobachtet und nach der Machtübernahme der Nationalsozialisten 1933 verboten. Die 2005 gegründete „Lausitzer Allianz" sieht sich in der Tradition der Wendischen Volkspartei.

Political correctness ist das nicht, was Thomas Mann in seinem Tagebuch abliefert. Zwei Beispiele vom Montag, den 3. November:

> *Schneespaziergang, schmutzig. Arbeiter stören die Einsamkeit im Park. […] Der bayerische „Ministerpräsident" erklärt in einer Rede, am Kriege sei das Bürgertum schuld, weil es einem „blödsinnigen und einfältigen Monarchen gehuldigt" habe. Schafskopf. (TM)*

Vom 4. bis 6. November trägt Rudolf Steiner in Bern vor; die Gerüste im Goetheanum werden entfernt: Damit ist der Blick auf die Kuppel mit den aufwendigen Malereien frei - und damit auch auf die Karikatur von Ehepaar Wilson.

In München beginnen am 7. November die Feiern zum ersten Jahrestag der Revolution im Deutschen Reich, die am 9. November enden. Am 7. November 1918 hatte Sozi Eisner den Freien Volksstaat Bayern ausgerufen. Blamabel: Beim bayerischen Staatsakt am 7. November 2018 zum 100-jährigen Jubiläum bringt der amtierende Ministerpräsident Markus Söder das Kunststück fertig, den Namen Eisners nicht zu erwähnen! Nicht mit dabei bei den Feierlichkeiten 1919 ist Hugo Haase. Er stirbt in Berlin an den Folgen des Attentats vom 8. Oktober.

Am 8. November nimmt der deutsche Reichsrat in Berlin den Entwurf einer Verordnung über Sondergerichte gegen Schleichhandel (s. Intermezzo 6) und Preistreiberei an.

Am 9. November finden im Deutschen Reich Feiern zum ersten Jahrestag der Gründung der Republik statt. An diesem Datum wird sich noch weiteres Bedeutsames ereignen, so dass der 9. November auch als „Schicksalstag der Deutschen" bezeichnet wird: Der Hitler-Ludendorff-Putsch findet 1923 statt, 1938 ist die Reichspogromnacht (früher Reichskristallnacht genannt) und 1989 der Mauerfall. Auch die - überraschende - Grenzöffnung war der Anfangspunkt einer kurzen Zeitspanne, in der alles möglich schien - wie nach der Kaiserzeit.

Am 11.11. um 11.11 Uhr wird im britischen Empire nicht der Faschingsanfang gefeiert, sondern für zwei Minuten stehen alle Räder still. Mit diesen Schweigeminuten wird der Unterzeichnung des Waffenstillstands ein Jahr zuvor sowie der Beendigung des Ersten Weltkriegs gedacht.

Am 13. November wird der Reichsverband für deutsche Jugendherbergen gegründet; in ihm schließen sich rund 1.000 Jugendherbergen zusammen.

In Stockholm werden am 15. November nachträglich die Nobelpreise für das Jahr 1918 verliehen, allerdings nur zwei: Einen erhält der deutsche Chemiker und „Vater des Gaskriegs" Fritz Haber. Er erforscht u.a. die Möglichkeiten zur Gewinnung von Gold aus Meerwasser, um die deutschen Reparationszahlungen zu finanzieren. Den anderen bekommt der deutsche Physiker Max Planck. Manche ist erstaunt, dass so kurz nach dem Krieg zwei *deutsche* Wissenschaftler diesen begehrten Preis bekommen, z.B. Marie Curie.

Am gleichen Tag stirbt Alfred Werner - der Schweizer Chemiker erhielt 1913 den Chemie-Nobelpreis

> *auf Grund seiner Arbeiten über die Bindungsverhältnisse der Atome im Molekül.*

Christoph Probst kommt am 16. November in Murnau zur Welt: der Sohn einer relativ wohlhabenden Familie liegt begraben neben Sophie und Hans Scholl auf dem Friedhof am Perlacher Forst in München. Da er bereits drei kleine Kinder hatte, war er bei den Aktivitäten der „Weißen Rose" sehr zurückhaltend und vorsichtig, verfasste lediglich einen Entwurf für das siebte Flugblatt. Tragischerweise trug genau diesen Hans Scholl bei sich, als er mit seiner Schwester Sophie am 18. Februar 1943 in der Universität in München die übrig gebliebenen Exemplare des sechsten Flugblatts verteilte. Obwohl u.a. die Geschwister Scholl erfolglos versuchten, Probst zu schützen, wurde er zum Tode verurteilt und am 22. Februar 1943 mit der Guillotine hingerichtet.

Am selben Tag rückt Admiral Miklós Horthy mit seinen Truppen in Budapest ein, das die Räteregierung als Folge des Ungarisch-Rumänischen Kriegs im August verlassen hat. Horthy genießt als Konservativer das Einverständnis der Besatzungsmacht Rumänien.

Am 18. November werden Generalfeldmarschall Paul von Hindenburg und General Erich Ludendorff in Berlin vom parlamentarischen Untersuchungsausschuss über die Friedensmöglichkeiten während des Ersten Weltkriegs vernommen. Vor dem von der Weimarer Nationalversammlung eingesetzten und öffentlich tagenden „Untersuchungsausschuss für Schuldfragen" äußert Hindenburg:

> *In dieser Zeit setzte eine planmäßige Zersetzung von Flotte und Heer als Fortsetzung ähnlicher Erscheinungen im Frieden ein. Die braven Truppen, die sich von der revolutionären Zermürbung freihielten, hatten unter dem pflichtwidrigen Verhalten der revolutionären Kameraden schwer zu leiden; sie mussten die ganze Last des Kampfes tragen. Die Absichten der Führung konnten nicht mehr zur Ausführung gebracht werden. So mussten unsere Operationen misslingen, es musste zum Zusammenbruch kommen; die Revolution bildete nur den Schlussstein. Ein englischer General sagte mit Recht: „Die deutsche Armee ist von hinten erdolcht worden." Den guten Kern des Heeres trifft keine Schuld. Wo die Schuld liegt, ist klar erwiesen.*

Damit ist die schon vorher existierende Verschwörungstheorie, genannt Dolchstoßlegende, öffentlich wirksam publiziert.

Dienstag, der 18. November: Thomas Mann notiert, nachdem er seinen Fasan und die Fruchttarteletts verspeist hat, reichlich kryptisch in sein Tagebuch:

*[...] In den „Südd. Monatsh." begeisterte Besprechung der „Betr."
durch Hofmiller. [...]* (TM)

Erläuterungen: „Südd. Monatsh." sind die Süddeutschen Monatshefte, eine
von 1904 bis 1936 in München erscheinende Kulturzeitschrift, deren Mitbe-
gründer und Herausgeber Josef Hofmiller ist; war das Blatt am Anfang libe-
ral, so wandelt es sich 1919 zu einem nationalistischen Erzeugnis; „Betr."
sind die „Betrachtungen eines Unpolitischen", in denen Thomas auf 600
Seiten den ersten Weltkrieg rechtfertigt; es ist auch eine Abrechnung mit
seinem „politischen" Bruder Heinrich - reden tun sie ja im Moment nicht
miteinander, vielmehr fetzen sie sich literarisch, noch.

Der schweizerische Nationalrat in Bern beschließt am 19. November den
Beitritt der Schweiz zum Völkerbund.

Wir bleiben in der Schweiz: Vom 21. bis 30 November spricht Rudolf Steiner
in Dornach über den Erzengel Michael in sechs Vorträgen vor Mitgliedern.
(GA 194)

„Der tote Tag", ein Drama von Ernst Barlach, wird am 22. November im
Leipziger Schauspielhaus uraufgeführt.

Während in Neuilly-sur-Seine bei Paris am 27. November der dritte Vorort-
Friedensvertrag, zwischen Bulgarien und den Siegermächten, unterzeichnet
wird, finden die Verträge Nr. 4 und 5 mit Bulgarien (im Lustschloss Grand
Trianon) und mit dem osmanischen Reich (in Sèvres) erst 1920 ihren Abschluss.

Zurück im Reich: Die Deutsche Nationalversammlung nimmt in Berlin einstimmig ein Hilfsprogramm für die Hungernden in Deutschösterreich an. Die
deutschen Mehlrationen werden zu diesem Zweck für vier Wochen um insgesamt 200 g pro Verbraucher gekürzt. Die Deutschen erhalten einen Monat
lang 1700 statt 1750 g Mehl wöchentlich. (Balsam?)

Gegen die Stimmen von MSPD und USPD lehnt am 28. November die preußische Landesversammlung in Berlin den Antrag der USPD ab, den 9. November zum gesetzlichen Feiertag zu erklären (nach dem ersten Versuch im
April) und dafür den Bußtag als gesetzlichen Feiertag aufzuheben. Dieser
wird erst 1995 aufgegeben, um die Mehrbelastung für die Arbeitgeber durch

die Beiträge zur neu eingeführten Pflegeversicherung (durch Mehrarbeit der Arbeitnehmer) auszugleichen.

Das Große Schauspielhaus in Berlin wird mit der „Orestie" von Aischylos in der Inszenierung Max Reinhardts eröffnet.

30. November: In der ersten freien Volksabstimmung in Deutschland votieren über 88 % der Stimmberechtigten im Freistaat Coburg gegen den Zusammenschluss mit den thüringischen Staaten. (Daraufhin kommt es 1920 zur Vereinigung mit dem Freistaat Bayern.)

Einige Gruppierungen sind immer noch nicht einverstanden mit der Weimarer Republik; die einen wollen die Räterepublik (einen Schritt zurück), die anderen die Monarchie (zwei Schritte zurück): In Leipzig wird der außerordentliche Parteitag der USPD eröffnet; auf der bis zum 6. Dezember dauernden Veranstaltung wird ein Aktionsprogramm auf der Grundlage des Klassenkampfes und des Rätesystems verabschiedet. In München wird die Bayerische Königspartei gegründet. Sie fordert die Wiederherstellung eines freien selbständigen Königreichs Bayern mit einem „freien Volkskönig".

Andere Sorgen hat im November der Berliner Stadtkommandant Otto Wels: Er bildet Soldatenwehren zum Schutz vor Plünderungen und Bürgerkrieg in Berlin. Ein Stadtkommandant ist ja, wie bereits erwähnt, die höchste militärische, richterliche und zivile Instanz einer Stadt - in Kriegszeiten. Krieg ist aber eigentlich keiner mehr.

Intermezzo 11   Vom Völkerbund zu den Vereinten Nationen

Die Vereinten Nationen sind nicht unumstritten. Und der Völkerbund war es auch nicht.

Philosophisch geht die Gründung des Völkerbundes vor allem auf europäische Denkschulen zurück, und ein europäischer Philosoph war es auch, bei dem sich der Begriff „Völkerbund" zum ersten Mal findet: Immanuel Kant veröffentlichte 1794 die Schrift „Zum Ewigen Frieden"; dort hatte er einen Bund gleichberechtigter Staaten vorgeschlagen, versehen mit einem detailliert ausgearbeiteten Vertragsentwurf und einem Organisationsmodell.

Doch es mussten erst im ersten industriellen Krieg Millionen von Menschen sterben, bevor die Zeit reif war. Am 18. Januar 1918 hatte der amerikanische Präsident Wilson die amerikanischen Kriegsziele in seiner berühmt gewordenen „14-Punkte-Ansprache" vor dem amerikanischen Senat erörtert. Sein letzter und wichtigster Punkt - die Gründung einer „Allgemeinen Vereinigung der Nationen" - wurde später auf der Pariser Friedenskonferenz von den Siegerstaaten ebenso aufgenommen wie sein Vorschlag, die Satzung des Völkerbundes in die Friedensverträge zu integrieren. Am 28. April 1919 wurde die Völkerbundsatzung von den 32 Siegerstaaten des Ersten Weltkrieges einstimmig angenommen. Die Vereinigten Staaten von Amerika wurden niemals Mitglied. Wahrscheinlich lässt sich tatsächlich die dem Völkerbund zugrunde liegende Idee einer Einbindung souveräner Staaten in ein System gegenseitiger Sicherheit, gemeinsamer rechtlicher Verpflichtungen, Institutionen und Verfahren mit dem Ziel einer Vertrauensbildung nur schwer mit dem amerikanischen Freiheitsideal vereinbaren. Das war sicher ein Grund, dass das Projekt zum Scheitern verurteilt war. Lediglich kleinere Streitereien konnten mit seiner Hilfe geschlichtet werden. Ein anderer ist, dass der Völkerbund kein Mandat bzw. keine Möglichkeit hatte, Beschlüsse durchzusetzen. So wurde er 1946 sang- und klanglos als „Debattierclub ohne Zähne" aufgelöst (die Mitglieder waren am 11. Dezember 1939 noch einmal zu einer letzten Sitzung zusammengekommen).

„Der Völkerbund ist tot, es lebe die UNO", lautete der Nachruf eines britischen Diplomaten. Die Vereinten Nationen waren nämlich schon längst in Vorbereitung bzw. schon gegründet: Wiederum war es eine amerikanische Initiative, und wiederum mussten Millionen von Menschen sterben, bis das Ziel erreicht war, das sich der amerikanische Präsident Franklin Delano Roosevelt bereits 1937 gesetzt hat. In einer vielbeachteten Rede verkündete er am 5. Oktober:

> [...] wenn wir eine Welt haben wollen, in der wir frei atmen und in Freundschaft ohne Furcht leben können, müssen die friedliebenden Nationen dieser Welt eine konzertierte Anstrengung unternehmen, um die Gesetze und Prinzipien aufrechtzuerhalten, auf denen der Friede allein sicher ruht. Die friedliebenden Nationen müssen eine konzertierte Anstrengung gegen jene Vertragsbrüche und gegen jenes Außerachtlassen humaner Instinkte unternehmen, die verantwortlich sind für den heutigen Zustand der Anarchie und Instabilität zwischen den Staaten und von dem es kein Entrinnen gibt durch bloße Abschließung oder Neutralität (...). Es scheint unglücklicherweise wahr zu sein, dass sich die Gesetzlosigkeit in der Welt epidemisch ausbreitet. Wenn aber eine Krankheit sich epidemisch auszubreiten beginnt, ist sich die Gemeinschaft einig und findet sich darin zusammen, die Patienten durch eine Quarantäne zu isolieren, um die Gemeinschaft vor der Ausbreitung der Krankheit zu schützen.

Die Rede ging als „Quarantäne-Rede" in die Geschichtsbücher ein. Die Vereinten Nationen sollten aber zunächst nicht eine Gemeinschaft von pares inter pares sein, sondern die beiden „Weltpolizisten" USA und britisches Empire sollten eine Führungsposition innehaben. Es bedurfte noch einiger weiterer Treffen, Vorbereitungen und Jahre, bis die VN-Charta am 26. Juni 1945 (da war Roosevelts Nachfolger Harry S. Truman Präsident) unterschrieben und im amerikanischen Senat dieses Mal mit nur zwei Gegenstimmen zwei Tage später ratifiziert werden konnte. Sie beginnt übrigens mit „We the peoples ..." identisch mit der amerikanischen Verfassung. Und Präsident Truman ordnete Anfang August die Atombombenabwürfe auf Hiroshima und Nagasaki mit mindestens 200.000 Todesopfern an.

Die Vereinten Nationen haben einige Konflikte regeln können (z.B. die Kubakrise 1962) und auch sonst mancherlei erreicht (z.B. Ausarbeitung der Allgemeinen Erklärung der Menschenrechte 1948), viele Kritiker sind aber der Meinung, dass wieder Reformen anstehen. Seit 2004 existiert bereits ein Bericht, der insgesamt 101 Empfehlungen enthält, veranlasst durch den damaligen Generalsekretär Kofi Annan.

Die Liste der Kritikpunkte ist lang. Zum Beispiel ist die Organisation des Sicherheitsrates mit dem Vetorecht oft nur ein zahnloser Tiger. Beispiel: Von 1946 bis 1964 legte die Sowjetunion 103 Mal ein Veto gegen im Übrigen einstimmige Mehrheiten ein; der Angriffskrieg der USA gegen den Irak hatte wegen des Vetos der USA keinerlei Konsequenzen. Auch die kaum vorhandenen Kompetenzen stellen ein Problem dar.

(Bundeszentrale für politische Bildung und Wikipedia)

Anhang zum Völkerbund:

25. Januar: Die alliierten Siegermächte des Ersten Weltkriegs stimmen in Paris der Gründung eines Völkerbundes zu.

14. Februar: Die Bildung eines Völkerbunds wird auf der Pariser Friedenskonferenz beschlossen.

Vom 6. bis zum 14. März tagt in Bern eine internationale Vorbereitungskonferenz zur Gründung des Völkerbunds.

28. April: Die Satzung des Völkerbundes wird durch die Vollversammlung der Friedenskonferenz von Versailles angenommen.

28. Juni: Die am 28. April angenommene Satzung wird durch die Gründerstaaten, die gleichzeitig auch Unterzeichnerstaaten des Friedensvertrags sind, unterzeichnet.

19. November: Der schweizerische Nationalrat in Bern beschließt den Beitritt der Schweiz zum Völkerbund.

Dezember

„… wenn ich einmal vom Hunger ganz unabweislich getrieben werde,

kehre ich vielleicht einmal nach Deutschland zurück …"

- *Hermann Hesse in Montagnola*

Zum ersten Mal können Päckchen verschickt werden, aus Mexiko kommen Weihnachtsgeschenke und die erste Friedensweihnacht seit 1914 wird gefeiert.

Am 1. Dezember übernimmt der Komponist und Dirigent Richard Strauss die Leitung der Wiener Staatsoper.

Vom 3. bis 7. Dezember hält Rudolf Steiner in Dornach Vorträge für Mitglieder, unter anderem über den dreigegliederten Menschen im Zusammenhang mit (wachendem) Denken, (träumendem) Fühlen und (schlafendem) Wollen.

Am 3. Dezember stirbt Pierre-Auguste Renoir, oft nur Auguste Renoir genannt. Er begann als 13-Jähriger mit dem Bemalen von Porzellan; als die Porzellanmanufaktur schließen musste, bemalte er Fächer und Markisen und kolorierte Wappen; die spätere Malerei auf der Leinwand war lange Zeit so wenig ertragreich, dass er, wie er selbst schrieb, nicht einmal jeden Tag etwas zu essen hatte. Erst Mitte der 1870er Jahre erhielt er so viele Aufträge, dass sie ihm zeitweise sogar lästig wurden. Er hörte zeitlebens nicht auf mit dem Malen, wenn er sich auch zuletzt täglich den Pinsel an die Hand binden lassen musste, weil er ihn nicht mehr halten konnte. Das ist eine Version. Die andere lautet: Wegen seiner rheumatoiden Arthritis waren seine Hände deformiert und oft bandagiert. Dann musste man ihm den Pinsel zwischen Zeigefinger und Mittelfinger klemmen, weil der Daumen gar nicht mehr zu gebrauchen war. Vor seinem Tod malte er noch das Bild von Badenden („Ruhe nach dem Bad"). Pablo Picasso malt auch Ruhende, sogar „Schlafende Bauern".

Am 5. Dezember kommt Hans („Hennes") Weisweiler in der Nähe von Köln zur Welt; er soll einer der erfolgreichsten Vereinstrainer in den 1970ern werden und mit Borussia Mönchengladbach sowie anschließend mit dem 1. FC Köln große Erfolge feiern. Das Maskottchen der Kölner, der Geißbock, heißt seit 1950 „Hennes".

Währenddessen kommt es in Innsbruck zu Hungerkrawallen, bei denen Lebensmittelläden und das Kartoffellager der Hauptstadt von Tirol geplündert werden.

Erst an diesem Tag wird der am 3. März über Groß-Berlin verhängte Belagerungszustand durch die preußische Staatsregierung aufgehoben.

Hermann Hesse schreibt an seinen „Freund Molt" aus Montagnola:

[...] wenn ich einmal vom Hunger ganz unabweislich getrieben werde, kehre ich vielleicht einmal nach Deutschland zurück, vorher nicht, ich habe dagegen zu viel Widerstände in mir, und die Einsichten in Deutschland sind nicht gestiegen. Man gibt uns „schlechten Patrioten" heute die Wahrheit dessen zu, was wir vor drei Jahren gesagt haben, und wird uns wieder in drei Jahren die Wahrheiten von heute zugeben. Ach, reden wir nimmer von diesem Kapitel!

Und wie sieht das mit den Einsichten in Österreich aus? Der Vorarlberger Landtag in Bregenz nimmt am 6. Dezember mit 20 zu sieben Stimmen einen Antrag an, nach dem der Landtag von der österreichischen Staatsregierung in Wien verlangen soll, das Selbstbestimmungsrecht des Landes Vorarlberg (sic!) anzuerkennen. Diese Forderung soll er auch beim Obersten Rat der Alliierten in Paris zur Sprache bringen. Es wird immer wieder deutlich, dass das so genannte Selbstbestimmungsrecht der Völker eine gute Theorie ist. Mehr aber auch nicht!

Außerdem an diesem Nikolaustag: Der zwölfjährige Alfried Krupp von Bohlen und Halbach gibt das Startsignal zur Jungfernfahrt der ersten Lokomotive aus der Nachkriegsproduktion der Essener Krupp-Werke. Er wird einmal letzter Alleininhaber der Friedrich Krupp AG werden.

Die Bewohner der Insel Föhr, die bei der Abstimmung in Schleswig mitentscheiden sollen, ob sie künftig zum Deutschen Reich oder zu Dänemark gehören, bekennen sich auf Wahlversammlungen am 7. Dezember mit großer Mehrheit zum Deutschen Reich. Die entsprechenden Veranstaltungen des dänischen Wählerverbands sind nur spärlich besucht.

Am 8. Dezember entsteht in Paris die Curzon-Linie (benannt nach dem britischen Außenminister George Curzon) als Vorschlag für die polnisch-russische Demarkationslinie. Bei der Eröffnung der neuen Sitzungsperiode der französischen Abgeordnetenkammer in Paris wird die Rückkehr der Vertreter Elsass-Lothringens als „Beginn einer neuen Ära in der Geschichte Frankreichs" gefeiert.

Balsam: Nach Pressemeldungen am 9. Dezember hat der Verband deutscher Reichsangehöriger in Mexiko 50 mal 5.000 Mark überwiesen, die dafür bestimmt sind, „darbende deutsche Kinder und Frauen zum Weihnachtsfeste mit Geld, Kleidung, Lebensmitteln und Heizstoffen zu versehen". Das Geld soll durch Vertrauensleute der Behörden verteilt werden „ohne Unterschied von Partei und Glauben".

Am Mittwoch, den 10. Dezember, werden in der schwedischen Hauptstadt Stockholm durch die Schwedische Akademie der Wissenschaften die Nobelpreise vergeben. Dieses Jahr sind es vier Preisträger: Der Literaturpreis geht an den Schweizer Carl Spitteler, Jules Bordet bekommt den Preis für Medizin, den Physikpreis erhält der spätere Anhänger des Nationalsozialismus Johannes Stark, und der Friedensnobelpreis geht - wie bereits erwähnt - an Thomas Woodrow Wilson.

Am 11. Dezember wird der erste Flug von Großbritannien nach Australien nach 27 Tagen (!) erfolgreich beendet. Ebenfalls zu Ende geht in Indianapolis mit Hilfe von US-Präsident Woodrow Wilson und seinen Vorschlägen ein großer Bergarbeiterstreik, der am 1. November begonnen hat. Wilson spricht sich u.a. für 40%ige Lohnerhöhungen aus. Und der Tiroler Landtag in Innsbruck nimmt einen Dringlichkeitsantrag an, nach dem Verhandlungen mit der österreichischen Staatsregierung in Wien über den Zusammenschluss von Tirol und dem Deutschen Reich zu einem Wirtschaftsgebiet aufgenommen werden sollen.

12. bis 15. Dezember: Rudolf Steiner will nach Deutschland, hat aber Schwierigkeiten mit dem erforderlichen Visum und hält dann eben vier Vorträge in Dornach über das Goetheanum – und die okkulten Hintergründe der sozialen Frage (GA 194).

13. Dezember: Marie Juchacz, die 10 Monate zuvor als erste Frau vor der Weimarer Nationalversammlung gesprochen hat, gründet in Deutschland unter dem Namen „Hauptausschuss für Arbeiterwohlfahrt in der SPD" die Arbeiterwohlfahrt. Die Arbeiterwohlfahrt (AWO) ist ein dezentral organisierter deutscher Wohlfahrtsverband, der auf persönliche Mitgliedschaften in seinen Ortsvereinen aufbaut. Sie ist einer der sechs Spitzenverbände der freien Wohlfahrtspflege und mit rund 145.000 hauptamtlichen Mitarbeitern einer der großen Arbeitgeber in Deutschland. Ihre Hauptaufgabe ist es, sozial schlechter gestellte Menschen zu unterstützen. Heutzutage betreut sie hauptsächlich Menschen mit Behinderungen und Senioren, betreibt aber

beispielsweise auch Kindergärten, offene Ganztagsschulen, psychiatrische und forensische Kliniken, Einrichtungen für Ferienfreizeit und Beratungsstellen für Migranten, Asylbewerber und Menschen in Notlagen. Sie bekennt sich zu den Werten des freiheitlich-demokratischen Sozialismus. (aus dem Grundsatzprogramm der AWO)

Die Reichsabgabenordnung wird verabschiedet – sie dient als „Mantelgesetz" für die verschiedenen Steuerregelungen, bringt die Einführung von Finanzgerichten und schafft ein einheitliches Steuerstrafrecht.

Man spürt deutlich, die politische Lage beruhigt sich, vieles wird gesetzlich geregelt und geordnet, zumindest in Mitteleuropa. Die Revolution hat wieder einmal „ihre Kinder gefressen", der Sozialismus kam nicht - dafür kommt bald der Nationalsozialismus; die Anzahl der Seiten pro Monat ist in dieser Schrift deutlich gefallen. An den Rändern Mitteleuropas finden jedoch noch z.T. kriegerische Auseinandersetzungen statt. Zum Beispiel beschließt der Oberste Rat der Alliierten in London, die Unterstützung der Weißen, antisowjetischen Armeen in Russland einzustellen.

Auch finden die letzten Prozesse statt: Das Volksgericht am Landgericht München I verurteilt am 15. Dezember die Landtagsmörder vom 21. Februar zu hohen Freiheitsstrafen. Der Hauptangeklagte, der Metzger Aloys Lindner, erhält 14 Jahre Zuchthaus. Ihm wird „niedrige Gesinnung" nachgewiesen. Dem Mörder des bayerischen Ministerpräsidenten wird dann im Januar der Prozess gemacht.

In Berlin beginnen in der preußischen Landesversammlung dreitägige Beratungen über den Antrag der Regierungsparteien auf Schaffung eines deutschen Einheitsstaates ohne Länderparlamente. Angesichts des wirtschaftlichen Elends, so die Regierung, könne sich das Deutsche Reich nicht länger 168 Minister und 3.000 Abgeordnete leisten.

Der Volksbund Deutsche Kriegsgräberfürsorge wird am 16. Dezember in Berlin gegründet. Es handelt sich um einen eingetragenen gemeinnützigen Verein mit humanitärem Auftrag. Er erhält und betreut Gräber der Opfer von Krieg und Gewaltherrschaft (Kriegsgräberstätten) im Ausland. Erster Präsident ist der Krieger Oberst a.D. Joseph Koeth.

Der Landtag von Salzburg nimmt einen Antrag an, nach dem der Landesrat den Obersten Rat der Alliierten in Paris ersuchen soll, den wirtschaftlichen Anschluss Salzburgs an das bayerische Wirtschaftsgebiet zu ermöglichen.

Die Rote Armee, die auf dem Vormarsch gegen die Weißen Truppen ist, erobert die ukrainische Hauptstadt Kiew.

Während am 17. Dezember der preußische Kultusminister Konrad Haenisch (MSPD) in einem Erlass zur Pflege der plattdeutschen Sprache auffordert, verabschiedet die Deutsche Nationalversammlung in Berlin das Reichsnotopfergesetz. Es sieht eine einmalige Vermögensabgabe zur teilweisen Abdeckung der Reichsschulden vor. Große Teile der Bevölkerung werden zur Zahlung des Notopfers herangezogen. Finanzminister Matthias Erzberger (Zentrum) sieht im Reichsopfer auch ein „Sühneopfer für den mammonistischen Geist" vieler Deutscher.

Am 18. Dezember wird das Gesetz über die Sozialisierung der Elektrizitätswirtschaft von der Deutschen Nationalversammlung angenommen. Außerdem erlässt diese ein „Gesetz zur Verfolgung von Kriegsverbrechen und Kriegsvergehen" zur Verfolgung von Straftaten, „die ein Deutscher im In- und Ausland während des Krieges" begangen hat.

Ab dem 18. Dezember ist Rudolf Steiner endlich in Stuttgart und kann Vorträge halten (GA 333, 298, 195), die Klassen „seiner" Schule besuchen und Konferenzen mit dem Kollegium abhalten. (GA 330a)

Am 19. Dezember wird der frühere Volksbeauftragte und erste Reichsministerpräsident, Philipp Scheidemann (MSPD), zum Oberbürgermeister von Kassel gewählt. Die im bayerischen Landtag vertretenen Parteien lehnen die von den preußischen Regierungsparteien geforderte Schaffung eines deutschen Einheitsstaats ohne Länder entschieden ab. Am nächsten Tag erhebt die badische Regierung in Karlsruhe Einspruch gegen die Schaffung eines deutschen Einheitsstaats. Die Länder sehen ihre Interessen durch die Schaffung eines Einheitsstaats gefährdet.

„Frau Kirchner" will über Weihnachten nicht allein in Berlin sein. Sie beantragt eine Einreisebewilligung für 14 Tage und trifft am 20. Dezember in Davos ein. Das Bett für sie ist fertig geworden.

Die deutsche Reichspost teilt am 21. Dezember mit, dass sie ab 1. Januar 1920 die neue Sendungsart „Päckchen" zur Beförderung annimmt. Rudolf Steiner hält bei der Weihnachtsfeier der Waldorfschule eine Ansprache.

In den Vorträgen vom 21. bis 31. Dezember greift Steiner die in Dornach behandelten Themenfelder auf: Die Wirkung der Widersachermächte (Luzifer und Ahriman) und das (neue) Wirken des Erzengels Michael.

In London wird ein Fremdengesetz, in Washington ein Einwanderungsgesetz durchgewunken: Das britische Unterhaus in London verabschiedet am 21. Dezember das neue „Fremdengesetz", das an die Stelle der bisher gültigen Kriegsbestimmungen tritt. Danach können alle Ausländer, auch solche aus den mit Großbritannien verbundenen Ländern, als unerwünscht von der Einreise ausgeschlossen werden, wenn ihre Anwesenheit „nachweislich von Schaden ist". Am 22. Dezember genehmigt das US-amerikanische Repräsentantenhaus in Washington das Einwanderungsgesetz, das die Deportation aller Ausländer vorsieht, die anarchistischen Organisationen angehören. Einen Tag später werden auf dem Marinetransportschiff „Busard" 249 „Anarchisten" von New York nach Sowjetrussland abgeschoben. Das Justizministerium erklärt, die sowjetrussischen Staatsangehörigen seien eine Gefahr für Gesetz und Ordnung.

Vom 23. Dezember bis zum 3. Januar findet „Lichtlehre" – ein naturwissenschaftlicher Kurs (GA 320) für ausgewählte Naturwissenschaftler und das Kollegium statt; Rudolf Steiner muss inhaltlich und wegen der nicht vorhandenen Geräte auch bei den Experimenten improvisieren. Da er von einigen Menschen („Freunden") gebeten wurde, etwas über die Sprache mitzuteilen, hält er auch noch gleichzeitig – spontan und deshalb ebenfalls etwas improvisiert - den Kurs „Geisteswissenschaftliche Sprachbetrachtungen" (GA 299). Parallel finden auch ständig unterschiedlichste Besprechungen statt, vor allem auch wieder über die sozialen Fragen, so dass Rudolf Steiner viele private Gesprächswünsche ablehnen muss.

Heilig Abend im Deutschen Reich: Die erste „Friedensweihnacht" seit 1914 wird gefeiert. Viele kehren immer mehr zur Vorkriegs-Normalität zurück. Und auch die Geschenke fallen wieder üppiger aus, auf jeden Fall im Hause Mann:

Ich schenke an K. [Katia]: Einen Regenschirm, Briefpapier, ein paar gute Stiefel und einen Kodak-Apparat, ferner die Luxusausgabe von „H. u. H." [Erzählung „Herr und Hund"] - Um halb 7 Uhr K.s Mutter und Peter, der das Anzünden des Baumes beaufsichtigte. Gesang der 4 älteren Kinder im verdunkelten Arbeitszimmer. Eintritt in die Diele, alles wie immer. Ich holte die Kleinen, Elisabethchen auf meinem Arm, tief benommen vom Anblick des brennenden Baumes, dann beglückt von ihrem Spielzeug und beschäftigt damit. Auch die anderen Kinder glücklich, in der That vorkriegerisch reich beschenkt. Ich bekam einen Reise-Thee-Koch-Apparat nebst anderem Gerät, Unterzeug, Taschentücher, viel Confitüren, Cigaretten, ausgezeichnete Photographien von K. mit den Sechsen und von Lisa allein. Gedicht-Rezitationen Golo's und Moni's. Verspätetes Abendessen mit Gänsen, Chokoladekuchen, Mosel und französ. Champagner. Alles hatte recht reichen Charakter. Noch nach Weggang von K.'s Angehörigen blieben die Kinder lange auf. Erika erklärte mein Buch für ihr schönstes Geschenk. Eissi [Klaus] hoch erfreut über Hauptmanns Werke. ½ 12. Über der Stadt läuten die Weihnachtsglocken.

Derweil übermittelt die deutsche Reichsregierung unter Gustav Bauer (MSPD) den deutschen Kriegsgefangenen die Weihnachtsgrüße des „deutschen Vaterlandes".

Am 1. Weihnachtsfeiertag wird gemeldet: Rhein, Mosel, Saar und Main haben Hochwasser. Es wird in den folgenden Tagen noch ansteigen. In Köln tritt der Rhein über die Werftmauern und überflutet mehrere Straßen; der Hafenverkehr muss eingestellt werden. In Heidelberg ist der Neckar über die Ufer getreten und hat zahlreiche Gassen unter Wasser gesetzt.

2. Weihnachtsfeiertag: Der sowjetische Rat der Volkskommissare in Moskau erlässt das Dekret über die Abschaffung des Analphabetentums. Die sowjetische Führung sieht in der Beseitigung des verbreiteten Analphabetentums die einzige Möglichkeit zur wirtschaftlichen Entwicklung des Landes.

Der Gedanke ist gut, aber lässt sich das Analphabetentum per Dekret abschaffen?

Während in Berlin der zwölfte Kongress der Freien Vereinigung deutscher Gewerkschaften (Syndikalistenkongress) beginnt, der bis zum 30. Dezember dauert und sich mit der russischen Sowjetrepublik solidarisch erklärt, ist der öffentliche Vortrag von Rudolf Steiner im Gustav-Siegle-Haus am 27. Dezember ein Aufruf, den deutschen Geist zwischen West und Ost durch (Geist-)Erkenntnis zu erneuern.

Hochwasser am Rhein, strenger Frost in der deutschen Reichshauptstadt Berlin ab dem 28. Dezember: Temperaturen von bis zu 14 Grad unter dem Gefrierpunkt beeinträchtigen den Verkehr und verschlimmern die ohnehin kritische Lage in der Versorgung mit Kohle - das Jahr endet, wie es begonnen hat.

Am 29. Dezember wird im deutschen Reichsministerium des Innern das Amt für künstlerische Beratung geschaffen. Die Leitung als „Reichskunstwart" übernimmt der Kunsthistoriker Edwin Redslob.

An Silvester schließen Sowjetrussland und Estland in Dorpat einen Waffenstillstand. Auch die anderen Baltenstaaten verhandeln mit Moskau.

In der Silvesternacht fragt Emil Molt Rudolf Steiner, ob er im Aufsichtsrat der neu zu gründenden Aktiengesellschaft „Der kommende Tag" (einem Verbund von Wirtschaftsunternehmen mit solchen des Kulturlebens, die sich gegenseitig tragen sollten) den Vorsitz übernehmen könne. Hans Kühn erinnert sich:

> *In dem Moment, als Rudolf Steiner bejahte, begannen die Neujahrs-glocken zu läuten.* (HK bzw. CL)

Intermezzo 12   Frauen 1919

Es gibt zwar das Buch „1919 - Das Jahr der Frauen" (von Unda Hörner), aber die Frauen stehen 1919 (noch) nicht an vorderster Front. Eine weibliche Ministerpräsidentin oder gar Kanzlerin ist noch nicht abzusehen. Die Frauen haben sich gerade erst das Wahlrecht erkämpft.

Vielleicht mag das auch daran liegen, dass die Frauen sich nicht einig waren: Ungefähr um 1900 spaltete sich von der „gemäßigten", pragmatischen, bürgerlichen Mehrheitsfrauenbewegung (mit dem Dachverband „Bund Deutscher Frauenvereine") die fundamentalere, radikale um Anita Augspurg und ihre spätere Lebensgefährtin Lida Gustava Heymann ab (mit dem Dachverband „Verband fortschrittlicher Frauenvereine"). Das erinnert an …? Richtig, die Spaltung der SPD!

Wofür setzten sich die Frauen ein?

Neben der Quote in Behörden und politischen Organisationen war es die Forderung nach gleicher Bezahlung für gleiche Arbeit und für eine Unterstützung von Frauen in der Schwangerschaft und beim Aussetzen der Arbeit vor und nach der Geburt. Es ist ein revolutionäres Programm, das in Teilen 100 Jahre später immer noch nicht umgesetzt ist, und es hat zudem viele Jahrzehnte gedauert, bis auch nur einige dieser Forderungen verwirklicht wurden. Dazu zählen die begrenzte Legalisierung der Abtreibung, die Abschaffung des Heiratsverbots für Lehrerinnen, die Koedukation von Mädchen und Jungen an der Schule, die Aufhebung der Bestimmungsgewalt des Ehemanns über die Berufstätigkeit seiner Frau und die Gleichstellung von ehelichen und unehelichen Kindern in Fragen des Zivilrechts, vor allem beim Unterhalt und im Erbrecht. Die letztgenannte Forderung wurde in der Gesetzgebung der Bundesrepublik Deutschland allerdings erst fast 80 Jahre nach der Revolution realisiert. (MA)

Widerstand gegen die Ideen der Frauen gab es nicht nur im bürgerlichen Lager, sondern auch im revolutionären. So hat z.B. der zuständige Minister für soziale Fürsorge Hans Unterleitner von der USPD die Bemühungen um die Einrichtung von Frauenräten nicht unterstützt, so dass nichts daraus wurde.

Hier ein Beispiel, was engagierte Frauen damals aushalten mussten: Ministerpräsident Eisner bot für die Landtagswahlen im Januar

> *der parteilosen Anita Augspurg einen Platz auf der Liste der USPD an. Gemeinsam mit Lida Gustava Heymann, die auf der USPD-Liste für die Nationalversammlung kandidierte, zog sie in den Wahlkampf. Im tiefsten Winter marschieren die beiden durch die Dörfer Oberbayerns, bestaunt und belacht von den Einwohnern, verteufelt von den ortsansässigen Pfarrern, die, wie sich Lida Gustava später erinnert, schon die „Weiberherrschaft" befürchteten.*
>
> *Darauf erschienen katholische Geistliche in den Frauenversammlungen, immer diesselben, auch sie zogen von Dorf zu Dorf, beteiligten sich an der Diskussion, sprachen gegen die Kandidatur einer Anita Augspurg, gebrauchten wieder und wieder die gleichen Argumente: Faselten von der drohenden Gefahr freier Liebe, freier Ehe, dem illegitimen Kinde. In Unterammergau rief nach einer solchen Rede des Geistlichen eine Stallmagd laut und vernehmlich in die Versammlung: „Er hat ja selber drei Uneheliche!" („Weiberherrschaft" auf literaturportal-bayern.de)*

Es wurde aber auch etwas erreicht - z.B. eine Reform des Gesinderechts,

> *so dass die Hausmädchen nicht mehr 24 Stunden am Stück im Haushalt arbeiten und nächtigen mussten, sondern nach acht Stunden heimgehen konnten. Die Beschwerden bürgerlicher Familien, dass ihnen die jungen Frauen nicht mehr rund um die Uhr zur Verfügung stünden, waren deshalb zahlreich. Sie sind außerdem ein Beleg dafür, dass sich kein Mensch wirklich der Revolution entziehen konnte. (MA)*

Michael Appel macht auch geltend, dass die Frauen eine mäßigende Wirkung bei den Revolutionstribunalen am Ende der Revolution hatten. Diese gingen mit äußerster Strenge und Grausamkeit vor, allerdings

> *setzten sich Feministinnen bei der Besetzung der Richtergremien und der Staatsanwaltschaften durch und erhielten ihren Platz dort. Sie gingen vorsichtig mit den Angeklagten um und reklamierten später für sich, Todesurteile und auch andere abschreckende Verurteilungen verhindert zu haben.*
>
> *Das taten sie sehr zum Missfallen der Kommunisten, die verkündeten, dass eine Revolution ohne Ströme von Blut und ohne revolutionäre Gewalt keine erfolgversprechende Unternehmung werden könne und man so vorgehen müsse, wie es in Russland üblich sei.* (MA)

Glücklicherweise wirkten die Frauen!

Vieles ist auch heute noch nicht vollständig erreicht. Das Maß der Gleichstellung von Mann und Frau wird heute sogar mathematisch berechnet. Im Dezember 2018 hat das Weltwirtschaftsforum Daten veröffentlicht, die voraussagen, dass es beim jetzigen Tempo noch 108 Jahre dauern wird, bis die globale Gleichstellung der Geschlechter auf allen politischen Ebenen erreicht ist. Bis zur Gleichstellung am Arbeitsplatz dauert es sogar noch 202 Jahre!

Epilog

Ernst Toller verbüßt nach den ersten Monaten im provisorischen Festungsgefängnis Eichstätt den größten Teil seiner Haftzeit – vom Februar 1920 bis Juli 1924 – im Gefängnis Niederschönenfeld in der Nähe von Donauwörth. Er schrieb den seinerzeit berühmten Gedichtzyklus „Das Schwalbenbuch" während der Haft.

Auch Erich Mühsam, Ernst Niekisch und einige andere wegen Hochverrats zu Festungshaft verurteilte politische Gefangene sind dort inhaftiert; 1920 erreicht die Zahl der Festungsgefangenen mit 95 den höchsten Stand. Es herrscht dort ziemliche Willkür: Ernst Toller wird z.B. schikaniert, bekommt Einzelhaft, drei Tage Bettentzug, Hofentzug, Schreibverbot und anderes. Er reagiert mit Hungerstreik; am vierten Tag wird die Strafe Bettentzug aufgehoben, weil sich Zeitungen für ihn eingesetzt haben. Toller bricht den Hungerstreik ab, der Aufseher bringt ihm eine Tasse Wasserkakao und ein Stück Brot; der Hunger überwältigt ihn wieder, er wird fast verrückt vor Hunger; am selben Abend spielt die Volksbühne in Berlin zum ersten Mal Tollers Drama „Masse Mensch", Toller wäre ein Stück Brot lieber.

Beispiele für die Schikanen:

> *Ein Verlag in London schickt mir die englische Buchausgabe von „Masse Mensch". Das Buch wird „wegen Fremdsprachigkeit" beschlagnahmt. … Ich schreibe an einen Freund nach Berlin eine Karte, sie enthält die Worte: „Beste Grüße sendet Ihnen E.T." Die Karte wird wegen „verschleierten Inhalts" beschlagnahmt. […]*

> *Der Festungsgefangene Erich Mühsam erlaubt sich, den Vorstand auf den krankhaften Geisteszustand von W. aufmerksam zu machen, Mühsam wird mit sieben Wochen Einzelhaft bestraft. „Es soll Mühsam Gelegenheit gegeben werden", schreibt der Vorstand,*

„darüber nachzudenken, ob es ihm zukommt, durch die Einmischung in die Angelegenheiten der anderen Gefangenen sich eine Führerrolle anzumaßen." (ET)

Trotz alledem ist Toller während der Haft schriftstellerisch sehr produktiv; nach der Haft wird er Mitglied der von Kurt Hiller gegründeten Gruppe Revolutionärer Pazifisten. 1932 emigriert er nach Zürich, dann weiter nach Paris und London. Dort heiratet er. Schließlich lässt er sich 1936 in Kalifornien nieder. Er erhängt sich am 22. Mai 1939 in einem Hotelzimmer am Central Park in New York

in völliger Verzweiflung über die Trägheit der demokratischen Welt und die Brutalität der faschistischen Führer (Gustav Regler, Wikipedia).

Erich **Mühsam** wird im Dezember 1924 aus der Haft entlassen, kämpft in Berlin weiter. Kurz nach der nationalsozialistischen Machtergreifung 1933 wird er verhaftet und 1934 im KZ Oranienburg nach über 16-monatiger „Schutzhaft" von SS-Angehörigen ermordet. Er solle sich umbringen, sonst würde das die SS tun. Mühsam äußert in der Nacht vor seinem Tod, er werde sich niemals das Leben nehmen. Die Meldung in der nationalsozialistischen Presse lautet: „Der Jude Erich Mühsam hat sich in der Schutzhaft erhängt". Mühsam ist somit einer der ersten, die von der SS ermordet werden. Ernst Jünger notiert in seinem Tagebuch am 10. September 1943 mit Bezug auf eine Hausdurchsuchung im Frühjahr 1933:

Ich glaube, man suchte Briefe des alten Anarchisten Mühsam bei mir, der eine kindliche Neigung zu mir gefaßt hatte und den man dann auf so schauerliche Weise ermordete. Er war einer der besten und gutmütigsten Menschen, denen ich begegnet bin. (VW)

Auch **Paul Hahn** wird ein Opfer des Nationalsozialismus: Wegen seiner Verbindungen zum Widerstand wird er nach dem gescheiterten Attentat auf Hitler (am 20. Juli 1944) zu drei Jahren Zuchthaus verurteilt. Nach Differenzen mit der amerikanischen Besatzungsmacht legt er sein Amt als „Chef der deutschen Staatspolizei für Württemberg" im September 1945 nieder, zieht sich ins Privatleben zurück und stirbt 1952.

Robert Egelhofer wurde ja ein Opfer des Weißen Terrors in München und überlebt das Jahr 1919 nicht; in der DDR werden ein Raketenschnellboot, ein Flugkörperschnellboot sowie die Unteroffiziersschule bei Weißwasser nach ihm benannt. Eine Rudolf-Egelhofer-Oberschule gibt es in Rostock, eine Rudolf-Egelhofer-Straße im brandenburgischen Strausberg. In München ist dagegen nichts nach Egelhofer benannt.

Auch der bayerische Ministerpräsident **Kurt Eisner** stirbt 1919, doch Ruhe findet seine Leiche nicht. Als die Nazis an die Macht kommen, nehmen sie Rache an ihm: Die Gedenktafel wird abmontiert, sein Leichnam aus dem Grab im Ostfriedhof exhumiert und im jüdischen Friedhof beigesetzt, wo er heute noch liegt.

Eisners Mörder, **Anton Graf von Arco auf Valley**, wird am 16. Januar 1920 in München zum Tode verurteilt, später jedoch von der bayerischen Regierung zu lebenslanger Festungshaft begnadigt. Ernst Toller berichtet:

Der Mörder Eisners, Graf Arco, ist nicht bei uns, für ihn wurde eine eigene Festung in Landsberg am Lech bestimmt, für ihn gelten die Strafverschärfungen nicht, er vergnügt sich in der Stadt und auf benachbarten Gütern. (ET)

Der adlige Eisner-Mörder ist tatsächlich der erste Festungshaftgefangene. In derselben „Festung" verbüßt Adolf Hitler 1923/1924 wegen seines Putschversuches 264 Tage Festungshaft - er wird wegen angeblich guter Führung vorzeitig entlassen. Vor dem bayerischen Volksgericht behauptet er - und nicht vor dem zuständigen Reichsgericht in Leipzig -, die „Novemberverbrecher" von 1918 seien die eigentlichen Verräter. In der Haft schreibt Hitler „Mein Kampf". 90 Jahre später sitzt dann dort Ulrich „Uli" Hoeneß eine 21-monatige Freiheitsstrafe wg. Steuerhinterziehung ab. (Nach Verbüßung der halben Haftzeit wird die Reststrafe zur Bewährung ausgesetzt.)

Der Graf von Arco hat in der Tat nach Belieben Ausgang und Besuche, arbeitet tagsüber als Praktikant auf einem benachbarten Gut; seine Haft wird im April 1924 unterbrochen und 1927 aus Anlass des 80. Geburtstags des Reichspräsidenten Paul von Hindenburg beendet. So saß er nur sieben Jahre. Am 29. Juni 1945 stößt sein Auto in der Nähe von Salzburg beim Überholen eines Pferdefuhrwerks mit einem entgegenkommenden Fahrzeug der amerikanischen Armee zusammen. Dies überlebt er nicht.

Dr. Ferdinand Sauerbruch, der sowohl Graf von Arco als auch den Sozialdemokraten Auer operiert, versorgt ebenso die verletzte linke Schulter von Adolf Hitler, der nach dem Putsch am 9. November 1923 vor der Polizei geflüchtet war; er spielt eine zwielichtige Rolle im Nationalsozialismus, stirbt einen Tag vor seinem 76. Geburtstag 1951 an den Folgen einer bestehenden Zerebralsklerose (Durchblutungsstörungen des Gehirns) und liegt auf dem Friedhof Wannsee in einem Ehrengrab der Stadt Berlin.

Keine zwielichtige, sondern eine eindeutige Rolle spielt das für sein rücksichtsloses Vorgehen und Erschießungen von Gefangenen und Zivilisten berüchtigte **Freikorps Epp**: Zunächst wird es als Brigade Epp in die Reichswehr übernommen, hernach schließen sich viele Mitglieder dem Nationalsozialismus an, darunter neben Franz Ritter von Epp auch sein Stabschef Ernst Röhm, sowie Rudolf Heß, Eduard Dietl, Hans Frank und die Brüder Otto und Gregor Strasser. Das Freikorps gilt als eine der Geburtszellen der NS-Bewegung.

Eine weitere Geburtszelle ist die **Ordnungszelle** Bayern. Sie bereitet

> *1920 als Polizei- und Obrigkeits-Richterstaat den Faschismus vor, [...] bis er 1933 nach Berlin marschiert [...]: 13 finstere Jahre vor den 12 blutigen der Naziherrschaft ... (Erich Mühsam bei raete-muenchen.de)*

Im und direkt nach dem 2. Weltkrieg wiederholen sich die **Kohleferien**; in manchen Schulen müssen die Schülerinnen und Schüler zweimal in der Woche in der ungeheizten Schule erscheinen, um Hausaufgaben in Empfang zu nehmen. In der heutigen Zeit werden sie gelegentlich im Zusammenhang mit dem Klimawandel diskutiert.

Was mit dem Möchtegern-Maler **Adolf Hitler** nach 1919 geschieht bzw. was er verursacht, will ich hier nicht ausbreiten. Es ist hinlänglich bekannt. Hitler hat sich kaum zehn Mal in seinem Haus im Berchtesgadener Land aufgehalten - aus Angst und Beschwernis. Trotzdem hat es **Stefan Zweig** fast nicht ertragen, dass er von seinem Salzburger Haus aus dort hinschauen konnte.

Er emigriert 1934 nach London. Dort heiratet er in zweiter Ehe seine Sekretärin und ist aktiv und engagiert:

> *Als engagierter Intellektueller trat Stefan Zweig vehement gegen Nationalismus und Revanchismus ein und warb für die Idee eines geistig geeinten Europas. Er schrieb viel während dieser Zeit: Erzählungen, Dramen, Novellen. Die historischen Momentaufnahmen „Sternstunden der Menschheit" von 1927 zählen bis heute zu seinen erfolgreichsten Büchern.* (Wikipedia)

1940 flieht er weiter nach Brasilien. Dort „flieht" er im Juni 1942 (mit einer Überdosis Veronal) in den Tod. So steht es auf dem ihm gewidmeten Stolperstein auf dem Kapuzinerberg in Salzburg. Seine Frau Lotte folgt ihm. Als man die beiden findet, liegt er auf dem Rücken mit gefalteten Händen, sie seitlich an ihn gelehnt. **Thomas Mann** schreibt 1952 zum zehnten Todestag von Stefan Zweig über dessen Pazifismus:

> *Es gab Zeiten, wo sein radikaler, sein unbedingter Pazifismus mich gequält hat. Er schien bereit, die Herrschaft des Bösen zuzulassen, wenn nur das ihm über alles Verhaßte, der Krieg, dadurch vermieden wurde. Das Problem ist unlösbar. Aber seitdem wir erfahren haben, wie auch ein guter Krieg nichts als Böses zeitigt, denke ich anders über seine Haltung von damals – oder versuche doch, anders darüber zu denken.*

Thomas Mann veröffentlicht 1924 seinen Bildungsroman „Der Zauberberg", in dem er auch die ungarische Räterepublik verarbeitet, erhält 1929 für die „Buddenbrooks" den Nobelpreis, wird allmählich ein überzeugter Verteidiger der Weimarer Republik und emigriert 1933 in die Schweiz, schließlich 1938 in die USA. Als er dort gefragt wird, ob das Exil eine schwere Last sei, erklärt er:

> *Es ist schwer zu ertragen. Aber was es leichter macht, ist die Vergegenwärtigung der vergifteten Atmosphäre, die in Deutschland herrscht. Das macht es leichter, weil man in Wirklichkeit nichts verliert. Wo ich bin, ist Deutschland. Ich trage meine deutsche Kultur in mir. Ich lebe im Kontakt mit der Welt und ich betrachte mich selbst nicht als gefallenen Menschen.*

Thomas Mann kehrt 1952 in die Schweiz zurück und stirbt am 12. August 1955 achtzigjährig im Zürcher Kantonsspital.

Während des Nationalsozialismus ebenfalls in die USA emigriert ist **Oskar Maria Graf**. Er ist ab 1920 als Dramaturg am Münchner Arbeitertheater „Die neue Bühne" tätig, wo er sich mit Bertolt Brecht anfreundet. 1927 gelingt Graf mit seinem autobiografischen Werk „Wir sind Gefangene" der literarische Durchbruch. Als er hört, dass seine Bücher nicht der Bücherverbrennung durch die Nazis am 10. Mai 1933 zum Opfer gefallen sind, schreibt er:

> *Verbrennt mich! [...] Nach meinem ganzen Leben und nach meinem ganzen Schreiben habe ich das Recht, zu verlangen, dass meine Bücher der reinen Flamme des Scheiterhaufens überantwortet werden und nicht in die blutigen Hände und die verdorbenen Hirne der braunen Mordbande gelangen. Verbrennt die Werke des deutschen Geistes! Er selber wird unauslöschlich sein wie eure Schmach!*

OMG geht zunächst freiwillig ins Exil, später flieht er mit Mirjam Sachs, der Cousine von Nelly Sachs, in die USA, heiratet sie dort, bekommt 1957 die US-amerikanische Staatsbürgerschaft und heiratet nach dem Tod von Mirjam (1959) 1962 zum dritten Mal. Er stirbt im Juni 1967; seine Urne wird ein Jahr später auf dem Friedhof Bogenhausen in München beigesetzt.

Ernst Ludwig Kirchner, der ebenso charmant und gewinnend wie beleidigend und verletzend sein kann, kommt 1921 von seinen Abhängigkeiten (Veronal und Morphium) los und verlässt 1925 zum ersten Mal wieder die Schweiz; im Juli 1939 werden in Deutschland 639 Werke Kirchners aus den Museen entfernt und beschlagnahmt, 32 davon werden in der Ausstellung „Entartete Kunst" gezeigt. Einige dieser Werke sind später posthum auf der documenta I (1955), der documenta II (1959) und auch der documenta III im Jahr 1964 in Kassel zu sehen. Kirchner nimmt sich in Davos am 15. Juni 1938 mit einem Herzschuss das Leben. Sein Grab liegt auf dem Waldfriedhof Davos-Frauenkirch, daneben der Stein von Erna Schilling, beschriftet mit „Erna Kirchner".

Gehen wir noch ein bisschen südlicher, nach Montagnola. Dort schreibt **Hermann Hesse** im Mai 1921, als er bei sich bei C. G. Jung einer Psychoanalyse unterzieht, an Hans Reinhart:

> *Sie wünschen sich eine Art von Kompromiss zwischen Psychoanalyse*
> *und Steinerscher Weltanschauung. Das ist aber etwas Unmögliches,*
> *[...]. (HH 2)*

Hermann Hesse lernt Ruth Wenger immer besser kennen und lieben; allerdings gibt es, bevor er sie - nach der Scheidung von Mia - im Januar 1924 heiratet, ein Störfeuer: Dr. Lang, sein langjähriger Therapeut, lernt Ruth Wenger kennen und verliebt sich in sie - er selbst bekommt eheliche, gesundheitliche, finanzielle und berufliche Probleme. Lang besucht mit ihr auch in Dornach eine Eurythmie-Aufführung. Wie dem auch sei, Hesse heiratet Ruth, lässt sich aber bereits nach drei Jahren wieder scheiden – auf ihren Wunsch.

Im Mai 1924 erhält er das Bürgerrecht der Stadt Bern und damit zum zweiten Mal die Schweizer Staatsbürgerschaft (- und verliert damit wieder die deutsche).

Im November 1931 heiratet er zum dritten Mal: Ninon Dolbin, geb. Ausländer. Allen drei Ehefrauen hat er ein Märchen gewidmet: Mia das Märchen „Iris" (1916), Ruth „Piktors Verwandlungen" (1922), und kurz nach der Heirat mit Ninon im März 1933 sein letztes und sehr autobiografisches Märchen „Vogel" - so nannte sie ihn und er sich oft.

1946 wird ihm der Literaturnobelpreis verliehen, 1949 schreibt er:

> *Stets ist die Menschheit, d. h. die Majorität der Menschen, gegen*
> *die gewesen, die das Gute wollen, denn die Masse ist weder gut*
> *noch böse, sie ist vor allem träge und haßt nichts mehr als alle Anru-*
> *fe, die an ihr Gewissen ergehen. Stets wird die Entwicklung zum Hö-*
> *heren, die Überwindung des Egoismus und der Trägheit nur von Ein-*
> *zelnen geleistet, nicht von Majoritäten.* (Volker Michels: „Die ge-*
> fährliche Lust, unerschrocken zu denken")

Hesse stirbt in der Nacht zum 9. August 1962 im Schlaf an einem Schlaganfall. Seine Frau wartet, dass er zum Frühstück kommt, und findet ihn schließlich leblos in seiner üblichen Schlafstellung.

Interessant ist, dass Hermann Hesse z.B. in Amerika lange Zeit viel berühmter war als zuhause, mit seinen autobiographischen Entwicklungs- und/oder Bildungsromanen war er ein Popstar mehrerer Generationen.

Johannes Nohls Ehe, die Hermann Hesse bewundernd erwähnt, dauert (von 1918) bis 1927, dann wird sie geschieden. 1945 entscheidet sich Nohl, in die Ostzone zu ziehen, wird Mitglied der SED, heiratet 1950 in zweiter Ehe eine Schriftstellerin und wohnt bis zu seinem Tod 1963 in Weimar.

René Schickele wohnt nach dem Ersten Weltkrieg in Badenweiler (südlich von Freiburg) und engagiert sich leidenschaftlich für die Verständigung zwischen Deutschland und Frankreich. Dies geschieht unter anderem im Rahmen seines Wirkens in der Sektion Dichtkunst der Preußischen Akademie der Künste. In Badenweiler verbinden ihn Freundschaften mit seiner Nachbarin, der Schriftstellerin Annette Kolb und dem Maler Emil Bizer. Zusammen mit Oskar Schlemmer bilden sie dort eine Maler- und Dichterkolonie. Schon im Jahr 1932 ahnt Schickele die drohende Machtergreifung durch die Nationalsozialisten und emigriert in das südfranzösische Sanary-sur-Mer. In diesem kleinen Fischerdorf, in dem bereits Katherine Mansfield gelebt hatte, treffen sich unter anderem Heinrich und Thomas Mann mit Katja, ihre Kinder Klaus und Golo Mann, Arnold und Stefan Zweig, Franz Werfel und Alma Mahler-Werfel, Lion Feuchtwanger, Annette Kolb, Ernst Toller, Ludwg Marcuse, Egon Erwin Kisch, Bert Brecht und andere deutsche Literaten. Schickele schreibt dort den Roman „Die Witwe Bosca". Er stirbt im Januar 1940 an Herzversagen.

Kaiser Karl I. und **Kaiserin Zita** werden nach Funchal auf Madeira verbannt, nachdem Karl zwei Mal illegal nach Ungarn gereist ist, um das Rad eventuell doch noch zurückzudrehen. Zunächst leben sie dort in einem Hotel, nach dem Diebstahl ihrer Juwelen sind sie jedoch mittellos und bewohnen ein feuchtes Haus, das ihnen kostenlos zur Verfügung gestellt wird. Dort holt sich Karl I. im März 1922 eine Lungenentzündung, an der er am 1. April 34jährig verstirbt. Die nunmehr dreißigjährige Witwe muss allein für ihre sieben Kinder (das achte Kind wird zwei Monate nach dem Tod Karls geboren) sorgen; sie trägt darauf nur noch schwarze Kleidung. 2004 findet eine nicht unumstrittene Beatifikation (Seligsprechung) des Habsburgers durch

Johannes Paul II. statt. Der Gedenktag ist im Übrigen nicht der Sterbetag, wie allgemein üblich, sondern der Hochzeitstag. Kritisiert wird u.a., dass Karl mitverantwortlich war für einen Giftgaseinsatz an der italienischen Front im Oktober 1917.

Wie dem auch sei, während die sterblichen Überreste von Karl I. auf Madeira liegen und die von Zita in der Wiener Kapuzinergruft, sind ihre beiden Herzen vereint in der Loretokapelle des Klosters Muri in der Schweiz.

Seit 1914, sogar schon vor Beginn des ersten Weltkriegs, wird die **Kriegsschuldfrage** in Deutschland, aber auch in anderen am Krieg beteiligten Ländern diskutiert. Und obwohl es auch bei weiteren Kriegen diese Debatte gibt, bezieht sich der Begriff „Kriegsschuldfrage" in der Geschichtswissenschaft meist auf die Ursachen und Verantwortlichen des Ersten Weltkriegs. Darüber, ob Deutschland eine Alleinschuld an diesem Krieg trägt, schwankt die überwiegende Meinung der Historiker seither immer hin und her, und auch heute gibt es keine einheitliche Lehrmeinung. Es gab z.B. britische Historiker, die statt von der Alleinschuld von einem unbeabsichtigten „Kriegsausbruch" sprachen.

An dieser Stelle sei eine persönliche Meinung erlaubt: Die Frage der Schuld ist eher alttestamentarisch (Motto: Zahn um Zahn) und erinnert an Kleinkinder-Sandkastenstreit („Der hat aber angefangen!"). Sinnvoll wäre stattdessen die - erwachsene - Frage nach der Verantwortung, und Verantwortung dafür, dass es zum Großen Krieg gekommen ist, tragen tatsächlich alle Länder, selbst die, die nicht daran beteiligt waren.

Hören wir gegen Schluss noch einmal Ernst Toller:

> *Würden Täter und Tatlose sinnlich begreifen, was sie tun und was sie unterlassen, der Mensch wäre nicht des Menschen ärgster Feind.*

> *Die wichtigste Aufgabe künftiger Schulen ist, die menschliche Phantasie des Kindes, sein Einfühlungsvermögen zu entwickeln, die Trägheit seines Herzens zu bekämpfen und zu überwinden.*

Wie war das nochmal? Wir können nur den Willen erziehen, betont **Rudolf Steiner**. Dieser gab in seiner letzten Lebenszeit bis zu seinem Tod am 30. März 1925 in Dornach noch so viele Impulse und Anregungen, dass er von vielen Menschen schon alleine deshalb abgelehnt wird - Motto: Ein Mensch kann sich doch gar nicht in so vielen verschiedenen Themen auskennen. Er gab

- Impulse für eine Erneuerung des religiösen Lebens. Daraus entstand die Christengemeinschaft als von der Anthroposophischen Gesellschaft völlig unabhängige, eigenständige christliche Erneuerungsbewegung.
- mit einem „landwirtschaftlichen Kurs" den Startschuss für die Entwicklung der biologisch-dynamischen Landwirtschaft.
- Anregungen für eine innerlich erweiterte Medizin. Der Ansatz ist dabei, dass die Schulmedizin nicht abgelehnt, sondern ergänzt wird, indem man bei der Behandlung anthroposophische Erkenntnisse berücksichtigt, bestimmte Methoden hinzufügt und zum Teil, auf Wunsch des Patienten, herkömmliche Therapien durch anthroposophische ersetzt.

Außerdem wurde, nachdem es bereits 1919 Thema war, 1974 die GLS Gemeinschaftsbank durch Anthroposophen gegründet. Sie war die erste Bank, die nach sozial-ökologischen Grundsätzen arbeitet. Akzeptiert ist sie heute nicht nur im anthroposophischen Bereich.

Literatur

Primärliteratur:

EM 1   Erich Mühsam, Tagebuch, online

EM 2   Erich Mühsam: „Von Eisner bis Leviné". Berlin 1929

ET   Ernst Toller: „Eine Jugend in Deutschland", Köln 2010

GA   Werke der Gesamtausgabe von R. Steiner, hrsg. vom Rudolf Steiner Verlag Dornach

HD   Hedwig Dohm: „Die wissenschaftliche Emancipation der Frau", Berlin 1874

HH 1   Hermann Hesse: Gesammelte Briefe, Frankfurt a.M. 1978

HH 2   Hermann Hesse: Die Briefe, 1916 – 23, Berlin 2015

HH 3   Hermann Hesse: Briefwechsel mit Josef Bernhard Lang, Frankfurt a.M. 2006

HK   Hans Kühn: „Dreigliederungszeit", Dornach 1978

JH   Josef Hofmiller: „Revolutionstagebuch", Leipzig 1939

KMD   Kirchner Museum Davos: „Ich bin den friedlichen Bürgern zu modern", Zürich 2010

OMG   Oskar Maria Graf: „Wir sind Gefangene", München 2008

PH   Paul Hahn: „Erinnerungen aus der Revolution in Württemberg", London 2015

SZ   Stefan Zweig: „Die Welt von gestern", Berlin 2013

TD   Tilla Durieux: „Eine Tür steht offen", Berlin 1954

TM   Thomas Mann: Tagebücher 1918-1921, Frankfurt a.M. 1979

VK   Victor Klemperer: „Man möchte immer weinen und lachen in einem", Berlin 2015

Sekundärliteratur:

AP   Andreas Platthaus: „18/19 – Der Krieg nach dem Krieg", Berlin 2018

AS   Albert Schmelzer: „Die Dreigliederungsbewegung 1919", Stuttgart 1991

CL 1   Christoph Lindenberg: „Rudolf Steiner – Eine Chronik", Stuttgart 1988

CL 2   Christoph Lindenberg: „Rudolf Steiner – Eine Biographie", Stuttgart 1997

JB   Jürgen Below: „Hermann Hesse – Der Vogel kämpft sich aus dem Ei", Hamburg 2017

LG   Lucius Grisebach: Ernst Ludwig Kirchner, Köln 2009

MA   Michael Appel: „Die letzte Nacht der Monarchie", München 2018

MJ   Mark Jones: „Am Anfang war Gewalt", Berlin 2017

PM   Peter Michalzik: „1900", Köln 2018

PS   Peter Selg: Rudolf Steiner – 1914-1922, Dornach 2012

RH   Ralf Höller: „Das Wintermärchen", Berlin 2017

UH   Unda Hörner: „1919 - Das Jahr der Frauen", Berlin 2018

VW   Volker Weidermann: „Träumer - Als die Dichter die Macht übernahmen", Köln 2017

Archiv:

SLA   Schweizerisches Literaturarchiv, Bern

im Internet:

CS   Christoph Strawe: Die Dreigliederungsbewegung 1917 - 1922

EK   Erziehungskunst: 8/9 1989: 70 Jahre Waldorfpädagogik

RZ   Revolutionszeitung: Revolutionszeitung.de

TA   Thomas Anz: Die expressionistische Dichterrepublik (bei literaturkritik.de)